«*Tú eres la Medicina* es un libro profundo, muy bien escrito, que la curandera indígena Asha Frost nos ofrece a todos. Con un lirismo lleno de sensibilidad y un tono repleto de matices, nos transmite, siguiendo el calendario de trece lunas, historias inspiradas en su ascendencia ojibway. Nos revela el modo de reclamar nuestra capacidad innata de sanación en todos los sentidos y, al mostrarnos su sabiduría ancestral, nos invita a conectar con la nuestra mientras nos enseña con generosidad y cariño el camino de regreso a casa. Una lectura imprescindible para nuestro tiempo».

COLETTE BARON-REID, escritora y creadora de oráculos

«Siento un profundo respeto por Asha Frost y el trabajo sagrado que realiza. En *Tú eres la Medicina* comparte con nosotros una profunda sabiduría a través de una narración fascinante y, a través de rituales y viajes sagrados, nos guía amorosamente para que recuperemos el poder y la belleza de nuestros propios linajes ancestrales. Este libro insuflará vida a tu alma y te reconectará con la medicina que siempre ha estado susurrando en tu interior».

REBECCA CAMPBELL,
autora de grandes éxitos literarios, mística y madre

«Hay una magia inconfundible en Asha Frost: es una mujer suave y fuerte a la vez, combativa y amorosa al mismo tiempo. En este libro no solo honra la ascendencia sagrada, sino que comparte también con nosotros un tierno y profundo respeto por la Tierra y su medicina, a la vez que nos guía para que abracemos de verdad lo que somos de una manera que esté en consonancia con nuestras raíces. Esta obra te ayudará a sanar e inspirará un cambio esencial en tu vida».

KYLE GRAY, autor de los grandes éxitos *Ángeles y Ancestros*,
Maestros divinos, sabiduría antigua y *Las alas del perdón*

«Asha es una fuerza brillante de amor y sanación, y su capacidad para ayudar a los demás a conectar con su propia medicina innata es un regalo del Espíritu».

CHRIS-ANNE DONNELLY, creadora del *Tarot de las musas*

«En este libro encontrarás la cura para lo que nos aflige en estos tiempos: la desconexión y el haber olvidado quiénes somos. Déjate llevar por este viaje transformador para recordar quién eres, para qué has venido aquí y cómo acceder a tu poder en cualquier momento, en cualquier lugar y en cualquier sitio».

KATE NORTHRUP, autora del gran éxito literario *Do Less*

«*Tú eres la Medicina* es un acto de gran, y quizá inmerecida, generosidad. Si estás interesado en incluir el activismo y el trabajo de descolonización en tu práctica espiritual, Asha Frost te conduce a la potencia de su cultura indígena a la vez que te guía».

KIMBERLY ANN JOHNSON, terapeuta de experiencias somáticas, trabajadora corporal sexológica, doula de parto y autora de *El cuarto trimestre*

«Seas quien seas, necesitas este libro. Todos buscamos sanar, recordar que somos nuestra mejor medicina. Asha es la guía perfecta para tomarnos de la mano y llevarnos de vuelta a casa, para ayudarnos a hacer preguntas valientes y a dar un paso adelante con audacia. Espero que compres este libro y comiences el viaje para convertirte en aquello para lo que fuiste sagradamente creado. Pienso repasar las enseñanzas de Asha una y otra vez».

KAITLIN CURTICE, autora de *Native*

«Este libro es un regalo para el mundo. Transmite la voz y la visión de los Ancestros, y ofrece una invitación a cada lector para que reclame la Medicina interior. ¡Hazte un favor y coge este tesoro hoy mismo! Estoy muy agradecida de que *Tú eres la Medicina* exista».

CHRISTINE GUTIÉRREZ, psicoterapeuta, conferenciante
y autora de *Yo soy diosa*

«Asha Frost es una líder de pensamiento para nuestros tiempos anclada en su tradición espiritual indígena. Su libro y su obra son una luz brillante que debemos seguir mientras navegamos por la pérdida de sentido y un mundo desgarrador y confuso. Nos guía con mucha claridad de vuelta a nuestro propósito mientras nos invita a la reflexión, al ritual, a la historia y al viaje. Gracias, Asha, por este regalo. Escuchamos y recibimos».

SUSANNA BARKATAKI, conferenciante, defensora de la cultura
del yoga y autora de *Embrace Yoga's Roots*

«*Tú eres la Medicina* contiene un tipo especial de magia compuesta de honestidad, generosidad y luz brillante. Es tanto un primer paso hacia la reconciliación como un regalo para quienes queremos sanar nuestros lugares rotos y encontrar una forma más auténtica de vivir. Con sabiduría, valentía y una profunda bondad, Asha Frost se pone en el papel de Curandera para todos nosotros, justo cuando más la necesitamos. Este libro me proporcionó una información esencial no solo sobre las formas de restauración del alma de los pueblos indígenas, sino también sobre verdades enterradas desde hace mucho tiempo que deben salir a la luz. Estoy agradecida de que haya sido escrito y sé que volveré a él una y otra vez».

MARISSA STAPLEY, autora del gran éxito
literario internacional *Lucky*

«Un clásico instantáneo. La sabia Asha Frost entreteje de un modo muy poético la medicina del alma, su historia personal y la práctica sagrada en una ofrenda a la que recurrirás una y otra vez. Ella es algo más que una sanadora de gran talento que ha pasado años cultivando su sabiduría y su magia: es un puente. Comparte generosamente la potente sabiduría de su linaje para guiarnos hacia el lugar al que todos anhelamos ir, ese sitio poderoso e intacto que albergamos dentro de nosotros mismos. Vibrando con poder y amor ancestrales, *Tú eres la Medicina* nos invita a activar el autoconocimiento y el potencial de curación que ya poseemos. Prepárate, este libro te cambiará en todos los sentidos. Asha es una maravilla, este libro es una maravilla y gozamos de la bendición de tenerlos a ambos».

ROBYN MORENO, curandera y narradora

«*Tú eres la Medicina* te despertará de una forma suave y poderosa a la verdad de lo que eres. Frente a la explotación imprudente y la destrucción de los preciosos recursos vivos de la Tierra, frente a la colonización y la opresión que dejaron a muchas generaciones con profundas heridas que han transmitido a sus hijos, frente a la experiencia de desconexión que alimenta una profunda crisis de salud mental y sus trágicas consecuencias, despertar a la verdad de quién eres es la medicina que el mundo necesita. Es la medicina que tú necesitas. Todos la necesitamos. Asha Frost nos acompaña en este viaje como una amiga y una guía sabia. Con cada página, nos introduce más profundamente en nuestra propia Verdad».

VALERIE REIN, autora de *Patriarchy Stress Disorder*

«Las palabras de Asha en *Tú eres la Medicina* me llegaron al corazón. Su propia vulnerabilidad me invitó a reconocer y a abrazar la mía. Al transmitir su medicina tal y como se la enseñaron sus mayores, me hizo recordar la medicina que aprendí de los míos y me impulsó a explorar mi historia con más profundidad. Su orgullo por su cultura me hizo reconectar con el orgullo que siento por la mía. Al compartir la desgarradora historia de su pueblo, me invitó a enfrentarme a mis propios prejuicios y a comprometerme a ayudar a construir sistemas en los que todos puedan sentirse seguros y en paz siendo quienes son. Recomiendo esta lectura a cualquiera que desee reconectarse más profundamente consigo mismo y con su medicina. Estoy muy agradecida por la luz de Asha».

SANDRA HINOJOSA LUDWIG,
coach y autora de *Chica, Why not?*

«Cuando conoces a Asha Frost, percibes su bondad inmensa y sabia. Esta es la energía que aporta a *Tú eres la Medicina*, donde comparte su Medicina ancestral de las Naciones de las Estrellas, los Espíritus Animales y las plantas y los elementales de los anishinaabe ojibwe, la Gente de las Estrellas. Te pide que seas un aliado, que no solo asimiles la belleza de estas medicinas, sino que también sostengas el espacio para el dolor. Esta es una lectura imprescindible para la gente que se encuentra en un camino de sanación, de semilla estelar, y desea enraizarse en la Medicina ancestral que ya reside en sus huesos».

LESLIE TAGORDA, astróloga y autora de *Star Powered Brand*

«El libro que tienes en tus manos es algo más que un conjunto de palabras y capítulos. Tampoco es un libro de autoayuda. Asha ha entretejido sus profundos conocimientos con su experiencia vivida y su orientación ancestral a fin de proporcionarte la medicina que necesitas para reconectar con la versión de ti que está más allá de las etiquetas y los roles. Cada palabra escrita es como una invitación a que nos convirtamos en mejores ancestros».

LEESA RENÉE HALL, defensora del bienestar mental
y facilitadora contra los prejuicios

TÚ ERES
LA MEDICINA

TÚ ERES LA MEDICINA

LAS 13 LUNAS DE SABIDURÍA INDÍGENA, CONEXIÓN ANCESTRAL Y GUÍA DE LOS ESPÍRITUS ANIMALES

ASHA FROST

Título original: *You Are the Medicine*

Traducción: Blanca González Villegas

Diseño de cubierta: equipo Grupo Gaia con ilustración de Steph Littlebird

© 2022, Asha Frost
Publicado originalmente en 2022 por Hay House Inc., EE.UU.

Publicado por acuerdo con Hay House UK Ltd,
Watson House, 54 Baker Street, W1U 7BU, Reino Unido

De la presente edición en castellano:
© Distribuciones Alfaomega S.L., Gaia Ediciones, 2021
   Alquimia, 6 - 28933 Móstoles (Madrid) - España
   Tel.: 91 617 08 67
   www.grupogaia.es - E-mail: grupogaia@grupogaia.es

Primera edición: febrero de 2023

Depósito legal: M. 29.029-2022
I.S.B.N.: 978-84-8445-977-4

Impreso en España por: Artes Gráficas COFÁS, S.A. - Móstoles (Madrid)

Para Kai y Elias

Espero que mis palabras os recuerden la forma de reclamar vuestra presencia indígena mientras seguís enorgulleciendo a nuestros Ancestros. Siempre y para siempre seréis quienes me recordaréis que estoy hecha de Polvo de Estrellas.

ÍNDICE

INTRODUCCIÓN

Aaniin, Boozhoo. Hola. Creo que nos hemos soñado aquí mutuamente.

Tengo una visión recurrente en la que estoy de pie a orillas de la Gitche Namay Weeqadoong, la bahía de Georgia, en Neyaashiinigmiing, mi territorio natal, observando, escuchando. Estoy vestida con piel de gamo y llevo el pelo trenzado. Esta visión trasciende al tiempo, aunque de alguna manera vive en la memoria de mis huesos.

Te veo en una barca que llega a la orilla, con la intención de establecerte aquí. Te doy la bienvenida con el corazón y los brazos abiertos, pues eres mi Hermano y deseo entablar una relación contigo. Aquí estoy, con espíritu generoso y humilde. No estoy segura de tus intenciones, pero sé que estamos aquí para construir algo juntos. Me veo a mí misma invitándote a la Tierra y, al hacerlo, me transformo en mi ser de Curandera y te ofrezco mi mano, porque sé que estamos aquí para sanar, reconciliar y reparar. Eres mi *Niiji*: mi amigo.

Este libro forma parte de este sueño, pues soy un Puente de Arcoíris. Mi nombre espiritual es Curandera Arcoíris, mi linaje es anishinaabe y mi misión es abrir un espacio para una visión sanada. Caminando en ambos mundos, el Espíritu y la Tierra, lo moderno y lo tradicional, con un pie en cada uno, estoy aquí para abrir camino y activar, recordando a todos los que entran en mi espacio sagrado.

El pueblo anishinaabe abarca tres tribus: los ojibwe, los potawatomi y los odawa. Yo pertenezco al pueblo ojibwe, y actualmente vivo en las Tierras de los anishinaabe, huron-wendat y haudenosaunee. Mis Antepasados proceden de los territorios anishinaabe de lo que hoy se conoce como Ontario, Canadá.

Al empezar este libro, dedica unos momentos a reconocer las Tierras tradicionales en las que te encuentras. Si no sabes de quién es el terreno que ocupas, este es el momento perfecto para averiguarlo. Al reconocer el suelo que tienes bajo tus pies, siente el Espíritu de la Tierra y todo lo que este conlleva, pues ha sido testigo de vidas tanto bellas como dolorosas. Los reconocimientos del terreno nos recuerdan a todos la verdad de que nosotros, los indígenas, seguimos estando aquí. Cuando se pronuncian con intención, las palabras recuerdan a todos los que escuchan que nadie puede borrar nuestra historia colonial y opresiva. Como pueblo indígena, nos situamos en relación con la Tierra; no nos pertenece, sino que tenemos un parentesco con ella. Cuando pronunciamos estas palabras, reconocemos los tratados rotos y la reparación que es necesario hacer. Los reconocimientos de la Tierra son mucho más que palabras pronunciadas; crean ondas de curación pasadas, presentes y futuras.

Mientras reconoces la Tierra en la que estás, siente tu propio linaje. Imagina que tus raíces llegan a los espacios y lugares donde vivieron tus Antepasados, los espacios donde se originan tus Medicinas. Preséntalas hoy, querido *Niiji*, porque valoro tu poder y tu presencia aquí.

A lo largo de muchas vidas, los pueblos indígenas han conocido el poder de la Medicina de la Tierra y del Espíritu. Todo en nuestro mundo natural está interconectado y se considera sagrado. Desde tiempos inmemoriales, hemos desarrollado una relación recíproca con la Tierra, con nuestros Antepasados y con el Mundo Espiritual. Las Plantas, los Animales, las Rocas, las Aguas, las Estrellas y la Luna son nuestros Parientes, nuestros Hermanos. Los amamos como a miembros de nuestra familia que merecen un profundo respeto y honor. Cada aspecto de la Creación tiene un Espíritu, que vive en todas las cosas y nos informa de cómo caminar por el buen camino: *Mino-bimaadiziwin*. La conexión de Espíritu a Espíritu nos devuelve al conocimiento de que todos somos seres divinos que caminamos en una relación equilibrada entre nosotros.

Como Curandera indígena que trabaja con la gente desde hace casi dos décadas, me he encontrado con muchas personas que buscan una conexión más profunda con las formas de la Medicina de la Tierra y las enseñanzas indígenas. Nuestras prácticas, creencias y formas de vida tienen raíces muy hondas, y he comprobado que quienes buscan la curación encuentran consuelo y transformación en nuestra antigua sabiduría. Los que acuden a mí en busca de curación se han sentido desconectados de su propósito, su ascendencia y su poder. He descubierto que las enseñanzas indígenas actúan como catalizador para despertar su recuerdo de quiénes son y por qué están aquí.

Tú eres la Medicina es una oración dirigida a tu sabiduría interior. Las palabras que leerás en este libro pretenden activar tu conocimiento. Estoy convencida de que en tus células vibran vidas de experiencia, esencia del alma y poder de la Medicina. Tus Antepasados te soñaron aquí y estás preparado para recordar todo lo que viniste a ser. Llevas en ti las Medicinas de los muchos que han caminado antes que tú, una presencia divina que no se parece a ninguna otra en esta gran Tierra.

A lo largo del tiempo que vamos a pasar juntos, te mostraré algunas palabras de mi lengua ojibwe, el anishiinabemowin. Los efectos de los internados, la opresión y la colonización son profundos. No sé hablar mi lengua con fluidez, pero las palabras que comparto aquí están llenas de reclamaciones y de recuerdos. Nunca podré entender del todo tu camino, pero es posible que tú también hayas experimentado la llamada a reclamar piezas perdidas y olvidadas del pasado.

Mientras escribo esto, se han encontrado más de mil trescientas tumbas olvidadas de los niños que murieron en los internados de este país, y aún quedan más. En próximas páginas hablaré de los horrores de estos establecimientos. Aquellos niños nunca llegaron a ser Ancianos, Narradores, Curanderos, Portadores de la Sabiduría. *Tú eres la Medicina* está escrito para estas voces invisibles que ahora habitan en el Mundo de los Espíritus. Los niños olvidados me han guiado para escribir estas palabras, para que su presencia pueda salir a la luz.

Mientras abrimos juntos este Espacio Sagrado, mis Ancestros se reúnen. Han estado esperando, porque se han acostumbrado a que sus voces sean silenciadas, a que su existencia indígena sea menospreciada. Este libro está aquí para dar visibilidad a las voces de mis huesos y a las canciones de mis entrañas. Mis Antepasados están dispuestos a compartir sus formas de sanación a través de mis palabras y ofrecen una oración para que las utilices de manera adecuada. Como pueblos indígenas, vemos el carácter sagrado que tienen los círculos. Es un símbolo primordial en la naturaleza; el Sol, la Luna, los ciclos vitales y muchas cosas más reflejan esta totalidad. Imagina que todos estamos sentados en círculo, porque esta es la mejor manera de compartir la Medicina. Cuando nos sentamos de esta manera, nos vemos realmente los unos a los otros.

UNA SACUDIDA A LA VERDAD

A lo largo de mi vida como mujer indígena, he oído a mucha gente proclamar afirmaciones ignorantes e inconscientes: «¡Ojalá pudiera tener un estatus como el tuyo!», «Eres muy inteligente para ser indígena», «Mi mejor amiga es mi animal espiritual», «¿Por qué no puedo vestirme como una Pocahontas sexi?». Hace unos años, antes de que profundizara en mi trabajo de sanación personal en torno a mi identidad, cada vez que alguien hacía una afirmación como esta, mi cuerpo empezaba a temblar. Temblaba porque albergaba años de traumas provocados por el robo, la opresión y la colonización que se habían infligido a generaciones y generaciones. Mis células, mi sangre y mi médula ósea lo sabían. Un cuerpo —tu cuerpo— siempre lo sabe. Empecé a darme cuenta de que estas palabras estaban activando el trauma intergeneracional, la transmisión heredada del dolor de mis Antepasados a través de mis propios genes y mi memoria celular.

Vi a mujeres (mayoritariamente blancas) tomar nuestras Medicinas y no honrarlas adecuadamente; agitar salvia en anuncios de venta de Instagram o publicar fotos de ellas mismas desnudas con tocados. Empecé a ver que querían apropiarse de lo que consideraban bello y dejar atrás todo el trauma y la verdad. Me había costado años sentirme lo suficientemente digna como para ser quien era, para curarme de los sentimientos de indignidad y practicar mi propia cultura. Necesité atravesar muchas capas de vergüenza antes de poder dar un paso adelante y salir. La pena y la ira empezaron a surgir en mí.

¿Por qué estas personas no compartían también la verdad? ¿Por qué no estaban concienciando sobre el impacto generacional que provocó intentar «despojar al niño del indio» apartando a los más inocentes de la familia y el amor? ¿Por qué no hablaban de las mujeres indígenas desaparecidas y asesinadas y de las personas de dos espíritus? ¿Por qué no hacían referencia a los jóvenes que se suicidan y a las crisis de salud mental de nuestra comunidad? Ni a la falta de agua potable en las tierras de las Primeras Naciones. Les resultaba muy fácil coger nuestras Medicinas y luego sacar provecho de ellas sin recoger toda la historia. Les resultaba fácil mirar hacia otro lado.

Un día, aquel temblor fue demasiado. Recuerdo que estaba hablando por teléfono con una amiga y que ella me preguntó si había llegado el momento de sacar todo esto de mi cuerpo. Me hizo reflexionar sobre las veces en que la había llamado llorando, sintiendo este estremecimiento en todo mi ser. Estuve de acuerdo; había llegado el momento de hablar. Escribí una carta a las mujeres blancas que se hizo viral. Mi intención era sanar mi espíritu y mi cuerpo, pero llegó al colectivo más profundamente de lo que había imaginado. Provocó alteración, ira y una actitud defensiva. Y también generó sanación, escucha y apoyo. Mi bandeja de entrada y los mensajes de texto que recibí contenían cientos de comentarios, tanto de apoyo como de desprecio. Muchas personas querían compartir sus historias personales en torno al trauma, las vidas pasadas y los linajes. Todo aquello me enseñó mucho sobre el poder y los retos que conlleva decir tu verdad. Quiero explicar que utilizo el término «mujer blanca» porque esta es mi realidad. No son las mujeres de color las que causan daño, sino las blancas. Sé que este término puede resultar desafiante, pero la gente me llama «mujer indígena» constantemente. Por favor, intenta comprender que me estoy refiriendo simplemente a las que estaban provocando dolor a los indígenas al coger nuestras Medicinas y beneficiarse de ellas.

En nuestro clima actual, las conversaciones sobre el daño que produce la apropiación son vitales para la verdadera reconciliación, la equidad y la sanación. Comparto estas conversaciones aquí porque, si la gente no indígena quiere conocer y utilizar las enseñanzas indígenas, es esencial que se implique igualmente en aprender cómo han influido sobre nuestro pueblo la colonización, la opresión y el racismo. Entiendo por qué quiere la gente aprender sobre nuestras formas de Medicina. Son muy hermosas y están repletas de profundidad y conexión. Nuestra herencia está llena de riqueza, tradición y enseñanzas que siguen conectándonos con la Tierra y el Espíritu. La intención de mi carta no era decir a la gente que se apartara de nuestras Medicinas y enseñanzas, sino que era una invitación a que se acercaran, vieran realmente a los indígenas y fueran conscientes de los problemas que afrontamos en la actualidad. Creo que podemos mantener ambas cosas.

Trabajando en este libro dos años después de enviar esa carta, soy capaz de reflexionar sobre lo mucho que ha sanado en mí. Es una verdad que se ha cargado en mis huesos y en mi cuerpo. Durante mucho tiempo, he sentido que era algo pesado de llevar. Lo he hecho como una responsabilidad hacia mis Antepasados y, recientemente, durante una sesión de sanación, me dijeron que era hora de que caminara en libertad. Para poder hacerlo, necesito reconocer que estoy dispuesta a que tú, querido lector, también lleves una parte. Quizá las palabras nos ayuden a caminar juntos en la reconciliación; quizá abran tu corazón a las vidas indígenas o planten la semilla de aportar más amor a esta gran Tierra que llamamos hogar. Comparto esta carta como una apertura del Espacio Sagrado. No es la forma en la que tradicionalmente se abriría el espacio, pero como necesitamos la verdad antes de poder reconciliarnos, me parece vital hacerlo de esta manera.

El Fuego está encendido.

Los Ancestros están aquí.

Tu Medicina te llama.

Abramos nuestro espacio.

«Deja atrás la seguridad. Pon tu cuerpo en posición. Colócate delante de la gente a la que temes y di lo que piensas, aunque te tiemble la voz».

MAGGIE KUHN

LA CARTA

Querida Mujer Blanca que quiere ser como yo:

Lo entiendo. Ves los mocasines y los pendientes de cuentas. Los pómulos y el tambor. El cuenco de barro y las plumas.

Todo te resulta muy exótico. Algo de lo que quieres formar parte. Algo que quieres consumir.

Y piensas que tal vez, si tomas prestadas algunas de estas cosas, tú también podrás conectar más profundamente con la Tierra, con la sabiduría ancestral, con el Mundo Espiritual.

Me lo han dicho una y otra vez. «Me gustaría ser tú». «Me ENCANTARÍA ser nativa». «Tienes mucha suerte». «Yo fui nativa en una vida pasada». «Deseo de verdad tener una tarjeta de estatus, y creo que tengo sangre nativa. ¿Puedes decirme cómo conseguirla?».

Te he oído decir estas cosas una y otra vez. Y me duele el corazón. Y se me cierra la garganta y tengo que tragarme las lágrimas.

¿Sabes realmente lo que estás diciendo? ¿Sabes realmente lo que estás pidiendo?

Amo mi herencia. Me siento orgullosa de lo que soy. Incluso cuando llevo mis pendientes de cuentas y la gente susurra a mis espaldas preguntando: «¿Quién se cree que es?». Incluso cuando camino con mis mukluks y los adolescentes me lanzan gritos queriendo imitar a los indios. Incluso cuando me discriminan al entrar en el hospital.

Amo lo que soy. Soy una orgullosa mujer anishinaabe, ojibwe.

Y me ha costado cuarenta y dos años llegar hasta aquí.

Así que, querida Mujer Blanca, quiero pedirte lo siguiente: sé que aceptarías los Atrapasueños y los pow wows. Sé que aceptarías el Tocado y la Salvia. Sé que harías tuyas la sabiduría y la belleza.

Sin embargo, ¿quieres el resto?

¿De verdad?

¿Te gustaría que la gente te pidiera que colaboraras con ellos para poder recibir subvenciones destinadas a creadores indígenas para su trabajo?

¿Te gustaría que te vieran y trataran como si fueras inferior cuando tienes una neumonía y necesitas desesperadamente atención hospitalaria?

¿Que los médicos te preguntasen cuánto alcohol has bebido cuando lo único que necesitas es una medicina?

¿Te gustaría tener grandes sueños y preguntarte cada día si serás capaz de ascender en este sistema actual?

¿Te gustaría sentirte físicamente enferma cada vez que lees la sección de comentarios y ves las horribles opiniones que la sociedad tiene sobre tu pueblo?

¿Te gustaría temblar violentamente después y preguntarte si tus hijos y tú estáis a salvo en este mundo?

¿Asumirías una dolorosa enfermedad crónica y después te preguntarías si la tienes en parte por la opresión y el dolor que ha experimentado tu pueblo?

¿Aceptarías también todo esto?

Miro a mi alrededor, a un mundo que me ha reducido a un disfraz. Un mundo que me ha idealizado hasta convertirme en un personaje. Un mundo que coge las enseñanzas de mi pueblo y las utiliza sin ningún reconocimiento ni invitación para que nos unamos a ellos en su escenario.

Este es el mundo en el que vivimos.

Así que, querida Mujer Blanca que quiere ser como yo:

¿Estás dispuesta a quedarte con todo?

¿O solo las partes bonitas?

¿Estás dispuesta a asumir el trauma?

¿O solo la sabiduría?

¿Estás dispuesta a asumir el trauma intergeneracional de los internados y el alcohol y el suicidio y la violencia y el genocidio?

¿Estás dispuesta a llevar todo eso en tus células, en tu sangre, en tus tejidos? ¿Estás dispuesta a hacer todos los días el trabajo necesario para sanar esto y asegurarte de que tus hijos no lo lleven como tú?

Querida Mujer Blanca que quiere ser como yo:

¿De verdad quieres serlo?

¿O puedes más bien ser como tú y volver a conectarte con tus propias Medicinas sagradas? ¿Con tu ascendencia? ¿Con tu propio poder, presencia y brillo?

Te veo deseando hacerlo. Te veo aspirando a hacerlo. Te veo volviendo a conectarte.

¿Puedes ser como tú?

Tal y como yo me reclamo y me recuerdo.

Y entonces, podremos por fin caminar manteniendo una relación correcta entre ambas.

Miigwetch,
Nenaandawi Nagweyaab Kwe
Curandera Arcoíris

Reflexión sobre la Medicina: ¿Cómo te afecta esta carta? ¿Qué te suscita? ¿Puedes quedarte con ello?

CONEXIÓN CON LA MEDICINA

——Convencionalmente, una medicina está representada por una sustancia que se toma, quizá en forma de píldora, crema o tintura. Es el tratamiento o la prevención de una enfermedad. En mis formas de conocimiento, sin embargo, la Medicina es la energía vital y curativa que conecta el Espíritu, la mente y los cuerpos emocionales. Es algo que llevan todos los seres vivos. Es nuestra conexión, nuestras raíces y nuestra fuerza vital. Cuando volvemos a la Medicina que está dentro de nosotros mismos y de todas nuestras Relaciones, regresamos a casa. Encontramos paz, aceptación, gracia y amor. La Medicina es algo que todos llevamos, nacida de nuestros Ancestros y sostenida por nuestro Espíritu.

Creo que todos venimos a esta Tierra con una presencia particular y una firma del alma. Según mi experiencia, cuando las personas pueden identificar su Medicina y arraigar en ella, se elevan hacia el camino que están destinadas a vivir. Tu poder ha estado siempre dentro de ti y, a veces, lo único que necesitas es un catalizador que te lo recuerde. Este incentivo para sanar puede venir a través de un trauma o de un acontecimiento vital importante, ya que estas situaciones tienden a abrirnos para que descubramos nuestro conocimiento más profundo y resiliente. Sin embargo, no siempre tiene que ser así. Mi intención es que este libro te ayude a regresar a casa con el recuerdo que habita en tu sangre y tus huesos. Que, a través de las enseñanzas, las preguntas de reflexión, los rituales y los viajes, despiertes a la sabiduría inherente que siempre ha fluido a través de ti. Tus Antepasados y tus Guías te esperan con los brazos abiertos para darte la bienvenida, para que puedas caminar con una conexión amorosa.

Tradicionalmente transmitíamos las enseñanzas a la siguiente generación de forma oral, mediante la narración de historias. Compartíamos leyendas sobre cómo surgieron las cosas en el mundo natural; nuestros relatos se tejen con los Espíritus de la Gente Animal, la Gente Vegetal, la Gente Árbol y la Gente Piedra. Todos los aspectos de la Creación están vivos en estas leyendas. La enseñanza a través de los cuentos vive en lo más profundo de mi linaje, y he visto que estos pueden resultar una manera poderosa de informar, revelar y estimular la sabiduría interior. En este libro encontrarás estas historias, a las que he infundido intencionadamente energía de activación. Espero que te ayuden a recordar que albergas una Medicina profunda, que estás aquí con un propósito y que dentro de ti hay mucho más de lo que jamás imaginaste.

Es posible que ya hayas experimentado esta forma de aprender. Cuando alguien te transmite una historia que enternece tu corazón, o que percibes como algo sincronizado o como un recuerdo revivido, ese es el poder de la narración. Tal vez despierte y active una parte de tu propia experiencia vivida, o tal vez sea una sensación, muy parecida a un *déjà vu*. Para percibirlo cuando se produce hace falta práctica. Las personas con las que trabajo suelen experimentar visiones claras de comprensión, sensaciones intensas en su cuerpo físico, lágrimas que corren por su cara o una inmensa alegría o paz.

Nuestro condicionamiento nos enseña que el aprendizaje debe provenir únicamente de fuentes concretas. Aunque está muy claro que la educación superior y el mundo académico no tienen nada de malo, esta no es la única forma de aprender. Los pueblos indígenas poseen otras formas tradicionales de conocimiento, así como una profunda conexión con muchos aspectos del mundo natural. Utilizamos nuestros sueños, nuestras historias, nuestras visiones, nuestros sentidos y nuestra conexión con la Tierra y sus ciclos. Cuando nos abrimos a la posibilidad de que nuestra sabiduría llegue a nosotros de otras maneras, hacemos hueco para una conexión más profunda con el Mundo Espiritual y con nosotros mismos.

Nuestra relación con la Luna es una de esas conexiones profundas. Como en toda relación que mantenemos con la Creación, creemos que la Luna es portadora de un Espíritu. La Luna forma parte de nuestros Hermanos, de nuestra familia. Algunos afirman incluso que es nuestra primera familia, y por eso hemos honrado esta relación con la Luna y la hemos llamado Abuela. En este libro me referiré a la Luna con un género claro, ya que mi conexión con la energía de la Abuela está profundamente arraigada. Sin embargo, quiero ser sensible a los aspectos de género de la Creación, y observarás que utilizo términos no binarios en la medida de lo posible. Espero que mi intención de ser inclusiva se perciba en el modo en que elijo el lenguaje.

La conexión con la Luna es accesible para todos. Para las personas indígenas, la Luna Llena ha supuesto tradicionalmente un momento en el que reunirse en círculo y compartir la Ceremonia. En las enseñanzas anishinaabe, nuestro calendario se basa en los trece ciclos lunares de un año. No todos los años tienen trece Lunas Llenas, pero la Luna orbita alrededor de la Tierra trece veces cada año. El nombre de cada Luna refleja los momentos ideales para plantar semillas, recolectar y cosechar plantas medicinales y alimentos o cazar animales salvajes. Cada una de las Naciones tenía unas historias, una sabiduría, unas enseñanzas y unos nombres diferentes para cada Luna, dependiendo del clima, los cambios estacionales, el comportamiento de los Animales y las enseñanzas de la Tierra.

Los trece nombres de Lunas que ofreceré como marco para este libro son los que se han compartido a través de diferentes maestros anishinaabe. Están escritos en el libro *Hermanoooomaadiewinan Anishinabek Bimaadinzinwin: tomo 2*, de Arlene Berry. En mis Ceremonias y en mis círculos he utilizado las denominaciones y las enseñanzas de estas trece Lunas. La sabiduría que comparto al principio de cada capítulo abarca la enseñanza tradicional mezclada con mi propio conocimiento. Esta sabiduría ha fluido a partir de la organización de cientos de círculos lunares. Debemos honrar el lugar de donde proceden nuestras enseñanzas y me siento agradecida por cómo estas enseñanzas lunares me han apoyado cada mes de mi vida.

Las historias y leyendas que se comparten al principio de cada capítulo son una cocreación entre el Espíritu y yo. Las enseñanzas hunden sus raíces en las tradiciones anishinaabe y están aquí para que las experimentes, de modo que puedas sentir el recuerdo de tu sabiduría innata, tu ascendencia y tus formas de sanación. Tienes todo lo que necesitas para acceder energéticamente a la información curativa de tu cuerpo, de tu mente y de tu Espíritu.

Las comunidades de la Nueva Era y del bienestar se apropian de unas enseñanzas indígenas y una sabiduría de la Medicina que no les corresponde. Esta extracción sigue provocando daños a las comunidades indígenas. Cuando personas que ocupan una posición poderosa y privilegiada fuera de una cultura utilizan esas enseñanzas con fines de lucro, se crea más opresión, marginación y dolor. Este libro pretende ofrecerte enseñanzas de mi tradición anishinaabe como un puente o portal que te permita encontrar tus caminos de la Medicina. No las ofrezco para que las cojas o las robes, sino para que las utilices como una invitación a despertar, a catalizar y a iluminar todo lo que está arraigado en tu sangre, tus huesos y tus células. A lo largo de cada capítulo serán bienvenidas tu intuición, tu guía interior y tu sabiduría. Conmigo como Guía, caminaremos juntos y te elevarás hacia el magnético guardián de la Medicina que siempre has sido, con una sabiduría enraizada en tu propio linaje y ascendencia.

La sanación es un viaje diario que nos llama a una conciencia más elevada, al reconocimiento y a la responsabilidad personal. No siempre es fácil. Dedicarse a un camino de sanación significa a menudo que tenemos que transitar por muchas de nuestras partes de sombra, reconocer nuestro dolor y permitirnos ver lo que necesita ser visto. A lo largo de nuestro viaje juntos, estarás recorriendo este camino de una buena manera, *Mino-bimaadiziwin*. Esto puede significar una cosa diferente para cada persona. Para mí, caminar de forma «buena» significa que estoy escuchando la Guía de mis Ancestros y avanzando hacia la Visión que el Creador tenía para mí. Del mismo modo, los Ancianos hablan de caminar por el Camino Rojo, donde conectamos con nuestro propio Espíritu y con la Guía del Mundo Espiritual. Asumimos la responsabilidad de nuestros actos y decimos la verdad desde nuestro corazón. Cometeremos errores en el camino, por supuesto, pero establecemos el propósito de volver a un lugar de introspección, compasión y equilibrio. Te invito a entrar en este espacio en el que puedes profundizar tanto como desees. No existe lo correcto ni lo incorrecto. Solo existe tu camino.

A lo largo de las dos últimas décadas, me he sentado en círculo con muchas almas que anhelan recorrer este sendero. Aspiran a una conexión más profunda con los elementos de la Tierra y con su espiritualidad sagrada. Al empezar nuestro tiempo juntos, me gustaría invocar un espacio recipiente devocional para ti, mi querido lector. Si alguna vez te has sentido desconectado de tu propósito, de tu ascendencia y de tu poder, te entiendo. Si anhelas invitar a las enseñanzas de la Medicina de tus Antepasados, te escucho. Si buscas formas de provocar una mayor sincronicidad en tu vida, magia y misterio, te doy la bienvenida. Estoy aquí para reunirme contigo con la belleza de mis Ancestros y la gracia de mi corazón.

VISUALIZACIÓN DEL CÍRCULO SAGRADO

Dedica unos momentos a sintonizarte con tu respiración: siente cómo se mueve por todo tu ser. Percibe la energía de la Tierra bajo tus pies. Visualízate como un ser espiritual brillante y resplandeciente que puede ver, sentir, oír y conocer profundamente. Sintoniza con la energía del lado izquierdo de tu cuerpo; sientes calor y empieza a formarse un hermoso círculo de seres. Lo mismo ocurre a tu derecha. Observa a las almas reunidas en un círculo para esta manifestación viva y respiratoria de la posibilidad. Pretendemos que se forme un recipiente arraigado, seguro, valiente e iluminado aquí y ahora. En el centro, encendemos un fuego brillante para la transmutación. Sentimos que la Tierra es sólida bajo nuestros pies, que sostiene y acuna nuestro organismo. Por encima de nosotros están las Estrellas, la Luna y el Sol, que nos recuerdan las galaxias de la amplitud, y a nuestro alrededor llamamos a los Seres Vegetales, Pétreos, Ancestrales y Animales para que sostengan este recipiente sagrado con nosotros. Ahora estamos activados y preparados para avanzar en nuestro viaje con más protección y conexión.

Cómo viajar a través de este libro

Este libro está basado en los trece ciclos lunares en orden cronológico, al comienzo del calendario gregoriano. Cada ciclo lunar tiene una Medicina Espiritual Animal que lo acompaña y que viajará con nosotros a través de ese mes. Debido a que los nombres de las Lunas y las enseñanzas están profundamente sintonizados con los cambios de la Tierra, las Estaciones y el Terreno, dependiendo de dónde estés leyendo esto, la Luna y el Mes en el que ocurre pueden no estar totalmente relacionados con lo que está sucediendo en las Tierras donde vives. Estas Lunas tienen un nombre basado en la naturaleza cíclica de mi territorio natal, cerca de la bahía Georgiana en Ontario, Canadá.

Cada capítulo comienza con una narración. Cuando yo era pequeña, mi madre me leía relatos de *Tales of Nokomis*, un libro de Patronella Johnston. Con ello me ayudó a entender nuestra relación con el mundo natural. Los Animales, los Árboles y las Plantas estaban llenos de una sabiduría profunda cuando hablaban y compartían lecciones: ellos son los narradores. En este libro, cada capítulo comienza con una enseñanza que nos conecta con esa Luna en particular. Todos podemos escuchar lo que nuestros Hermanos de la Tierra hablan y comparten, y mi intención con estas leyendas es ayudarnos a recordar que nosotros también podemos estar en comunión con la Tierra si acallamos nuestra mente y escuchamos con el corazón.

Como he mencionado, cada capítulo lleva entretejido un Espíritu Animal. En este momento hay muchos indígenas que creen que los no indígenas no pueden utilizar la Medicina Animal. Como indígenas, no somos un monolito, y aunque entiendo de dónde viene esta creencia, en mi experiencia, la Medicina Animal ha sido utilizada por personas no indígenas de forma respetuosa y reverente, y por eso la comparto, confiando en que la emplearás con cuidado. Es importante señalar que los Espíritus Animales son nuestros parientes, hermanos, protectores, guardianes y aliados. Son sagrados. Comparto esta Medicina contigo con la esperanza de que tú también los trates de este modo. Resulta perjudicial utilizar nuestra relación sagrada como una broma o reducirla a un meme (como «Mi mejor amigo es mi animal espiritual»). Eso nos aleja de la profundidad de la conexión y la sacralidad a la que estamos llamados cuando trabajamos con estos Guías.

A lo largo del capítulo encontrarás preguntas para reflexionar. He descubierto que abordar nuestra práctica espiritual con curiosidad y asombro son formas brillantes de permanecer conectados con el asombro. Seguiré siendo siempre una estudiante y, a medida que avanzo hacia la Tercera Edad, me encanta profundizar en mi propia Medicina a través de este tipo de reflexiones. Realizar anotaciones en un diario es una forma poderosa de abrir una sabiduría más profunda; si te llaman, ten preparado tu diario para poder escribir todo lo que te surja. Tu Medicina, querida Guardiana de la Sabiduría, está esperando a nacer a través de estas palabras.

Los viajes que acompañan a cada capítulo son canalizados por mis Ancestros. Sus palabras se activan con una energía curativa divina que ayuda a limpiar y purificar el pasado para que la reconexión sea posible. Cada viaje es un portal para fomentar el crecimiento del alma y la conexión con el Mundo Espiritual. A medida que vayas leyendo, fíjate en las sensaciones, visiones o recuerdos que broten en ti. Es posible que la información no llegue de inmediato. Mantente abierto a la posibilidad de que el conocimiento, la sabiduría y el recuerdo vengan a ti en los próximos días a través de sueños, sincronicidades y otros sucesos. Estos viajes de la Medicina están impregnados de intenciones para que recuerdes y reclames; utilízalos como tales.

Soñar, prever e imaginar son formas poderosas de conectar con el Mundo Espiritual. Gran parte del trabajo que he realizado como Curandera en esta vida ha tenido lugar en estos reinos invisibles. Hay potencia en lo invisible. Me gustaría empezar el tiempo que vamos a pasar juntos creando un Espacio Sagrado energético. Cuando creamos un recipiente intencional para realizar nuestro trabajo sagrado, los resultados se amplifican e intensifican. Las bendiciones de ese trabajo se comparten con aquellos a los que servimos: nuestras comunidades, nuestros Ancestros y nuestros descendientes.

ACTIVACIÓN DE LA ENERGÍA DEL ESPACIO SAGRADO

Cuando establecemos nuestro Espacio Sagrado de forma intencionada, amplificamos nuestra sanación. Imagina a miles de personas leyendo estas palabras y creando energéticamente unos recipientes para la transformación. Es una visión poderosa.

Siente tu cuerpo y empieza a respirar. Permite que esta respiración se traslade a las plantas de tus pies. Se calientan cuando percibes la Tierra que estás ocupando. La luz brota de tu corazón, creando un recipiente de amor que está aquí para contener tu trabajo de sanación y evolución. La Madre Tierra se agita debajo de ti y toda la Creación se acerca para ayudarte a crear este espacio tan sagrado.

Los Árboles te ofrecen sus troncos y raíces para anclar este recipiente.

Las Plantas te ofrecen sus Medicinas y aromas para ayudar a nutrir este recipiente.

Las Aguas de la Tierra te ofrecen su limpieza para ayudar a purificar este recipiente.

Las Piedras te ofrecen su sabiduría ancestral para ayudar a este recipiente a evolucionar.

Los Animales te ofrecen sus Medicinas exclusivas para cuando hayas olvidado quién eres.

El Fuego te ofrece la transmutación para cuando haya que liberar cosas.

Los Ancestros te ofrecen la visión que han soñado para ti.

La Luna, las Estrellas, el Sol, las Galaxias y todos los demás seres dan un paso al frente con su luz y la pulsan a través de este recipiente.

Respira. Permite. Invita. Eres digno de ser sostenido de esta manera.

Este espacio está ahora preparado para que hagas tu trabajo de reflexión y tu viaje. Cuanto más nos comprometamos con la presencia de nuestro Espacio Sagrado energético, más potente será. Puedes acceder a él siempre que te sientas cansado o necesites una recarga. Este es tu espacio de Medicina.

Empecemos.

CAPÍTULO 1

WAYESHKAD (AL PRINCIPIO)

Nuestras historias de la Creación nos conducen de vuelta a lo que somos. Nosotros conocemos a nuestra Tierra con el nombre de Isla Tortuga* porque reverenciamos profundamente la Medicina de este animal y sus recordatorios de que debemos caminar manteniendo una relación correcta con todos los seres. La Tortuga sostiene las trece Lunas sobre su espalda; la sabiduría del Cielo se refleja a través de su cuerpo. Cuando consideramos sagrados tanto la Tierra como el Cielo, recordamos que nosotros también formamos parte de esta totalidad y que toda la Creación apoya el camino que recorremos aquí.

LEYENDA MEDICINAL: CÓMO SURGIÓ LA ISLA TORTUGA

Hace mucho tiempo, el amor, la cooperación y las relaciones recíprocas entre todos los seres llenaban la Tierra. Todo iba bien hasta que la Gente empezó a discutir por los recursos. La codicia, los celos y la envidia se apoderaron de la Tierra y comenzó la lucha entre las Naciones. El Creador vio cómo se

---

* Turtle Island, o Isla Tortuga, es el nombre con el que los indígenas de América del Norte denominan a este continente. *(N. de la T.)*

destruía su visión de la Tierra y decidió que había que hacer
algo para devolver el equilibrio a las cosas. El Agua posee increíbles poderes de limpieza, y el Creador sintió que la Medicina de esta podría ayudar a renovar, purificar y devolver la
paz a toda la Creación. El Agua inundó la Tierra y los únicos
que sobrevivieron fueron algunos de los seres nadadores y alados. Estos se reunieron y pensaron que, si conseguían recuperar un solo trozo de Tierra, podrían devolverle la vida.

Somorgujo, el increíble buceador, se ofreció para intentarlo el primero. Estaba seguro de que podría conseguir un trozo
de Tierra con facilidad. Se sumergió mientras todos los demás
observaban con esperanza. Somorgujo tardó un buen rato en
volver a la superficie y, cuando lo hizo, negó con la cabeza. No
había podido conseguir un trozo de Tierra. Uno por uno, los
nadadores lo intentaron —Perca, Nutria, Castor y Trucha—,
pero ninguno de ellos pudo recuperar el trozo que necesitaban. Rata Almizclera había estado mirando y observando a
todos los animales y dijo suavemente:

—¿Puedo intentarlo?

Todos los demás animales la miraron y se echaron a reír.

—No eres una nadadora muy buena, Rata Almizclera;
¿qué sabes tú de buceo profundo? Lo único que haces es sentarte en el agua. Esto es demasiado peligroso para ti.

Rata Almizclera miró con suavidad a los ojos de sus Parientes Animales y les preguntó de nuevo si podía intentarlo.
La voz de Tortuga fluyó por las Aguas recordando a los Animales que este tipo de comportamiento era el que les había
conducido a tal situación. Escarmentados, le dijeron a Rata
Almizclera que podía intentarlo. Resultó que Rata Almizclera
era una gran nadadora y pudo sumergirse en las Aguas. Los
Animales esperaron con expectación. Por fin, después de lo
que pareció mucho tiempo, Rata Almizclera se elevó a través
del Agua sosteniendo un trozo de Tierra en su garra. Al haber
estado tanto tiempo bajo el Agua, estaba agotada y jadeante.

Tortuga nadó hacia ella y le dijo que llevaría este trozo de
Tierra en su caparazón y en su espalda. Rata Almizclera colocó

el trozo de Tierra en la espalda de Tortuga y ambos se dieron cuenta de lo cansados que estaban después de su gran viaje. Lamentablemente, Rata Almizclera murió y se dirigió al Mundo de los Espíritus. Cuando regresó a su lugar en las Estrellas, sus Parientes Animales elevaron plegarias de gratitud por ella, porque había salvado la Tierra.

La esencia de la gratitud empezó a crecer y los Alados volaron hasta el caparazón de Tortuga para ayudar a que la Tierra volviera a nacer. Agitaron sus alas y los vientos de todas las direcciones sagradas empezaron a remover y a activar la extensión de la Tierra, que comenzó a ocupar cada vez más espacio y se extendió a lo largo y ancho del planeta. La belleza, la abundancia y la vida regresaron a la Tierra, y esta es la Tierra que ahora pisamos y que denominamos Isla Tortuga.

Esta historia me ha sido transmitida a través de mi
comunicación con los Ancianos.

Espíritu animal: Miswaadesi *(Tortuga)*

El Espíritu Animal que inicia este libro es la Tortuga o, como se le denomina en anishiinabemowin, *Miswaadesi.* Su Medicina nos ayuda a mantener los pies en la tierra cuando nos sentimos inseguros o desalineados. Nos devuelve a nuestras propias raíces y cuerpos. Es portador de una sabiduría ancestral y nos recuerda que debemos movernos a través de todas las estaciones y ciclos para obtener el conocimiento interior que necesitamos en este camino. Este Animal nos recuerda que debemos caminar con intención en nuestro viaje por la Tierra; cada paso es importante, ya que nuestra presencia y nuestras acciones repercuten en toda la Creación. Cuando nos sentimos abrumados o agitados, Tortuga nos tranquiliza y ayuda a equilibrar nuestro sistema nervioso. Cuando caminamos con ella, sentimos paz y seguridad y transitamos los ciclos de la vida con más facilidad y conexión.

Mensaje de Tortuga

- Todos somos Creadores.
- Regresa a tus raíces de divinidad.
- Todos los ciclos y estaciones son Medicina.
- La Medicina lenta es importante.

TUS INSTRUCCIONES ORIGINALES

Se ha dicho que somos seres Estelares con forma humana. Que hemos viajado desde el Cosmos y aterrizado aquí, sobre la tierra, en un cuerpo, y se nos han dado unas instrucciones personales sobre cómo debemos pasar nuestro tiempo en este planeta. Después de facilitar la sanación de muchas personas y trabajar con sus cuerpos energéticos, me parece que es cierto. Volver a nuestras instrucciones originales y recordar nuestra esencia divina es una parte esencial de nuestro viaje humano. Estas instrucciones originales nos fueron regaladas por el Creador y hablan de cómo nos moveremos en nuestra presencia y poder con más plenitud. Nuestra naturaleza más verdadera es divina, está hecha de Polvo de Estrellas y canales claros de verdad y belleza. Sé que regresar a esta visión es mucho más fácil de decir que de hacer, pero quizá, como yo, has vislumbrado en algún momento lo que se siente.

Yo lo he percibido cuando estoy enraizada en mi Trabajo de Medicina, con los ojos cerrados, viajando con las energías espirituales y mis Antepasados. Lo he sentido cuando paseo por la naturaleza y miro al Abuelo Sol que brilla entre los árboles. Lo he sentido cuando bailo, canto o toco el piano. Estos momentos de mi vida me ayudan a volver a mis instrucciones originales, y sé que también están disponibles para ti; lo único que necesitas es ser curioso y estar abierto a recibir el recuerdo.

> **Reflexión sobre la Medicina:** ¿Cuál es tu historia de la Creación? ¿Qué partes has olvidado y necesitas recordar?

VIAJE DE LA MEDICINA
Recordar tus instrucciones originales

Busca un lugar cómodo donde sentarte o tumbarte y respira hondo. Establece tu intención de viajar al pasado para recuperar tus instrucciones originales. Cierra los ojos y visualiza frente a ti la llama de una vela. Siente que te mueves dentro de ella; es cálida, pero no demasiado caliente. Mientras te mueves por esta llama, viajas a través de tu vida, de cada etapa, edad y ciclo. Retrocede hasta tu nacimiento, en el Vientre de tu madre, y muévete luego más allá, hasta las Estrellas, hasta el momento en que eras una chispa de luz divina. En tu visión, eres energía y luz y te encuentras con la energía del Creador/Universal/Amor. Pides recordar tus instrucciones originales.

En este espacio, tu valía no está sujeta a ninguna condición; solo hay amor. Tu historia de la Creación se descarga en tu mente, en tu cuerpo y en tu Espíritu. Dedica unos momentos a respirar este recuerdo. Recíbelo y permite que ocupe su espacio. Es posible que lo veas como una visión, que lo sientas como una comprensión, que lo oigas como una historia o que lo conozcas de alguna manera. Si te cuesta recordar, confía en que, con cada momento que ilumina tu corazón, estás regresando a la persona que eres. Eres perfección divina. El Creador no comete errores.

Cuando te sientas completo, empieza a avanzar en el tiempo, remontándote como luz, generando tu historia de la Creación mientras regresas a tu forma física, a través del espacio del útero de tu madre, hasta tu cuerpo humano. A medida que te veas atravesando cada etapa y cada edad, camina la energía de lo que eres para hacerla realidad. Se fortalece con cada paso. Siente cómo se encarna tu historia de la Creación al notar que la energía te inunda de la cabeza a los pies. Mueve los dedos de los pies para permitir que fluya y vuelve a respirar suavemente en este espacio y tiempo.

Tú eres la Medicina.

TRECE LUNAS

Si observas el lomo de una tortuga, verás que su dibujo representa algo hermoso que está sincronizado con el patrón del calendario lunar. Dentro de nuestro año civil de doce meses —de enero a diciembre— hay trece fases lunares. La Luna extra tiene lugar cada 2,7 años aproximadamente, por lo que, dependiendo del año en el que leas esto, es posible que haya o no trece Lunas Llenas; sin embargo, la Luna pasa por su ciclo trece veces. Cuando observes el caparazón de una tortuga, verás que el círculo que rodea el borde consta de veintiocho marcas. El número veintiocho equivale a los días que transcurren entre una Luna Llena y la siguiente. El círculo interior del caparazón tiene trece marcas, que representan cada una de las fases lunares de nuestro calendario lunar. Esta conexión entre el caparazón de la tortuga y la Luna es un ejemplo de lo imbricada y conectada que está toda la Creación. Esta imagen nos guiará a lo largo del tiempo que vamos a pasar juntos mientras viajamos por cada mes. La Tortuga nos sostendrá, nos enraizará y nos ayudará a recordar nuestras propias historias de la Creación. Es hora de sintonizar con tu propio pulso sagrado y de invocar el ritmo de tus Antepasados.

1. *Mnido Giizis* – Luna del Espíritu
2. *Mkwa Giizis* - Luna del Oso
3. *Ziisbaakdoke Giizis* - Luna del Azúcar
4. *Namebine Giizis* - Luna de la Rémora
5. *Waawaaskone Giizis* - Luna de las Flores
6. *Ode'miin Giizis* - Luna de la Fresa
7. *Mskomini Giizis* - Luna de la Frambuesa
8. *Datkaagmiin Giizis* - Luna de la Zarzamora
9. *Mdaamiin Giizis* - Luna del Maíz
10. *Biinaakwe Giizis* - Luna de la Caída de las Hojas
11. *Mshkawji Giizis* - Luna de la Congelación
12. *Mnidoons Giizisoonhg* - Luna del Pequeño Espíritu
13. *Mnidoons Giizis* - Luna del Gran Espíritu

VIAJE DE LA MEDICINA
Activación de las trece Lunas con Tortuga

Busca un espacio cómodo donde sentarte o tumbarte. Haz una inspiración hacia tu vientre y siente cómo este sube y baja. Imagina que tu respiración se desplaza hasta la base de la columna vertebral y nota una expansión y una calidez de energía que sube y baja a lo largo de la columna. Ve o siente que aparece Tortuga delante de ti. Es un ser sabio y antiguo y, al poner las manos sobre su caparazón, notas que te estabilizas. Acoge esta energía en tu cuerpo con la inhalación y percibe que aparece un caparazón de Tortuga fuerte y firme en tu espalda. Con esto se calma tu sistema nervioso, y tu columna vertebral se estremecerá con la sensación de que este caparazón se activa.

Desciende por tu columna vertebral de arriba abajo. Percibe la seguridad y la estabilidad que esto te aporta. Puedes volver a esta sensación en cualquier momento. Mira al cielo y contempla a la Abuela Luna luciendo en la oscuridad. Está en su plenitud, un gran círculo en la oscuridad. La luz radiante fluye hacia la parte superior de tu cabeza y baja por tu columna vertebral de Tortuga activando tu conexión tanto con la Tierra como con el Cielo. En tu espalda llevas ahora la sabiduría de las trece Lunas. Las Medicinas y las enseñanzas están listas para ser activadas en tu vida. Cuando te sientas desconectado o desubicado, recuerda el caparazón estable que llevas en la espalda. Puedes apoyarte en él siempre que lo necesites.

MAGIA LUNAR

Cuando era una niña, recuerdo que me encantaba ir en coche por la noche y mirar la Luna. Parecía que me seguía. Re-

cuerdo aquellas Lunas de color rosa en el Cielo y las grandes
Lunas de cosecha que me asombraban. Soñaba con cómo sería
volar hasta allí y explorar. Mi madre siempre me la señalaba y
compartía ese amor por su magnificencia. Su alegría infantil por
el mundo natural le transmitió una profunda sabiduría sobre la
belleza de esta gran Tierra.

Si estás leyendo este libro, estoy segura de que puedes iden-
tificarte con mi amor por la Luna. La Abuela Luna ha estado
contigo desde el día en que eras una chispa en el vientre de tu
madre. Ella te ha estado recordando que escuches tu pulso y
tu ritmo internos. Su atracción gravitatoria influye sobre el Agua
de la Tierra. Tú también estás hecho de Agua, y ella te invita a
crecer y bajar de la misma manera. Los pueblos indígenas siempre han escuchado estos ciclos y han honrado su relación sagrada con estas partes de la Creación. La Luna es nuestra Anciana,
nuestra Abuela, nuestra Guía.

Lamentablemente, nuestro apego actual a la tecnología ha
llevado a muchas personas a desconectarse de la Medicina que
la Tierra puede regalarnos. Hemos olvidado cómo escuchar el
pulso sagrado que corre por nuestra sangre desde nuestros Ancestros. Hemos olvidado que todo tiene ciclos y estaciones. Hemos favorecido el ajetreo por encima del descanso, los logros
por encima de la escucha de nuestros ciclos naturales. Y cada
noche, la Luna sale, como si nos estuviera diciendo: «Vuelve al
ritmo de tu propio cuerpo, de tu mente y de tu Espíritu». Ella
está siempre aquí para informarnos.

Reflexión sobre la Medicina: ¿Cuál es tu relación actual con
la Luna y con sus ciclos? ¿Cómo te enseña su Medicina?

Como soy una persona indígena que tiene un útero físico y
experimenta la menstruación, la Luna está especialmente cerca

de mí. Se dice que la Abuela Luna vigila las Aguas de la Tierra, lo que significa que su poder afecta a mis propias Aguas Sagradas. Ella gobierna mi ciclo, y mi tiempo lunar (la menstruación) es un tiempo potente. Tradicionalmente se dice que, cuando una experimenta su tiempo lunar, se encuentra más cerca del Creador. Honramos el gran poder que tenemos durante la menstruación y nuestras enseñanzas nos piden que descansemos, nos limpiemos y nos renovemos. Durante este tiempo, se supone que no debemos trabajar con Medicinas ni con ciertos objetos ceremoniales. Algunos creen incluso que no debemos preparar alimentos. Es un tiempo sagrado para la introspección, y también un tiempo en el que somos profundamente intuitivas.

Si nos remontamos a nuestra historia de la Creación, recordaremos que el Agua se ofreció a la Tierra a través de un diluvio, y entonces surgió la nueva vida. El Agua es la primera Medicina que se nos regaló. Nadamos en las Aguas del Vientre de nuestra madre, recibiendo el espacio sagrado que necesitamos para crecer. Tanto si elegimos tener hijos como si no, cualquier persona con un espacio de útero físico es portadora de este poder milagroso. Las personas con útero tienen esta conexión sagrada con toda la Creación, el poder de crear nueva vida. En las sociedades indígenas, este es un poder que todo el mundo honra y sostiene. El Creador nos elige para ser el portal divino que conecta el Espíritu con lo físico. Por supuesto, este no es un camino que todo el mundo desee, y eso se respeta.

Años antes de tener mi primera menstruación, recuerdo que mi madre me compraba libros sobre el cuerpo y los cambios y transiciones que iba a experimentar. Recuerdo que me sumergí en ellos, emocionada porque estos cambios me ocurrieran. Las enseñanzas que recibí fueron que se trataba de un momento sagrado y hermoso y que había que celebrar esta transición. Mi madre compartió conmigo estas enseñanzas sobre la Creación y modeló el poder que siempre hemos tenido en nuestras comunidades. Como resultado, siempre he honrado mi menstruación como un momento de belleza, fascinada por la maravilla y el milagro de mi cuerpo. Apreciaré cada ciclo que siga recorriendo, sabiendo que cuando esta parte de mi vida termine, mi energía se conservará para mi papel de Anciana.

Debido a la opresión patriarcal y a la marginación de las mujeres, hemos perdido nuestra conexión sagrada con este tiempo. Las mujeres han sentido vergüenza y desconexión en torno a su menstruación y la ven como una molestia, algo que les produce dolor o que deben ocultar. Siempre he sentido curiosidad por lo distinto que sería nuestro mundo si reclamáramos el poder de nuestro tiempo lunar. ¿Qué pasaría si cada mes nos tomáramos este tiempo para descansar profundamente, soñar bien y acceder a nuestro conocimiento intuitivo? Imagina que pidiéramos a nuestra familia, amigos y seres queridos la amplitud que necesitamos y que ellos respetaran la potencia de nuestra Medicina en este momento. Albergo en mi corazón la visión de que, recordando estas enseñanzas y nuestra conexión con la Luna, todos recuperaremos nuestra condición de creadores sagrados y milagrosos. Tú eres la Tierra; el ritmo de tus Ancestros se mueve a través de tu pulso sagrado con cada estación y ciclo. Conectada y arraigada tanto a la Tierra como a las Estrellas, tu sabiduría es innata.

Reflexión sobre la Medicina: ¿Cuál es tu conexión con la Luna? ¿Honras la Medicina cíclica que llevas dentro?

Invocación a la Medicina de la Tortuga

Queridísima Tortuga, te invito a que me ayudes a recordar mi conexión con toda la Creación. Arráigame a la Tierra y ayúdame a ver mi reflejo en la luz de la Luna. Mientras impartes tu Medicina en mi vida, estoy abierto a recibir tu sabiduría: deseo que tu pulso lento pueda ofrecerme estabilidad. Tu ritmo es divino. Cuando me encuentre apurado, ayúdame a recordar la importancia del movimiento medido.

Afirmación de la Medicina Lunar

Queridísima Abuela Luna, te invito a entrar en mi cuerpo, en mi mente y en mi espíritu. Que tu Medicina me llene del ciclo con el que estoy más alineada en este momento. Me comprometo a escuchar cómo tiras de mis Aguas sagradas, de mi sangre, de mis fluidos. Con tu Medicina, me instalo en el mayor conocimiento de que cualquier ciclo en el que me encuentre es perfecto para mí. A través de tus enseñanzas, recuerdo que sin oscuridad no puede haber luz. Yo soy la Medicina.

CAPÍTULO 2

MNIDO GIIZIS (LUNA DEL ESPÍRITU)

Nuestra primera Luna de la Creación tiene lugar en enero, cuando el paisaje está cubierto de nieve. Está relacionada con el resplandor de la Aurora Boreal. Es un momento para permanecer en silencio y honrar la tranquilidad. El silencio nos ayuda a reflexionar. La reflexión nos ayuda a aclarar qué es lo que no nos corresponde. En estos momentos, dejamos más espacio para que brille nuestra esencia más verdadera. Al igual que la Aurora Boreal, nosotros también albergamos magnificencia, belleza y cosas asombrosas. Somos una parte vital de la Creación y esta Luna nos pide que despertemos a esa verdad.

LEYENDA DE LA LUNA: CÓMO SURGIÓ LA AURORA BOREAL

En el principio, el Creador imaginó la existencia de las energías celestiales: el Sol, la Luna, las Estrellas y los Planetas. El día se adentraría en la noche y los seres Celestiales se turnarían para iluminar el Cielo. Toda la Creación observaría con asombro cómo el Sol se pondría sobre el horizonte y dejaría tras de sí un despliegue de belleza, una acuarela maravillosa. Sería un regalo del Sol que todos los seres de la Tierra valorarían profundamente.

La Luna, las Estrellas y los Planetas observaron la belleza que ofrecía el Sol y empezaron a sentirse un poco celosos y olvidados.

—¡Queremos algo en nuestro Cielo nocturno que se parezca a eso! No es justo que el Sol se lleve toda la belleza —exclamaron haciendo un mohín.

Sin embargo, el Sol siguió día tras día creando cielos nuevos al atardecer, cambiando los colores, haciendo que cada día fuera más bonito que el anterior.

Los demás seres Celestiales se indignaron. No podían soportar la atención que recibía el Sol. Cotillearon entre ellos y se burlaron del Sol.

—¿Quién se cree que es el Sol? —decían—. Los de la Tierra rara vez ven nuestros colores —se quejaron los Planetas.

Juntos idearon un plan para robar los colores una vez que el Sol se pusiera.

—A lo mejor podemos robar los colores y tenerlos todos para nosotros —dijeron las Estrellas.

—Una idea brillante —dijo la Luna—, y como yo cambio de forma, seré la más apta para robar. Los demás distraeréis al resto de los seres de la Creación para que no me vean.

Mientras los seres Celestiales maquinaban y planeaban, el Gran Pájaro del Trueno estaba volando cerca, escuchando, pues visitaba a menudo el Mundo Superior. Tenía la gran responsabilidad de ayudar a todos los seres a mantener su integridad. Le molestó lo que estaba oyendo y decidió encontrar la manera de interceptar este plan. Al día siguiente, al atardecer, vio cómo las Estrellas, la Luna y los Planetas se ponían en su sitio para robar los colores de la puesta de sol. Pájaro del Trueno invocó su Medicina increíblemente potente, batió las alas y las abrió hasta ocupar gran parte del Cielo, con lo que creó oscuridad. Los seres Celestiales empezaron a temblar.

—¿Qué está pasando? —dijeron todos, confundidos y asustados.

Pájaro del Trueno rugió:

—He visto lo que ibais a hacer, queridas Estrellas, Luna y Planetas. Vuestra envidia provoca un gran daño. Es hora de que os veáis en vuestra auténtica naturaleza. ¿No sabéis lo gloriosos que sois cuando ilumináis el oscuro Cielo? ¿Cuando giráis a vuestra manera? ¿Cuando danzáis con vuestra propia luz? Sois pura magia y gracia.

Los seres Celestiales presenciaron su belleza exclusiva y centelleante en la oscuridad que había creado Pájaro del Trueno y se sintieron avergonzados.

—En nuestra envidia del Sol, hemos olvidado nuestro resplandor exclusivo. Lo lamentamos profundamente —dijeron.

Se presentaron ante el Sol y le pidieron perdón con el corazón humilde y abierto. El Sol perdonó a toda esta Familia y Pájaro del Trueno se alegró de la sanación obtenida. Se presentó ante todos los seres celestiales y dijo:

—La belleza está presente en todas las formas. Debemos honrar las diferencias de nuestros dones y habilidades. Como recordatorio de esto, voy a ofreceros un regalo.

Todos observaron cómo Pájaro del Trueno volaba hacia el Cielo con un enorme batir de sus alas. Entonces se produjo un fuerte estruendo. Un relámpago atravesó el Cielo Nocturno y, de repente, apareció una explosión de hermosos colores que danzaban por todas partes. Todos los seres de la Tierra estaban asombrados y la gratitud llenaba sus corazones.

—Esta es la Aurora Boreal —dijo Pájaro del Trueno—. Cuando las veáis bailar en el Cielo, que os recuerde siempre que no tenéis que rebajar a los demás para elevaros. Vuestra belleza es impresionante. Que siempre veáis y honréis esto dentro de vosotros.

Espíritu animal: Animikii Binesi *(Pájaro del Trueno)*

El Espíritu Animal que mejor representa la primera Luna es Pájaro del Trueno o, como se le conoce en anishiinabemowin,

Animikii Binesi. Tiene una Medicina vital que nos ayuda a caminar de forma íntegra con lo que somos. Se mueve a través de esta fase lunar para enseñarnos que, cuando nos mantenemos firmes en nuestros dones y reclamamos nuestro espacio en la Creación, estamos alineados. Debemos ver el poder que todos tenemos como seres únicos y mantener ese propósito mientras viajamos por esta Tierra. A menudo nos desviamos de nuestro objetivo original porque nos comparamos con los demás y envidiamos lo que otros tienen. Es evidente que todo esto forma parte de la experiencia humana, y Pájaro del Trueno está aquí para reflejar nuestro poder. Cuanto más alineados caminemos con nuestra Instrucción Original, permaneciendo en el carril que el Creador previó para nuestra vida, más brillaremos con nuestra auténtica luz. Por supuesto, se necesita una práctica diaria para estar continuamente alineándonos con nuestra energía y ver que lo que tenemos que ofrecer al mundo es de gran valor.

Mensaje de Pájaro del Trueno

- Tienes un lugar vital en la comunidad; tu luz auténtica es necesaria.
- Cuando surja la comparación o la envidia, utilízalas como inspiración.
- Sé sincero sobre tus puntos fuertes. No pasa nada por no destacar en todo en la vida. Lo más importante es que te comprometas a crecer.
- Tienes la fuerza del trueno en el corazón y el brillo del rayo en el vientre. Es hora de que te veas de verdad.

QUIERO LO QUE TÚ TIENES

Cuando estudiaba en la escuela de homeopatía, tenía una amiga con unas increíbles dotes de sanadora. En mi primera sesión con ella, la belleza de su consulta de sanación me dejó sin aliento. Tenía las paredes cubiertas con cientos de libros, cristales en cada esquina y estantes con remedios perfectamente organizados. Su camilla de sanación parecía de lo más acogedora y contaba con un montón de utensilios que le facilitaban el trabajo. Yo estaba asombrada.

Cada vez que la veía, sentía un ligero pálpito: deseaba llegar a tener yo también algún día, de un modo u otro, un espacio sagrado que pudiera llamar mío, donde ofrecer sanación a quienes la necesitaran. Parecía tan preparada, profesional y organizada… Un día compartí este sueño con ella y le dije que admiraba lo que había creado para su vida.

—Tú también tendrás esto, Asha. Lo veo.

Guardé ese sentimiento en mi corazón y continué con mis estudios.

Años después me encontraba en mi propio espacio de sanación, tan acogedor, y lo vi: los cristales, los libros, los remedios y las herramientas de sanación. Volví a recordar aquella conversación y comprendí el espejo de inspiración que la amiga Sanadora había sido para mí. En aquel momento, yo no sabía que iba a ser Sanadora energética ni que utilizaría mis dones de esa manera. Ella reflejaba una parte de mí que yo no había descubierto aún. Sabía que aquella mujer estaba en mi vida por una razón, y era para mostrarme lo que se podía hacer. Aprendí a mirar la vida de ese modo, a ver estos espejos como futuras bendiciones y a convertir mi envidia en posibilidad.

VIAJA CON TUS PROPIOS MOCASINES

¿Cuántas veces has contemplado el camino de otra persona
y has pensado que era mejor que el tuyo? ¿Has deseado alguna
vez ser bendecido por las mismas circunstancias que otro? Sé
que yo lo he hecho, y he aprendido a no avergonzarme de ello,
porque es la naturaleza humana. Comparamos y contrastamos
para encontrar nuestro camino; es parte de nuestra evolución y
de nuestro crecimiento. Estos sentimientos se han ampliado con
la introducción de las redes sociales. Debemos recordar que lo
que vemos ahí es solo una pequeña porción de la vida de alguien. Nos hacemos un flaco favor cuando eso es todo lo que
miramos, porque nos estamos asomando a un espacio muy revi-
sado y controlado. Después de hablar con miles de estudiantes,
puedo asegurarte sin rodeos que nadie disfruta de una vida perfecta. Todos hemos sido dotados de nuestra propia historia de la
Creación, nuestras almas han sido llamadas a cumplir diferentes
misiones. Una misión no es ni mejor ni peor que otra. El Espíritu de la Luna nos recuerda que, cuando somos capaces de acu-
ñar nuestro viaje de la Medicina y nuestro camino con suavidad
y reverencia, podemos ver que los únicos mocasines con los que
estamos destinados a movernos son los nuestros. Si veo que alguien viaja de una manera que me inspira o me ilumina, empie-
zo a inclinarme hacia la posibilidad de que yo también pueda
tener esas cosas. He aprendido a ver que mis deseos son bende-
cidos por la forma en que se muestran en el mundo. No puedo
caminar exactamente de la misma manera, pero sí invocar unas
bendiciones similares para mí.

Reflexión sobre la Medicina: ¿Con quién te has comparado?
¿Qué aspectos de su vida deseas para ti?

Tu Presencia Auténtica

Hay miles de millones de personas en este planeta y cada una expresa su alma con un tono diferente. La resonancia de tu ser es única para ti. Llevo muchos años tocando el piano, así que comparo esta idea con una cuerda concreta, un sonido armónico o una cadencia energética. Nuestro mundo siempre nos dirá que, tal y como somos, no estamos a la altura de lo que se espera de nosotros. La programación externa, las expectativas sociales y el ruido colectivo intentarán distraernos de nuestra verdadera naturaleza. Cuando somos capaces de sintonizar con nuestra frecuencia, adueñarnos de ella y trasladarla al mundo, encontramos paz en nuestro camino y podemos alinearnos con nuestra divinidad.

Durante los quince años que mantuve mi consulta privada como sanadora, decía una oración antes de que entrara en mi espacio cada paciente: «Querido Creador, haz que pueda honrar, ver y sostener el espacio para esta alma y su presencia más auténtica». Mi intención era visualizar a esa persona como un ser entero en el estado en que venía a verme. Llevaba tiempo suficiente en mi propio viaje de sanación como para saber que no era útil que me dijeran una y otra vez lo maltrechos que estaban. Sabía que el regalo de sanación más significativo que podía ofrecer a alguien era verle en su plenitud.

A través de mi trabajo con estos clientes —trabajo energético, Ceremonia y homeopatía—, sostenía la visión y la frecuencia energética que veía a través de mis ojos, mi corazón y mi Espíritu. Recuerdo haber sido capaz de ver esto desde una edad muy temprana. Quizá fuera parte de la Medicina que vino a esta vida conmigo. Lo que percibían como su sombra —los «errores» que cometían o los «defectos» que arrastraban— lo sostenía con ternura y lo afrontaba con compasión. En mi visión, sostenía su presencia auténtica con firmeza y arraigo, una oración impresa para su recuerdo. Parte de mi «trabajo» consistía en mantener esa vibración de su presencia auténtica y reflejarla de algún modo en el tiempo que pasábamos juntos. Verte a ti mismo en tu verdad requiere una práctica diaria, y a veces todos necesitamos recordatorios. Podemos centrar intencionadamente nuestra verdadera naturaleza todos los días. Las distracciones y exigencias de la vida cotidiana nos impiden con demasiada frecuencia regresar a nosotros mismos. Como con cualquier cosa, la práctica crea nuevos caminos que se convierten en una segunda naturaleza si se experimentan una y otra vez. La energía del Espíritu de la Luna nos ayuda a arraigar esto y a brillar tal y como somos.

Cuatro formas de conectar con tu auténtica presencia

1. **Ten a la vista obras de arte o imágenes que le digan algo a tu alma.**

    Hay dos artistas indígenas que me encantan —Betty Albert y Maxine Noel— y tengo cuadros suyos por toda la casa. Son imágenes de mujeres de pie con gracia, fluidez y conexión. En muchos de los cuadros aparecen la Luna o los Animales. Me dicen cosas porque reflejan un aspecto de mi auténtico yo. Al colocarlos por toda la casa, me rodean como espejos de la expresión de mi alma.

2. **Contempla una foto de tu yo infantil.**

    Párate un momento, mírate fijamente a los ojos y pide ver tu presencia única. Cuando tu yo infantil estaba arraigado en su alegría y libertad, ¿qué brillaba desde su corazón?

3. **Haz un viaje para reclamar y arraigar tu presencia auténtica.**

    Después de realizar un viaje —como el que se indica a continuación—, conéctate a las imágenes, vibraciones y sensaciones de tu presencia.

4. *Lleva tu experiencia a una práctica matutina.*
Cuando te despiertes, dedica unos momentos a invocar tu presencia única antes de levantarte de la cama. Cuando te levantes, siente que «entras» o que «te subes» en este aspecto de ti mismo. Algún día se convertirá en una segunda naturaleza y te encontrarás alineado al instante.

VIAJE DE LA MEDICINA
Alinea tu presencia

Busca un lugar cómodo donde sentarte o tumbarte y empieza a respirar. Establecemos la intención de invocar a nuestra presencia más alineada. Pedimos al Gran Pájaro del Trueno que nos ayude en este viaje de hoy. Este se coloca ante ti, mira profundamente en tu corazón y envía una ráfaga de rayos a tus brazos que activan tu capacidad para elevarte. Te pide que emprendas un viaje con él y, cuando empieza a ascender hacia el Cielo, tú le sigues. Subes hacia las Estrellas, y hay una en particular que te llama. Mientras vuelas hacia ella, tienes la sensación de que la conoces. Esta Estrella tiene la misma resonancia que tu presencia auténtica. Te sitúas ante ella con las alas abiertas. El Pájaro del Trueno invoca una explosión de la Medicina del Trueno y te invade la luz. Al absorber esta sanación, te recuerda tu divinidad.

Inhala esto, permite que fluya por cada célula y tejido de tu ser. Tu auténtica presencia empieza a brotar de tu piel y toda tu energía vibra con tu resonancia. La Estrella se convierte ahora en un espejo y te ves a ti mismo, radiante en tu ser.

Activa todos tus sentidos y pregúntate:

- ¿Cómo suena tu presencia auténtica?
- ¿Llevas un tono o una vibración específica?
- ¿Qué colores se arremolinan a tu alrededor y a través de ti?
- ¿Qué llevas puesto y qué aspecto tienes?

Esto es lo que eres. Es hora de reclamar tu lugar en la Creación. *Y, por tanto, así es.* El Pájaro del Trueno empieza a guiarte
para volver y tú comienzas a regresar a la Tierra. Siente cómo
tus pies vuelven a la Tierra, cómo tus alas se transforman de
nuevo en brazos y cómo la respiración te llama de nuevo a tu
cuerpo. Trae de vuelta contigo tu auténtica presencia y siente
cómo se enraíza en tu cuerpo. *Tú eres la Medicina.*

«Encajar consiste en evaluar una situación y convertirte
en quien necesitas ser para que te acepten. Pertenecer, en cambio, no requiere que cambiemos lo que somos, sino que seamos quienes somos».

BRENÉ BROWN, *Desafiando la tierra salvaje:*
La verdadera pertenencia y el valor para ser uno mismo

IDENTIDAD

Se dice que la palabra *anishinaabe* significa «el Buen Ser
Humano». El Anciano y lingüista Basil Johnston la tradujo también como «el Ser Espontáneo». Basil era un antiguo amigo de
mi abuelo en el internado y le recuerdo charlando en anishiinabemowin en la mesa de la cocina de mis abuelos cuando iba a
visitarlos. El Ser Espontáneo hace surgir imágenes de la Luz de
las Estrellas creada a partir de la nada. Siempre me he sentido
guiada a vivir así y a volver a esto, y traigo a mi mente esta imagen cada vez que me siento desplazada.

El sentimiento de no pertenencia es algo que surge dentro
de todos nosotros. Es algo que me han expresado cientos de
veces mis clientes, sobre todo los de sangre mixta, y también
algo contra lo que yo misma he luchado, a pesar de que mis
dos progenitores son anishinaabe. Para los que hemos sido colonizados o sufrimos profundamente los sistemas de opresión,

este sentimiento de no pertenencia es muy hondo. Nos dicen que no valemos lo suficiente tal y como somos, así que intentamos asimilarnos a otra forma. Luego descubrimos que esas formas no están alineadas con la Medicina que resuena en nuestra sangre. Acabamos con un pie en una identidad y otro en la otra, sin saber muy bien dónde encajamos. Como indígenas, nos alimentaron con estereotipos racistas que nos decían que ser nativo es ser sucio, pobre, alcohólico, indio, invisible. No nos parece seguro ser quienes somos, así que huimos de esa identidad. Pero luego, cuando nos damos cuenta de que falta algo y volvemos a casa para abrazar nuestra verdad, tampoco sentimos que encajemos en los espacios de la comunidad o de la Ceremonia. No conocemos lo suficiente nuestro lenguaje. No conocemos todos los protocolos de la Ceremonia. Sentimos vergüenza a manos del colonizador. No es culpa nuestra, pero nos culpamos. Y debido a todo este trauma, convertimos en armas estas heridas y nos atacamos mutuamente a través de la violencia lateral.

Nada de esto está bien ni nos hará avanzar hacia la sanación, pero a pesar de ello nos quedamos atascados aquí. Quizá te sientas identificado con esto, o quizá tu historia de pertenencia se exprese de forma diferente. Sueño con que, al reclamar nuestro ser completo, podamos encontrar la pertenencia en nuestro interior. Cuando lo hacemos, nos sentimos seguros, arraigados y podemos mantenernos firmes. La energía del Pájaro del Trueno nos ayuda en este ascenso y todos podemos conseguirlo, sin que importen nuestra raza, credo o religión. Camino como la Luz de las Estrellas creada de la nada, una orgullosa Kwe Anishinaabe.

Reflexión sobre la Medicina: ¿Cómo has experimentado tú la pertenencia?

En busca de un maestro

Aunque he viajado con numerosos maestros, durante mucho tiempo estuve intentando encontrar al Anciano Indígena «perfecto» que me guiara por esta vida. Antiguamente teníamos Ancianos en comunidad con nosotros que nos ofrecían enseñanzas, apoyo y sanación. Por desgracia, esto ya no resulta tan accesible, porque hemos dejado de vivir en comunidad de la misma manera. Muchas veces he sentido que faltaba una pieza en mi camino.

Pedía al Creador que me trajera a quien me enseñara todo lo que necesitaba saber. Diferentes Guías entraban y salían de mi vida. Un día, un Curandero con el que estaba trabajando me regaló una Pipa. Cuando la puso en mis manos, me di cuenta de mi verdad: no necesitaba un objeto para comunicarme con el Espíritu. Llevaba toda la vida haciéndolo. Mi Pipa es sagrada y también lo son mis Medicinas innatas y desarrolladas. La sabiduría siempre ha surgido a través de mis experiencias vitales. La única maestra «perfecta» era yo. Sí, podía invitar a otros Guías, pero mi camino estaba destinado a tener un conjunto diverso de maestros y de personas que me lo mostraran, incluida yo misma. Un Anciano me dijo que mantuviera mi corazón abierto, ya que mis maestros no siempre serían indígenas. Me he tomado esta sabiduría al pie de la letra y abro mi mente a todos los que puedan enseñarme, sabiendo que mi aprendizaje continuará hasta mi último aliento.

Ocupar el espacio

Nuestras identidades suelen influir en nuestra capacidad para ocupar el espacio. Reconozco que tengo el privilegio de ser una humana cisgénero, heterosexual, delgada y sin discapacidad que controla relativamente bien una enfermedad crónica. También tengo la identidad de una persona indígena que vive en la

Tierra robada a sus Antepasados. Debido a que el colonizador se apoderó de la Tierra y oprimió a mi pueblo, sentirme con derecho a ocupar un espacio aquí ha constituido para mí todo un reto, aunque soy uno de los pueblos originarios de esta Tierra. Cuando vives en un cuerpo que conlleva algún tipo de privilegio, te sientes con más derecho a ocupar todo el espacio que necesitas. El mundo te ha dado seguridad para hacerlo. En un mundo en el que el mensaje que se transmite es que los indígenas son invisibles y están olvidados, he viajado para reclamar mi derecho a ser vista, escuchada y sostenida aquí, en la Isla Tortuga. Es un trabajo esencial para mí. A través de mi sanación, poco a poco me he ido sintiendo más cómoda estando aquí con orgullo y ocupando el espacio que merezco. Se me recuerda que el hecho de que yo ocupe un espacio no supone quitárselo a ninguna otra persona; en cambio, al reclamar lo que me pertenece, ayudo a reparar el pasado y mantengo la visión de un futuro curado. Podemos mirar al Espíritu de la Luna para que nos guíe de regreso a lo que se siente al vivir con un sentido de derecho sano y equilibrado. Si tú también tienes problemas para ocupar un espacio, debes saber que no es algo de lo que debas avergonzarte. Lo más probable es que sea consecuencia de haber vivido en los sistemas en los que vivimos, y esos sistemas tienen que cambiar.

Reflexión sobre la Medicina: ¿Te sientes cómodo ocupando un espacio? ¿Por qué sí o por qué no?

NO ES TU NATURALEZA

Durante los últimos tres años, me he estado reuniendo todos los meses con mi increíble terapeuta, que me ha dotado de mucha sabiduría. Hubo una época en la que me estresaba mucho con las preocupaciones que suscitaba mi forma de caminar como activista en el mundo. Sentía mucha presión por mostrarme tal y como lo hacían los demás, aunque no me parecía auténtico. Un día recibí un mensaje en mi bandeja de entrada. «¿Por qué no compartes estas cuestiones indígenas de esta manera? ¡Esperaba más de ti! Dejo de seguirte». Me quedé destrozada. Ya había estado comparándome y sintiendo que mi forma de activismo no era suficiente. Llevé esto a mi cita de terapia y estaba dispuesta a aprender a mostrarme como una voz diferente, de otra manera, de un modo que de una forma u otra satisficiera estas expectativas de lo que debe ser una voz indígena.

Me reuní con mi terapeuta y le dije que estaba preparada para ser más ruidosa, más firme, más luchadora. Más de algo que no estaba siendo. Él me escuchó con cariño, como hace siempre, y me transmitió este mensaje tan sabio y tan sencillo:

—Es que esa no es tu naturaleza, Asha.

Respiré profundamente y la paz fluyó sobre mí. En un instante, las dudas cesaron cuando mi crítica interior se encontró con la compasión.

—¿Qué tipo de activista quieres ser? —me preguntó.

—Una guerrera pacífica —exclamé—. Quiero deponer mi espada y existir de otra manera.

—Eso suena más cercano a tu verdadera naturaleza —me respondió.

Unos días después de este encuentro me reuní con una de mis mejores amigas en los negocios, Leslie Tagorda, de New Moon Creative, que me transmitió su visión astrológica.

—Tu camino en esta Tierra es ser Guerrera de la Paz —me dijo—. Está muy claro aquí, en tu carta astral.

Debí de abrir la boca y exclamar en voz alta. ¡Era una confirmación, que provenía directamente de las estrellas! El camino siempre estuvo ahí, y yo ya lo estaba recorriendo. Lo único que necesitaba era recordarlo. Te cuento esta historia porque, independientemente del punto de tu viaje de desarrollo personal en el que te encuentres, todos experimentamos dudas e inseguridad. Todos podemos olvidar que nuestra presencia es mucho más que suficiente. Estaré eternamente agradecida por estas señales confirmatorias del Universo que me guían de vuelta a mí. A menudo aparecen a través de mis amigos, de mis colegas, de mis ayudantes, de mis Guías. Todos son maestros y un hermoso espejo para que yo recuerde.

Reflexión sobre la Medicina: ¿Has intentado alguna vez ser algo que no se alinea con la verdad de lo que eres? ¿Cómo te sientes?

Invocación a la Medicina del Pájaro del Trueno

Queridísimo Pájaro del Trueno, te invito a que me recuerdes mis alas, mi esencia, mi huella vibratoria en este mundo. Recuérdame que, al igual que la Aurora Boreal, yo también soy portadora de belleza y resplandor. Doy la bienvenida a tu Medicina, que me recuerda que debo vivir de forma íntegra con mi propia esencia. Si me encuentro comparando mi viaje con el de los demás, guíame de vuelta a mi presencia radiante. Tus alas, Espíritu del Trueno, y la energía del rayo llenan ahora mis células de inspiración. Confío en que seguirás guiándome mientras me elevo.

Afirmación de la Luna de *Mnido Giizis*

Despierto a la verdad de todo lo que soy. Mi presencia auténtica es sagrada; la veo, la siento y la conozco. Cada día la invoco para que se manifieste y me permita caminar en verdadera integridad con mi naturaleza. Yo soy la Medicina.

CAPÍTULO 3

MKWA GIIZIS (LUNA DEL OSO)

Nuestra segunda Luna de la Creación es un momento en el que reflexionamos sobre la Medicina del descanso y la integración. Al igual que el Oso, que hiberna durante muchos meses, nosotros también necesitamos temporadas de bajar el ritmo. Se dice que esta Luna de febrero trae consigo niebla espesa, señal para los indígenas tradicionales de que están naciendo cachorros de oso. Con el descanso profundo caemos en el vacío, allí donde el Gran Misterio puede moverse a través de nosotros de forma más extraordinaria. Con el descanso profundo se producen los milagros.

LEYENDA DE LA LUNA: POR QUÉ EMPEZÓ A HIBERNAR EL OSO

Cuando surgieron los Animales, el Creador dio a cada uno de ellos una Medicina particular que llevaría en el mundo. Uno a uno, los Animales fueron soñados por el Creador, y uno a uno, su Medicina se activó. El Oso fue uno de los primeros de la fila.

—Querido Creador, ¿cuál es el regalo que me concedes?

El Creador hizo girar una hermosa energía alrededor de Oso y comunicó su regalo al Universo.

—Eres un guardián del valor, querido Oso. Mantienes tus límites con ferocidad y, de ese modo, te arraigas en tu soberanía. Te apasiona proteger a los que amas y reflejas la importancia de mantenerte firme. Utiliza tus dones con sabiduría; estamos agradecidos de tener tu Medicina en la Tierra.

Oso estaba eufórico con su regalo Medicinal. Se sentía fuerte y poderoso, llamado a compartir sus talentos con todos los que conocía. Cuando uno de sus Hermanos necesitaba protección, aparecía Oso para luchar y servirle. Cuando alguno necesitaba ayuda para hablar o intentar algo nuevo, aparecía Oso para enseñarle e inspirarle. Cada día se le pedía más, y tenía que ir corriendo de un problema a otro. Los lobos perdieron la voz y la capacidad de gruñir, así que Oso dio un paso adelante y gruñó por ellos. El León de Montaña tenía demasiadas crías de las que ocuparse, así que Oso se ofreció a cargar con algunas durante un tiempo hasta que crecieran. Toda la Creación empezó a pensar que Oso tenía superpoderes: siempre que necesitaban ayuda, aparecía. Como nunca se quejaba ni parecía cansado, seguían pidiéndole apoyo y ayuda.

Un día, Oso empezó a sentirse mareado y enfermo, y se derrumbó agotado sobre la Tierra. Todos los Animales acudieron enseguida y se preguntaban qué había pasado.

—Oso, ¿qué te pasa? —gritaban.

Oso no podía hablar, ni moverse, ni abrir los ojos. Se había quedado sin energía. Los Animales, preocupados creyendo que se moría, lo trasladaron a una cueva cercana. Lo cubrieron con musgo, tierra y flores. Todos los días, Búho comprobaba cómo estaba y descubría que su temperatura, su ritmo cardíaco y su respiración habían disminuido. Los ojos de Oso permanecían cerrados. Los Animales iban y venían, ofreciendo oraciones y gratitud por todo lo que Oso había hecho por ellos. Un día, cuando los pájaros cantaban y el Sol traía días más largos, Oso empezó a estirarse y a moverse. Al principio, los Animales pensaron que podrían ser imaginaciones suyas, pero hete aquí que

Oso acabó abriendo los ojos. Al principio empezó a moverse lentamente y luego pareció ir ganando fuerza poco a poco. Cuando salió de la cueva, todos los Animales se alegraron.

—¡Oso, estábamos tan preocupados por ti! Sentimos haberte pedido que hicieras tanto por nosotros. Prometemos no volver a hacerlo.

—Está bien, querida Familia —dijo Oso—. Gestionar mi energía es responsabilidad mía. Ahora lo sé. A partir de ahora, seré consciente de mi capacidad para ofrecer ayuda y, cuando me sienta cansado, escucharé a mi cuerpo y descansaré. Como ofrezco tanto, a veces mi descanso tendrá que ser más largo. Tal vez abarque todo el tiempo en que la Madre Tierra esté cubierta de nieve. Pero sabed que cuando reaparezca estaré listo de nuevo para servir en el lugar que ocupo en la Creación. Prometo escuchar a mi cuerpo, retirarme cuando sea necesario y confiar en que todo será atendido en mi ausencia.

Desde aquel día, Oso escuchó la sabiduría de su cuerpo, que estaba en sintonía con las estaciones. Cuando el alimento escaseaba y los elementos se volvían duros, sabía que era el momento de conservar su energía e hibernar. Cuando las condiciones de la Tierra eran más favorables para la supervivencia, emergía de nuevo, dispuesto a compartir su Medicina con todos aquellos a los que amaba.

Espíritu animal: Mkwa *(Oso)*

El Espíritu Animal que mejor representa la segunda Luna es el Oso, o como se le conoce en anishiinabemowin, *Mkwa*. Este Animal es una elección evidente, basada en el nombre de esta Luna, pero nos habla también de la época del año en la que nacen sus cachorros, que suele ser de mediados de enero a mediados de febrero. El Oso atraviesa esta fase lunar para enseñarnos que el ciclo de hibernación es necesario para integrar todos los demás aspectos de nuestra vida. Cuando hacemos una pausa, se produce una magia profunda que no siempre vemos. El vacío, la tranquilidad y la temporada de descanso son vitales para nuestra integridad. Sin restauración e integración, estamos incompletos. La productividad, el esfuerzo y el éxito material están muy arraigados en nuestra psique. Nuestro mundo nos enseña a esforzarnos más, a luchar por más y a impulsarnos a costa de nuestra salud y bienestar. Oso nos recuerda el poder de la desaceleración. Nos recuerda que debemos parar para poder escuchar la sabia llamada de nuestro cuerpo. Nuestros cuerpos, mentes y espíritus solo pueden aguantar hasta cierto punto. Cuando nos encontramos al límite de nuestra capacidad, Oso nos anima a entrar en un ciclo de descanso que será nuestra Medicina.

Mensaje de Oso

- Te mereces descansar.
- Escucha los mensajes de tu cuerpo.
- La magia nace del vacío.
- El Gran Misterio se mueve a través de nosotros, incluso cuando parece que no ocurre nada.

«SI DESCANSO, MORIRÉ»

Cuando tenía diecisiete años, me diagnosticaron una enfermedad autoinmune llamada LES o lupus. Es una enfermedad crónica en la que el sistema inmunitario ataca a nuestros propios tejidos y órganos porque los confunde con invasores. Recuerdo el día en que me la diagnosticaron; la ansiedad me embargaba. Me preocupaba la posibilidad de morir antes de tiempo, de no tener hijos o de sufrir dolores diarios durante el resto de mi vida. Al ser adolescente, esta noticia me produjo un gran impacto y pasé mucho tiempo preocupada por mi salud.

Los síntomas graves no comenzaron a aparecer hasta que estaba en la universidad; entonces me di cuenta de que parecía necesitar más descanso que mis amigos. Recuerdo que llegaba a casa a las tres de la tarde y me echaba la siesta todos los días. Me preguntaba por qué estaba tan cansada y qué me pasaba. Empecé a ocultar el hecho de que necesitaba ese descanso extra y, al final, me avergoncé tanto que dejé de hacer el descanso que mi cuerpo pedía a gritos y me esforcé por superar cada jornada.

Intenté vivir como veía que vivían los demás. Nunca me ofrecí a mí misma la compasión de pensar que tal vez, dado que estaba lidiando con una enfermedad crónica, necesitara cuidarme mejor o darme un descanso de vez en cuando. Me limité a seguir forzándome. Aquello se convirtió en un hábito: forzarme a superar el dolor, ignorar la fatiga, esperar mucho de mí misma. Mi opresor interior me decía constantemente que me esforzara, incluso cuando me sentía agotada y abrumada.

Cuando no escuchaba a mi cuerpo, los indicios se hacían más fuertes y acababan convirtiéndose en síntomas, brotes más prolongados y enfermedad. Nuestro mundo nos enseña a presionar más, a ir a por más y a forzar a costa de nuestra salud y bienestar, lo que conduce al agotamiento, a las enfermedades crónicas y a otros trastornos. Muchos de nosotros perdemos la capacidad de hacer del descanso y el juego una prioridad y, si seguimos así, nuestro cuerpo nos hará detenernos. La sabiduría de la Luna del Oso nos llama de nuevo a la verdad de que no es humanamente posible avanzar por la vida sin descansos. Somos la Tierra, y nosotros también debemos recorrer nuestras estaciones.

Un día estaba realizando un viaje de sanación con un terapeuta y pregunté a mi Espíritu cuál era la raíz de este problema. Escuché: «Si descanso, moriré», y mi rostro se inundó de lágrimas. Destellos de traumas ancestrales atravesaron mi conciencia y sentí que la verdad estaba arraigada en mis huesos. Recuerdo que le conté esta historia a mi querida amiga, y ella me preguntó:

—¿Y si invitas a estas otras palabras a entrar en tu organismo?: «Si descanso, viviré».

Esta afirmación me ha guiado desde entonces. El descanso me da fuerza vital; me ayuda a integrar los ciclos de expansión por los que me muevo y me abre a la inspiración. He aprendido que los milagros llegan a mi vida a través del descanso. En mi caso, confiar en que el descanso es una parte integral de mi proceso de flujo y Creación ha supuesto un desafío constante para mi crecimiento, pero cada vez que me permito profundizar en el descanso como Medicina, prospero.

Reflexión sobre la Medicina: ¿Qué ejemplo te dieron tus padres o tu familia en torno al descanso? ¿Cuál es tu relación con el descanso?

EL REGALO DE LA PAUSA SAGRADA

Hace unos años me encontraba asistiendo a una conferencia perteneciente al ciclo «I can do it!», (¡Puedo hacerlo!) de Hay House, y Cheryl Richardson subió al escenario. Nos habló del libro que acababa de publicar, *Waking Up in Winter* (*Despertar en invierno*), y de cómo podemos estar presentes para lo que realmente importa. Nos contó su propia experiencia en torno a las prisas y los logros y cómo su mundo interior la llamaba a calmarse. Hubo un momento profundo sobre la idea de soltar en el que habló de «vaciar su cáliz», una metáfora con la que hacía referencia a limpiar las cosas que ya no le servían. Recordé haber visto esto en mi mente como un espacio recluido y regenerador, y llegué a sentir lo que podría surgir de este espacioso vacío.

A lo largo de la charla, sentí que Cheryl estaba hablando directamente a mi alma. Contó que su querida amiga Debbie Ford, en su lecho de muerte, le había dicho que, cuando su vida llegara a su fin, nada de aquello en lo que Cheryl estaba centrándose en ese momento tendría importancia. Ni los seguidores ni los libros más vendidos. Nada de eso importa cuando estás a punto de morir. Le transmitió que lo único que realmente importaba era vivir una vida de presencia. Presencia. Eso era lo que mi alma quería.

En ese momento de mi vida me sentía totalmente quemada en mi consulta privada. Iba corriendo de un círculo de sanación a otro, atendiendo a cinco o seis personas al día para un trabajo de sanación profundo y criando a un niño de tres años. Me volví hacia mi amiga y le susurré:

—¡Necesito hacer eso! Necesito mi versión del invierno.

Al día siguiente consulté mi agenda y trasladé a todos mis pacientes al mes siguiente. Me tomé un mes entero de descanso, algo que nunca pensé que fuera a hacer. Me estaba llamando algo más profundo, una nueva estación. No podía seguir forzándome y mi alma me pedía que parara.

Sin embargo, parar me resultaba incómodo. Me preocupaba decepcionar a la gente, me preocupaba dejar de ganar dinero y la posibilidad de volverme irrelevante. «¿Y si lo pierdo todo? ¿Y si todo el mundo se olvida de mí? ¿Quién seré entonces?». Me sentía profundamente apegada a la identidad con la que había vivido durante aquellos años. Todo el malestar salió a la superficie y por fin tuve espacio para sentirlo. Recuerdo que me tomé ese mes para dar más paseos al aire libre, tocar más el piano, salir a tomar el té con los amigos e incluso echar algunas siestas. Todavía me asaltaban muchos momentos llenos de dudas y miedo, pero también hubo otros de paz y gracia. Al final del periodo de descanso, me di cuenta de que había pasado toda mi vida equiparando mi valor con lo que producía o conseguía. Este conocimiento fue un regalo y me ayudó a mantener este patrón con compasión.

Al mes siguiente tuve una hermosa e inesperada sorpresa: ¡un test de embarazo positivo! No estábamos intentando tener otro hijo, ya que sentíamos que nuestra familia estaba completa. Mirando hacia atrás, veo que una parte de mí sabía que no tenía capacidad para atender a otro hijo con una consulta tan ajetreada y todo el alimento y el apoyo que brindaba a los demás. Necesitaba rendirme y soltar lo que mi organismo había sentido como seguro para poder cocrear con el Espíritu. Esta experiencia y muchas más son las que me hacen saber que los milagros surgen de la oscuridad. Al igual que la primera chispa de luz, la Creación surge del vacío. Los oseznos nacen en la oscuridad de la hibernación.

«La naturaleza no se apresura, pero todo se cumple».

LAO TZU

VIAJE DE LA MEDICINA
RECUPERACIÓN DEL DESCANSO

Busca un lugar cómodo donde sentarte o tumbarte y empieza a respirar. Establece la intención de recuperar los aspectos de ti mismo que conocen el poder del descanso. Invoca a la Osa para que te ayude en este viaje. Aparece ante ti una Gran Osa Madre; sientes o percibes su presencia cuando está allí, fuerte y poderosa. Te pide que te tomes un momento para percibir tu capacidad. Evalúa tu corazón, tu mente, tu cuerpo, tu Espíritu. ¿Cómo estás de lleno o de vacío? ¿Estás lleno hasta los topes? ¿O tienes espacio? Respira profunda y completamente para reconocer esta conciencia.

La Madre Osa te conduce a una guarida que ha sido creada para ti. Está llena de las cosas más reconfortantes que puedas imaginar y, al entrar, sientes que tu sistema nervioso se relaja y tu respiración se va haciendo poco a poco más suave. Encuentras una camilla acogedora creada especialmente para ti y te tumbas. Un Guía de la Medicina y Sanador se acerca a ti y coloca sus manos en la parte superior de tu cabeza, la acuna y sientes una oleada de calor mientras él te sostiene en sus manos. Notas que te desenganchas, te desenredas y te liberas. ¿Hay algo que ya no esté en consonancia con tu camino? Empieza a soltarlo de tu organismo. ¿Qué puedes soltar? Deja que se vea y se reconozca en este espacio para que puedas empezar a liberarte. Siente cómo tu organismo empieza a desprenderse de lo que ya no necesita, a desecharlo y a liberarlo a la Tierra. Sumérgete en el descanso.

La Madre Osa se acerca a ti llevando en la garra grasa de oso: es un bálsamo profundamente curativo. Te lo ofrece y empieza a lubricar tus órganos, tejidos y huesos. Penetra profundamente en ti y nutre sobre todo tus glándulas suprarrenales; se mueve hacia cada vértebra de tu columna vertebral. Envuelve tu cuerpo con una piel energética, que te resulta muy cálida y reconfortante. Estás tumbado en la camilla con esta Medicina curativa del descanso que te informa. *Tú eres la Medicina*. Cuando te sientas preparado, te levantas, inicias tu viaje para salir de esta guarida y regresas poco a poco a tu cuerpo.

Si tienes la posibilidad de tumbarte unos instantes después de este viaje, echarte una siesta o irte a la cama, puede ser un buen momento para hacerlo. Deja que la Medicina del Oso siga moviéndose a través de ti mientras la integras. Sorprendentemente, incluso el hecho de tumbarte boca arriba durante un par de minutos informará a tu cuerpo de que es seguro parar y descansar. Yo practico esto unas cuantas veces al día con objeto de crear nuevas vías neuronales que den a mi cuerpo permiso para descansar.

> **Reflexión sobre la Medicina:** ¿Qué se ha liberado de tu organismo? Comprueba tu capacidad. ¿Cómo la percibes ahora?

HONRAR EL VACÍO

Durante la pandemia de covid-19, estuve intentando educar a mis hijos en casa, dirigir mi negocio, ser madre y todo lo que conlleva ser adulta. Hubo momentos en los que sentí pena y tristeza por los efectos que estaba produciendo esa época en mi familia y en mis hijos. Ha pasado factura a todo el mundo, por supuesto, y soy consciente de que se trata de una experiencia colectiva en la que algunas personas están luchando con mucho más dolor del que yo siento. Sin embargo, un fin de semana, casi un año después del primer confinamiento, sentí que surgía en mí una oscuridad vieja y familiar. Incluso antes de la pandemia, me ocurría cada año cuando el invierno tocaba a su fin, y un amigo me decía que era mi «noche oscura del alma». La «noche oscura del alma», una frase que se ha utilizado para describir la desorientación en torno a la propia identidad o una crisis espiritual, es un estado que aparece mencionado inicialmente en un poema del místico y poeta español del siglo XVI san Juan de la Cruz.

Durante muchos años pasé esos momentos acurrucada bajo una manta sintiéndome triste y con menos energía de la habitual. Me avergonzaba, me preguntaba qué me pasaba. ¿Por qué no sentía la misma inspiración que en primavera o en verano? ¿Por qué no podía seguir adelante y «superarlo»? Dudaba de mi trayectoria vital como sanadora y homeópata y le decía a mi marido que lo iba a dejar todo para irme a trabajar a la librería del barrio. La gente que trabajaba en ella parecía de lo más tranquila y feliz. Cuando empecé a sentir lo mismo aquel fin de semana del covid, pude verlo como lo que era: esta oscuridad venía para ser experimentada y validada como una estación o un ciclo necesarios. Cuanto más me resistiera a ella, me avergonzara o tratara de superarla, más duraría. Así que esta vez, en lugar de eso, envié gratitud a mi cuerpo por su fatiga. Honré mi necesidad de llorar y di la bienvenida a más acurrucamientos y películas con mis hijos. Percibo este tiempo como un vacío oscuro; con el estrés adicional de la pandemia, me resultaba algo así como un túnel del tiempo. He pasado por esta misma experiencia lo suficiente como para saber que, si honro esta época con amor, saldré al otro lado con semillas nuevas y hermosas que plantar e ideas que cocrear. Aunque todavía estoy aprendiendo a amar el vacío, al menos ahora puedo confiar en que esta estación no dura para siempre.

Tu pulso ancestral

Nuestra relación se encuentra alterada para descansar de verdad. A menudo, nuestros patrones y heridas en torno a este tema se heredan y se transmiten de generación en generación. Si los combinamos con la actual estructura de poder capitalista y patriarcal que nos dice que sigamos produciendo, lo que obtenemos es una receta para el agotamiento. De forma ancestral, los BIPOC (negros, indígenas y personas de color)* sufren un profundo trauma intergeneracional en torno al descanso; está entretejido en sus células. En la gente con la que trabajo, este trauma suele estar arraigado en el colonizador y el opresor que forzaron el trabajo, la esclavitud y la servidumbre. Los efectos de esta dinámica se perciben todavía en nuestro sistema, ya que el capitalismo y la supremacía blanca mantienen vivas estas heridas con desencadenantes y recordatorios diarios. En mi propio viaje para desentrañar los impactos de la colonización, siento a menudo el efecto que pro-

---

* Son las siglas en inglés de Black, Indigenous, People of Color. *(N. de la T.)*

dujeron los internados en mi linaje y cómo eso sigue apareciendo como la parte de mí que empuja, se esfuerza y se impulsa hasta el agotamiento. En mi búsqueda de sanación para estas heridas, he viajado energéticamente a tiempos anteriores al primer contacto con los colonos. En esos viajes he encontrado una hermosa sanación y he recuperado nuestras costumbres originales en torno al descanso. Escuchábamos las estaciones y los ciclos; descansábamos cuando lo necesitábamos y conocíamos el poder de nuestros sueños nocturnos y de lo que surgía de los momentos tranquilos de ensoñación. Me he llenado de las instrucciones originales sobre cómo se relacionaban mis Antepasados con el descanso y he permitido que este pulso conforme mi sanación. Es un viaje diario de recuperación con el que estoy profundamente comprometida. Quiero romper los ciclos de agotamiento para la próxima generación.

Algunas formas en las que puedes haber interiorizado el capitalismo son:

- Dar prioridad a la productividad sobre el descanso.
- Sentirte culpable por tomarte unas vacaciones o un descanso.
- Basar tu valor en si tienes éxito en algo (tu carrera, tus cifras en las redes sociales, tus logros).
- Ir más allá de tu capacidad y no escuchar a tu cuerpo.
- Avergonzarte de ti mismo por no ser productivo, aunque estés atravesando alguna dificultad.

Reflexión sobre la Medicina: ¿Existe algún trauma en tu linaje que conozcas y que pueda afectar a tu relación con el descanso? ¿Cómo podrías cambiar o sanar en tu organismo esa narración?

El Gran Misterio

Como pueblos indígenas, hablamos del Gran Misterio que nos rodea, se mueve a través de nosotros y nos sostiene. A mi entender, se trata de una conciencia que conlleva el potencial de sanación y los milagros que vamos a tejer a través de nuestras vidas. Esta conciencia se mueve «entre bastidores», por así decirlo, y en los momentos de tranquilidad o descanso conseguimos sintonizar con ella de un modo más eficaz. Yo la he experimentado como un pulso energético que nace del vacío. En mi visión, es espaciosa y aparece como galaxias sobre galaxias. A lo largo de mi vida he llegado a confiar en que hay potencia en lo invisible. Cuando podemos soltar de verdad y entregarnos al descanso, el Gran Misterio consigue salir a nuestro encuentro. La Medicina del Oso es portadora de esta magia y nos recuerda estas fuerzas invisibles que están en juego cuando nos tomamos el tiempo que necesitamos. A diario ocurren cosas milagrosas. A veces necesitamos parar y escuchar para dejarlas entrar.

Cuando ejercía como homeópata privada, algunas semanas se volvían lentas. Las reservas disminuían, o la gente cancelaba su cita, y yo me asustaba. Pensaba que mi negocio estaba fracasando. Me hundía en la desesperación y sentía que, de alguna manera, mi vida se estaba desmoronando. Con el paso de los años empecé a confiar en el poder del Gran Misterio que cocrearía estos tiempos conmigo. Este espacio era necesario para mi siguiente etapa de crecimiento.

«No saltes —me susurraba el alma—. Todavía no». Aquel espacio liminal y desorientador era para mí la Medicina, un espacio de mi devenir. Era un rito de paso y, cuando me resistía, se volvía doloroso. Cuando me entregaba a él, se volvía hermoso. El Gran Misterio está siempre trabajando entre bastidores con nosotros y para nosotros. Nuestro trabajo consiste en confiar en el proceso e invocar a la luz de la Luna del Oso para que nos nutra.

Invocación a la Medicina del Oso

Queridísimo Oso, te invito a que me ayudes a agudizar la conciencia de mi cuerpo cuando necesite descansar. Recuérdame que puedo hacerlo sin peligro. Quiero recordar que los milagros surgen cuando nos hundimos en el vacío. Te agradezco la grasa de oso que me has ofrecido para lubricar mi esencia. Cuando necesite un recordatorio, por favor, rodéame con tu cálido pelaje ayudándome a sentirme digno de tomarme el tiempo que necesito para mí. Me comprometo a escuchar mis estaciones y ciclos naturales y a confiar en el conocimiento de mi cuerpo y en el Gran Misterio.

Afirmación de la Luna *Mkwa Giizis*

Cuando suelto y me sumerjo en el descanso, el Gran Misterio se mueve a través de mí. Rompo los ciclos de agotamiento y doy la bienvenida a la sanación. En mi restauración, valgo lo suficiente. Yo soy la Medicina.

CAPÍTULO 4

ZIISBAAKDOKE GIIZIS (LUNA DEL AZÚCAR)

Nuestra tercera Luna de la Creación tiene lugar en marzo, cuando la nieve comienza a derretirse y la dulce savia del Arce empieza a fluir. El jarabe de Arce es una Medicina tradicional de los pueblos indígenas que se nos ofrece para equilibrar nuestra sangre. La honramos porque la consideramos un tónico profundamente curativo. Esta Luna nos pide que reflexionemos sobre la dulzura de nuestras vidas, que fluye hacia nosotros a través de las palabras que nos dirigimos a nosotros mismos y de las creencias que tenemos sobre nuestra valía. El amor incondicional es un antídoto para nuestro crítico interior, y esta Luna nos recuerda que la compasión lo cura todo. Durante esta Luna, celebramos el equinoccio de primavera; la Creación comienza a descongelarse y a fundirse y nace la vida nueva.

LEYENDA DE LA LUNA: CÓMO ENCONTRÓ EL ARCE SU MEDICINA

En un principio, los Árboles comenzaron como semillas diminutas. En ese estado, empezaron a soñar con lo que podrían llegar a ser algún día. Pino compartió que quería ofrecer al bosque una hermosa fragancia para que todos los que anduvieran por allí lo recordaran. Abedul hablaba de viajar por el Agua y soñaba con transformarse en material para una canoa. Roble era un ser esperanzado, que creía que todo era posible, y quería compartirlo con todos los que encontraran sus bellotas. Cuando llegó el momento de que Arce contara su proyecto, descubrió que no tenía una visión de su futuro.

Los otros Árboles se burlaron de él.

—Si no tienes un sueño para aquello en lo que te estás convirtiendo, tu valor y tu importancia son nulos.

Arce se deprimió; se sentía perdido y sin dirección. Se preguntó qué le pasaba. ¿Por qué estaba desprovisto de sueños y de visión? ¿Era siquiera lo suficientemente bueno para ser un Árbol? Se sentía una especie de fraude.

Por supuesto, los ciclos de la naturaleza continuaron, como siempre lo hacen, y Arce fue regado por la lluvia y alimentado por el Sol. Mientras iba creciendo hasta convertirse en un arbolito y luego en un árbol joven, los pájaros lo observaban con curiosidad. Podían ver la belleza que portaba y el potencial que albergaba. Todos los días se acercaban y trataban de subirle el ánimo. Rodeaban al Árbol con amor, amistad y apoyo. Intentaron ofrecer algunas ideas para la visión del devenir de Arce:

—Quizá podrías dar frutos para los Animales —dijo Cardenal.

—O tal vez podrías dar sombra a todos nuestros parientes —propuso Arrendajo Azul.

Arce no estaba convencido. Se había tomado muy a pecho las críticas de sus compañeros Árboles y no era capaz de ver más allá. Agradeció a sus amigos pájaros que se esforzaran tanto por animarlo, pero, por desgracia, su crítico interior se impuso y se sintió atrapado; se consideraba un impostor.

Los pájaros seguían visitándolo a diario para ofrecerle ánimos y apoyo. Un día hubo una tormenta y un gran viento entró en el Bosque. Era tan fuerte que arrastró a los pájaros en su vórtice arremolinándolos a todos, los levantó y los dejó caer al suelo. Arce se horrorizó cuando todos sus hermosos amigos pájaros cayeron a la Tierra inconscientes. Inmediatamente los recogió a todos con sus ramas amorosas y sus hojas reconfortantes. Envolviéndolos en una profunda compasión, rompió a llorar. Lloró las lágrimas de dolor que se habían atascado en su corazón desde que eran una plántula. Se estremeció de aflicción por todas las veces que los pájaros habían intentado decirle lo hermoso que era y no los escuchó. Lloró y lloró y lloró, y sus lágrimas bañaron los cuerpos de los pájaros.

Justo cuando pensaba que no podía llorar más, empezó a suceder algo mágico: los pájaros, empapados con las lágrimas de Arce, empezaron a volver a la vida. Abrieron los ojos y empezaron a cantar las más bellas canciones.

—¡Nos has curado con tus lágrimas, querido Arce! —gritaban—. ¡El agua que fluye por tus venas es mágica! Es un néctar dulce y nutritivo que puede curar cuerpos y corazones. Eres un sanador.

¡Arce no podía creerlo! La visión y el sueño de lo que debía ser se manifestaron por fin. A través de la liberación de su dolor y su pena, fue capaz de ver sus dones y su valor. Sus compañeros Árboles, al ser testigos de lo sucedido, se reunieron a su alrededor con asombro.

—Lamentamos profundamente haberte dañado con nuestras palabras, querido hermano; te vemos, te honramos.

A partir de ese día, la savia que fluía por el cuerpo de Arce fue Medicina para todos los que la probaran y Arce conservó una confianza total en sí mismo al comprobar que era la dulzura, y no la dureza, lo que podía curar.

Espíritu animal: Waawaashkeshi *(Ciervo)*

El Espíritu Animal que mejor representa la tercera Luna es el Ciervo, o como se les conoce en Anishiinabemowin,

Waawaashkeshi. El Arce nos proporciona una savia llena de dulzor y alimento que refleja la Medicina que el Ciervo aporta a nuestros corazones. Este animal se yergue con una gracia tranquila y un poder humilde, una energía de la que nuestro mundo está muy necesitado. Estoy convencida de que entramos en este mundo conectados a la fuente del amor incondicional. Si no se satisfacen nuestras necesidades cuando somos niños, esta conexión empieza a romperse poco a poco. Oímos palabras duras, y estas se convierten en nuestra voz interior. Basamos nuestra valía en lo que damos o en lo que hacemos, y el amor se vuelve condicional. El Ciervo está aquí para recordarnos que debemos ablandarnos en la gracia, amarnos tal como somos y honrar nuestra valía. Todos merecemos recibir un trato amable y cariñoso en nuestras vidas, y el Ciervo nos ayuda a liberar las partes que nos avergüenzan para que podamos encontrarnos con más dulzura y compasión. Al igual que la Medicina del jarabe de arce, el Ciervo aporta dulzor.

Mensaje del Ciervo

- Eres perfecto en tus imperfecciones.
- Eres amado incondicionalmente.
- Afronta tus errores con gracia.
- Vales lo suficiente.

EL CRÍTICO INTERIOR

En los clientes a los que he asesorado, la percepción de no valer lo «suficiente» —falta de confianza en uno mismo, baja autoestima y la sensación de ser imperfecto— es lo que les impide avanzar hacia sus sueños. Me cuentan que desean subirse a un escenario para hablar, dejar sus trabajos para crear un negocio, ser más visibles, compartir sus dones o entablar relaciones significativas. Sus inseguridades van desde no sentirse suficientemente educados, sanos o bellos hasta considerarse un fraude y preguntarse: «¿Quién soy yo para compartir mis dones con el mundo?». Según mi experiencia, estos sentimientos se derivan de la vergüenza y el trauma, y suelen estar vinculados a las heridas de la infancia y a las expectativas de la sociedad.

Mi crítica interior es algo a lo que me he enfrentado una y otra vez con profunda compasión. Al vivir con una enfermedad autoinmune, me he dado cuenta de que mantener esta compasión por mí misma es una parte importante de mi sanación. Al tratar a otras personas con enfermedades autoinmunes, he descubierto que a ellas les sucede lo mismo.

Estas son algunas de las formas en las que el crítico interior puede aparecer en nuestras vidas:

- Sentir que lo que hacemos nunca es suficiente.
- Machacarnos a nosotros mismos por los errores o las imperfecciones que percibimos en nosotros.
- Decirnos palabras duras sobre aspectos de nosotros mismos.
- Castigarnos cuando algo va «mal».

Una pregunta que me ha resultado útil hacerme a mí misma o a otros cuando el crítico interior está en primera línea es la siguiente:

¿De quién es esta voz?

Las voces y las palabras de nuestros padres se convierten en creencias en nuestro corazón. Los mensajes sociales y colectivos arraigan en nuestra mente. Las experiencias con los profesores, los amigos, los parientes, los conocidos y todo nuestro mundo exterior pueden moldear nuestro mundo interior. Tanto es así que, cuando nos encontramos avergonzándonos, culpándonos o criticándonos a nosotros mismos, la dura voz que nos dirigimos puede ser el resultado de algo que nos hirió profundamente en el pasado. Cuando éramos niños, no teníamos las herramientas de que ahora disponemos como adultos para procesar el dolor. Lo que puede parecer una herida aparentemente pequeña a los ojos de un adulto puede ser un dolor del alma para un niño.

Cuando yo era niña, era muy sensible al tono de voz de la gente. Si alguien me hablaba fuerte, pensaba inmediatamente que había hecho algo mal. Recuerdo una ocasión concreta: tenía siete años, estaba en segundo y ese día teníamos un profesor sustituto. Nos había indicado que debíamos alzar la mano para levantarnos de nuestros asientos. Era la hora de la merienda y yo acababa de terminarme mi manzana. Me levanté, como siempre hago, para tirar el corazón a la basura. Recuerdo que el profesor me gritó para que volviera a sentarme y se burló de mí por no haberle hecho caso. Las mejillas me ardían de vergüenza y se me llenaron los ojos de lágrimas. A partir de ese momento, me conciencié de que debía seguir siempre las normas y no rechazarlas nunca. Sus palabras y su tono de voz pasaron a formar parte de mi mundo interior. Cada vez que «metía la pata», me hablaba con esa misma voz dura y burlona.

Solo tenía siete años. No contaba con los años de sanación, formación y experiencia que tengo ahora para enfrentarme a mí misma con la compasión que merecía. Una parte de la voz carente de sensibilidad y de los modales crueles de aquel profesor se congeló dentro de mí en aquel momento, y han sido necesarios muchos años de descongelar y desmenuzar ese momento para liberar del hielo a ese yo de siete años y elevarlo hacia la sanación. Te cuento esto porque creo que todos albergamos «pequeños» acontecimientos como este que han sucedido en nuestras vidas y que no somos totalmente capaces de sanar en ese momento. Poco a poco, empiezan a crecer y a derribar nuestro sentido del yo. El tiempo de la Luna de Azúcar nos recuerda que somos dignos de ser tratados con cariño. Cuando nuestro crítico interior habla con la voz de nuestros recuerdos más dolorosos, podemos tener la sensación de que volver a la dulzura puede suponer un viaje muy largo, pero con el tiempo, el reconocimiento y la claridad, al final podemos acceder a la suavidad y el amor propio que tanto merecemos.

Amor incondicional

Nacemos de la divinidad. Esencia pura, rebosante de amor. Venimos a este mundo intrínsecamente dignos y luego, en algún momento del camino, este convencimiento empieza a desprenderse. A medida que crecemos, podemos empezar a percibir que nuestra valía es condicional. Si nuestros padres tienen sus propias necesidades insatisfechas, sus heridas se proyectan en nuestro camino. Cuando el amor no está fácilmente disponible, haremos cualquier cosa para recibir lo que necesitamos. Para un niño, es cuestión de supervivencia.

A medida que crecemos, aprendemos a compensar; tal vez cerremos nuestro corazón como medio de protección o intentemos complacer a todos los que nos rodean para que nadie nos abandone. Tal vez nos volvamos perfeccionistas o nos alejemos de nuestros mayores sueños porque no queremos fracasar. El amor se vuelve condicional, basado en lo que hacemos, en cómo actuamos y en lo que damos. Olvidamos nuestro valor inherente y que nuestra propia existencia es más que suficiente. Nos esforzamos por ser «mejores» o «perfectos» y dejamos nuestra vida en suspenso hasta que nos consideramos aceptables. Entonces, ¿cómo empezar a amarnos incondicionalmente cuando el mundo nos muestra algo muy diferente? ¿Cómo volver a recordar que no necesitamos hacer nada para demostrar que somos dignos de ser amados?

Cuatro formas de amarte incondicionalmente

1. Desenrédate de la historia del valor condicional.

Tanto la supremacía blanca como el condicionamiento patriarcal nos han transmitido el mensaje falso de que solo somos dignos cuando producimos, alcanzamos nuevas cotas o ganamos estatus de alguna manera. La doctora Valerie Rein acuñó el término TEP y escribió el libro *Trastorno de estrés patriarcal* para describir el trauma ancestral y colectivo que afecta a quienes se identifican como mujeres. Ella cree que esto nos impide dar un paso hacia nuestro éxito y nuestra realización gozosa.

Como estudiante de su trabajo, puedo decir que desenredar las energías en las que una persona ha estado sumergido durante toda una vida es un trabajo profundo. Además, como persona BIPOC que realiza este trabajo, he descubierto que desenredar el enorme trauma generacional lleva tiempo. Todos nos sumergimos en la supremacía blanca por el simple hecho de nacer en esta sociedad, pero las personas BIPOC acarreamos un trauma especialmente profundo que vibra en nuestros huesos y en la memoria de nuestra sangre. La doctora Valerie y su compañero, Jeffrey Tambor, han difundido una mezcla exclusiva de estudio del sistema nervioso y prácticas energéticas que me ha resultado útil para reclamar mi derecho a ocupar un espacio y sentir un privilegio saludable simplemente por existir. Todos merecemos desprendernos de la mentira de que solo somos dignos de consideración cuando trabajamos más allá de nuestra capacidad o logramos cosas que la sociedad considera exitosas.

Reflexión sobre la Medicina: ¿Te has creído la mentira de que tu valía depende de lo productivo que seas o del «éxito» exterior que tengas? ¿Qué trauma puedes llevar en tu linaje que siga alimentando este mito?

2. *Observa los sistemas que te rodean.*

¿Cuántas veces has oído hablar del «síndrome del impostor»? ¿Cuántas veces has sentido que lo sufres? Es un diagnóstico que se da a las mujeres y que describe la sensación que una experimenta cuando tiene la impresión de ser un fraude o está llena de dudas sobre sí misma. Un artículo publicado por la revista *Harvard Business Review*, titulado «Deja de decirles a las mujeres que tienen el síndrome del impostor», afirmaba que este «diagnóstico» puede ser perjudicial, ya que culpa al individuo en lugar de examinar los problemas sistémicos en juego. El llamado síndrome del impostor implica que el problema es la mujer, en lugar de los contextos históricos y culturales que la rodean.

El racismo sistémico amplía estos problemas para las mujeres de color; nos hace sentir que no estamos a la altura de los estándares patriarcales y eurocéntricos. Así pues, quizá no estés sufriendo el síndrome del impostor, sino que el entorno en el que intentas desenvolverte no tiene una visión de la diversidad y la equidad que te incluya. No es culpa tuya. Los sistemas tienen que cambiar.

Reflexión sobre la Medicina: ¿Te has sentido alguna vez como un «fraude» o te has avergonzado por sentir dudas sobre ti mismo? ¿El entorno te apoyaba y estaba preparado para que tuvieras éxito?

3. *Localiza a tu opresor interior.*

Pasé muchos años meditando y viendo imágenes de monjas, sacerdotes y misioneros. Su energía era severa y opresiva, y me dejaba sin aliento. Cuando empecé a sanar una parte del trauma generacional provocado por los efectos de los internados y la colonización, empecé a ver que las imágenes estaban profundamente incrustadas en mi memoria celular, que las había heredado a través de mi ADN. Por desgracia, la voz del opresor se mezclaba a menudo con la mía propia. Cuando conseguí apreciar al fin la diferencia, pude empezar a sanar lo que era mío y lo que era heredado.

Conocí el término «opresor interno» gracias a Leesa Renee Hall, escritora y defensora de la salud mental. Cuando lo oí, todo lo relacionado con mi crítico interior pareció cobrar sentido. El trato opresivo, colonizador y racista que los pueblos indígenas han soportado (y siguen soportando) se ha incrustado tan profundamente en mi psique que no siempre me he tratado con amor incondicional. Ver esta verdad me ayudó a comprender que no era culpa mía ser tan dura conmigo misma; pero ahora soy yo la responsable de sanar estas capas para que mis hijos y descendientes no tengan que hacerlo.

Reflexión sobre la Medicina: ¿Tienes un «opresor interno»? ¿Qué te dice?

4. *Sostén tu vergüenza con compasión.*

En los años que dediqué a escuchar con cariño las historias de mis pacientes, la vergüenza era la emoción a la que parecía más difícil acceder. La gente podía identificar la pena, la ira, la alegría o el miedo, pero a la mayoría la vergüenza le suponía todo un reto. La investigadora y escritora sobre la vergüenza Brené Brown la define como la sensación, experiencia o creencia profundamente dolorosa de que somos defectuosos por algo que hemos hecho. Dice que esto nos lleva a sentir que no somos dignos de conexión y amor. Cuando nos dejamos llevar por ella, creemos que no somos dignos de pertenecer. Pertenecer es una necesidad biológica y, por tanto, la vergüenza nos impide sentirnos seguros en este mundo.

Una de las prácticas que he desarrollado a lo largo de los años es afrontar con compasión la vergüenza que surge. Al igual que muchos de mis clientes, me costó nombrar como vergüenza el sentimiento que experimentaba. Sin embargo, una vez que lo hice, me di cuenta de que, aunque se trataba de una sensación profundamente incómoda, si la reconocía, la validaba y me enfrentaba a ella con compasión, se desplazaba a través de mí. La Medicina del Ciervo siempre me ha ayudado en este aspecto, ablandando en mi interior todo lo que es duro.

Otra práctica con la que camino es hablar con mis «hermanos de la vergüenza». En mi vida cuento con unas cuantas personas cercanas a las que puedo explicarles lo que percibo como mis mayores errores, defectos e inseguridades. Hablar en voz alta de estos pensamientos vulnerables a alguien que sostiene mi corazón con ternura me resulta una experiencia muy sanadora. Me doy cuenta de que es un gran privilegio poder contar con estas relaciones en mi vida. Si descubres que no dispones de ellas en tu círculo íntimo, escribir un diario es una forma estupenda de empezar a practicar la forma de mantener la vergüenza fuera del cuerpo.

Reflexión sobre la Medicina: ¿Eres capaz de recordar alguna experiencia en la que hayas sentido vergüenza? ¿Cómo la percibiste en tu cuerpo?

SON COSAS QUE PASAN

Cuando yo era niña y se me caía la leche o cometía un error, mi madre me decía estas palabras tan hermosas: «Son cosas que pasan». Es cierto. Pasan. Todos cometemos errores, y todos aprendemos de esos errores. Hace poco leí y rellené el *Big Life Journal for Kids** con mi hijo y me llamaron la atención dos páginas muy coloridas. Una decía: «Los errores son la prueba de que lo estás intentando», y la otra: «¿Sabías que los errores hacen que tu cerebro crezca?», y añadía que, cuando haces algo «bien», tu cerebro no crece. Una parte de mí lo sabía, pero otra parte más significativa necesitaba este recordatorio. Los errores nos ayudan a crecer. Si siempre lo hiciéramos todo bien, nos estancaríamos.

Hace unos años participé en un recital de piano y, cuando ya estaba en el escenario, la incomodidad hizo que se me olvidara toda la pieza. ¡La lié parda! Aunque era una adulta que estaba participando en un recital, me sentí avergonzada y abochornada. Salí corriendo tan rápido como pude. Llevaba un año practicando esa pieza y, por supuesto, en casa la tocaba bien. Se lo conté a una amiga y me dijo:

—¡Asha, la gente perfecta resulta irritante!

Me reí de la seriedad con la que me tomaba a mí misma. Siempre pasan cosas y los errores te ayudan a crecer, dos lecciones que seguiré integrando en mi vida, con la Medicina del Ciervo a mi lado.

---

* *Gran diario para niños. (N. de la T.)*

VERGÜENZA CORPORAL

Cuando me diagnosticaron el lupus, el primer síntoma que apareció fueron unas extrañas erupciones cutáneas. Los médicos me dijeron que formaban parte de la enfermedad y que tendría que aguantarlas. Cuando era adolescente, me resultaba muy difícil hacerlo. Aquellos brotes me provocaban rojeces y cicatrices. Tener la piel así me avergonzaba muchísimo y la mayoría de los días no quería ni mirarme al espejo. A lo largo de los años, esta enfermedad me ha provocado la caída del cabello, deformidades en las articulaciones de las manos y los pies y otras manifestaciones que han hecho que me sienta diferente de lo que el mundo considera bello. Recuerdo que a los veinte años me avergonzaba cuando, por mi aspecto, alguien me preguntaba si estaba cansada. La vergüenza con la que he cargado por tener una enfermedad crónica ha abierto un camino diario hacia el amor propio en todas las imperfecciones que he percibido en mí.

Sé que muchas otras personas pueden identificarse con mi historia, ya que los medios de comunicación y las normas de la cultura actual nos condicionan para que creamos que nuestros cuerpos deben cumplir ciertos estándares de perfección. Esta vergüenza se basa en nuestra percepción de cómo debería ser o sentirse un cuerpo deseable. Para mí, la vergüenza proviene de no ser lo que la sociedad considera una persona absolutamente «sana». En su libro *Tu cuerpo no es una disculpa*, Sonya Renee Taylor afirma que la insistencia de la sociedad en que todos los cuerpos deben estar sanos es perjudicial. «La salud no es un estado que debamos al mundo. El hecho de no estar sanos no nos hace menos valiosos, respetables ni dignos de ser amados. Además, no existe ningún estándar de salud que esté al alcance de todos los cuerpos». Cuando leí esto, respiré hondo. Nos han hecho sentir vergüenza de nuestro cuerpo de muchísimas formas y nos hemos empapado de estos mensajes a través de infinidad de medios. Relacionarnos con nuestro cuerpo como si fuese un amigo y un aliado puede suponer un gran avance en nuestra sanación.

> «Y le dije a mi cuerpo con suavidad: "Quiero ser tu amigo". Y él efectuó una larga respiración. Y respondió: "Llevo toda la vida esperando este momento"».
>
> NAYYIRAH WAHEED

VIAJE DE LA MEDICINA
Compasión de nuestro cuerpo con el Ciervo

Hace años asistí a una formación chamánica con una curandera algonquina y participé en una versión de esta práctica curativa que ahora integro en mi día a día. Nunca olvidaré la primera vez que la practiqué. Rompí en sollozos al recordar lo digno que era mi cuerpo de escuchar estas palabras. Espero que mi versión sirva para que puedas establecer una hermosa reconexión con el tuyo.

1. Junta las manos y cierra los ojos un momento. Visualiza la luz que sale de tus manos. Esta luz es la misma fuerza que te cura cuando te cortas, una fuerza vital de la Medicina.
2. Pide al Espíritu del Ciervo que sea tu aliado en esta sanación del amor hacia ti mismo. Ciervo te rodea en una burbuja protectora de amor.
3. Coloca las manos sobre el vientre. Empieza a enviar mensajes de compasión y perdón al cuerpo. He aquí algunos ejemplos de lo que podrías decir:

Siento mucho haberte menospreciado a veces.
Siento mucho no haber escuchado siempre tus peticiones de ayuda.
Siento mucho haberte avergonzado, culpado, criticado.
Siento mucho no haberte amado en algunas ocasiones.

(Añade cualquier otra cosa que te parezca relevante en la historia con tu cuerpo).

4. Siente cómo la compasión de tus palabras y la luz de tus manos se derrama sobre tu cuerpo. Mueve las manos por el cuerpo, allí donde te sientas guiado a llevarlas. Empieza a infundirle la frase *Lo siento, te quiero; lo siento, te quiero; lo siento, te quiero* mientras mueves las manos.
5. Visualiza cómo toda la energía dura y crítica que hay en tu interior empieza a ablandarse y abre un espacio y un lugar para dar cabida a más amor y menos vergüenza.

Y déjame recordarte que nada de esto es «culpa» tuya. Los sistemas actuales están trabajando para mantenerte atrapado en la vergüenza y desconectado de tu verdadera divinidad. Eres adorable. Eres hermoso tal y como eres.

LA MEDICINA DEL JARABE DE ARCE

Los pueblos indígenas honran el jarabe de arce por su sabor dulce y sus propiedades medicinales. Lo recolectan desde hace miles de años y es una de las primeras Medicinas que se recogen cada año. Cuando los europeos se asentaron en las Tierras que yo considero mi hogar, solían eliminar los Arces de la Tierra, lo que dificultó nuestra relación con esta Medicina. Al igual que muchas de nuestras Ceremonias y prácticas, la colonización afectó a nuestra conexión sagrada: reclamar algo tan sencillo como mi relación con el jarabe de arce y enseñar a mis hijos su valor ayuda a reparar el daño causado. La Luna del Azúcar nos devuelve a esta conexión de dulzura.

Cuando comenzaba la primavera, mi *Mishomis* (abuelo) se adentraba en los arbustos de azúcar de nuestro territorio natal para ayudar a recoger la savia de los arces. Recuerdo que un año fui con él y me maravillé de la cantidad de savia que hay que recoger para hacer jarabe. Cuando me dan sirope de arce de mi territorio natal de Neyaashiinigmiing, me siento profundamente agradecida, porque sé que procede de los árboles y de la tierra donde vive mi Espíritu. Cada gota de dulzor es una Medicina de recuperación para mi corazón y mi Espíritu. Cuando lo consumo como Medicina, lo acojo en mi cuerpo como un regalo ancestral. Me recuerda que soy suficientemente buena, que mis Antepasados me soñaron aquí. La Luna del Azúcar nos conecta con el momento de esta reunión, cuando la savia empieza a correr, y nos vuelve a poner en contacto con el alimento que tenemos a nuestra disposición. Es un momento sagrado. El jarabe de Arce me recuerda que debo ser amable con mi cuerpo y que cada parte de él es digna de ser amada. Me hace pasar de la vergüenza al amor.

El dulzor como Medicina

Hace unos años leí un trabajo del psicólogo y escritor Mario Martínez en el que exponía sus teorías sobre por qué los lamas tibetanos con los que trabajaba tenían una incidencia de diabetes muy alta. Sentí curiosidad por sus ideas, ya que los pueblos indígenas de la isla Tortuga también tienen una mayor incidencia de diabetes. Martínez cree que este problema es, en parte, el resultado de no sucumbir a la ira y lanzarse al perdón instantáneo. El efecto de no sentir o no expresar plenamente la ira libera endorfinas que acaban por alterar la capacidad del cuerpo para procesar de forma eficaz la glucosa.

Cuando leí esto, pensé en la ira que los indígenas están en su derecho de sentir, y con razón. El impacto de los intentos de genocidio, la falta de Agua potable en las Primeras Naciones, las horribles implicaciones generacionales de los internados y muchas cosas más. Me he preguntado adónde ha ido a parar toda esa rabia. ¿Podremos llegar alguna vez a procesarla del todo? ¿Podremos alguna vez expresarla plenamente? ¿Podremos alguna vez sanar de verdad todo esto mientras vemos suicidarse a nuestros jóvenes y observamos cómo el alcohol destruye las familias? ¿Tenemos la capacidad emocional para sentir esto de verdad, en profundidad?

Me pregunto qué se necesita para curar estas heridas generacionales. Me pregunto cuál podría ser el antídoto para el dolor. Como pueblos indígenas, siempre hemos necesitado más dulzor. ¿Es la elevada incidencia de diabetes en nuestras comunidades un grito por esta necesidad insatisfecha? ¿Podrían el reconocimiento, la validación y la compasión por el sufrimiento ser la Medicina que, como pueblo, necesitamos para curar estas heridas generacionales? Ojalá lo supiera.

Lo que sí sé es que intentar erradicar las tradiciones culturales, la lengua y las creencias espirituales y, al mismo tiempo, privar a los niños de amor provoca unos efectos duraderos. Imagino cómo podrían haber sido las cosas si los niños hubieran sido recibidos con cariño y compasión, y no con violencia. Imagino cómo serían si los miembros de nuestro pueblo que sufren adicción fueran recibidos con cariño en lugar de ser encarcelados. Imagino lo que podrían ser si a nuestros jóvenes se les dijera cada día que somos conscientes de su presencia y que son importantes. Esto es dulzura y creo que es la Medicina profunda que necesitamos para curar las atrocidades del pasado. Quizá, cuando nos encontremos con el dolor de los demás de esta manera, podamos sanar juntos.

Reflexión sobre la Medicina: ¿Qué partes de ti están pidiendo dulzura?

Invocación a la Medicina del Ciervo

Queridísimo Ciervo, te invito a que suavices la crítica hacia mí mismo que surge en mi interior. Ayúdame a ver que soy infinitamente digno de recibir amor y cuidado divinos. Recuérdame mi perfección cuando todo lo que veo son imperfecciones. Rodéame de amor incondicional. Ayúdame a ofrecer cariño y amabilidad a mi cuerpo físico cuando surja la vergüenza. Vuelve a enraizarme en mi valor cuando sienta dudas. Estoy agradecido por tu belleza, tu gracia y tu amor.

Afirmación de la Luna de *Ziisbaakdoke Giizis*

Soy amable y digno tal y como soy. La dulzura y el amor incondicional me curan. Soy suficientemente bueno en todos los sentidos. Yo soy la Medicina.

CAPÍTULO 5

NAMEBINE GIIZIS (LUNA DE LA RÉMORA)

Nuestra cuarta Luna de la Creación representa nuestras enseñanzas de purificación y limpieza, incluida la Medicina del Humo. Es un momento para reflexionar sobre cómo podemos seguir siendo, en nuestra mente, en nuestro cuerpo y en nuestro Espíritu, recipientes transparentes de nuestra expresión más elevada. Esta Luna tiene lugar en abril, en un momento en el que los días son más largos en el hemisferio norte, la nieve se está derritiendo y los brotes empiezan a aparecer. Es una época de frescor y de inicios nuevos, por lo que debemos acercarnos a ella desechando lo que ya no es necesario.

LEYENDA DE LA LUNA: CÓMO TRAJO RÉMORA
SUS ENSEÑANZAS AL PUEBLO

Cuando la Tierra empezaba a despertar y asomaban ligeros indicios de color por todas partes, Rémora nadaba alegremente en las aguas. Tenía una increíble capacidad de reproducción, un hermoso regalo que le había ofrecido el Creador. Como pez generoso, renunció a su vida para que el pueblo anishinaabe no muriera de hambre.

A medida que Rémora iba nadando y alimentando al pueblo anishinaabe, empezó a percibir la llegada de un nuevo propósito: se dio cuenta de que el pueblo estaba cada vez más desconectado de su verdadera naturaleza y del Mundo Espiritual. Rémora mantenía una hermosa relación con el Creador y conocía el lugar que ocupaba como Espíritu del Agua y ayudante. Rezó al Creador para preguntarle cómo podía servir de la forma más elevada. En respuesta, el Creador puso un sendero de Estrellas que bajaba hasta el Agua y Rémora recorrió un largo camino hasta llegar al Mundo de los Espíritus. Allí se instruyó sobre las Plantas Medicinales que podían ayudar a la gente a limpiarse, purificarse y regresar a sus corazones para renovar su conexión con el Mundo Espiritual.

Cuando estuvo preparada para compartir las enseñanzas que había recibido, emprendió el largo viaje de vuelta a la Tierra y llevó con ella la sabiduría que el pueblo necesitaba. Cada vez que el pueblo ojibwe se relacionaba con ella, recibía las enseñanzas de purificación y limpieza que siguen utilizándose hasta hoy. El pueblo hizo la promesa de que conservaría la sabiduría de forma sagrada para honrar el largo viaje que Rémora había hecho con el fin de transmitírsela al completo.

Espíritu animal: Omagakii *(Rana)*

El Espíritu Animal que mejor representa nuestra Cuarta Luna es la Rana o, como la denominamos en anishiinabemowin, *Omagakii.* Aunque fue Rémora quien trajo este conocimiento al pueblo, es Rana quien encarna esas enseñanzas con su Medicina vital de limpieza y purificación.

Rana recorre con nosotros esta fase lunar para enseñarnos que, si deseamos mantener el equilibrio de nuestros cuerpos físico, emocional y espiritual, debemos limpiarnos de forma constante e intencionada. Está íntimamente conectada con el elemento Agua, una parte esencial y sagrada de la Creación para los pueblos indígenas que contiene su propio Espíritu y posee un poder infinito para limpiar. Por tanto, Rana nos refleja lo que necesita ser purificado y limpiado para que podamos permanecer en equilibrio.

Mensaje de Rana

- Analiza el desorden que tienes en los distintos espacios de tu hogar, en tus pensamientos internos y en tu cuerpo físico.
- Honra tus emociones, especialmente tu Agua sagrada, que se expresa a través de las lágrimas.
- Asume la transformación y la metamorfosis, del estancamiento al renacimiento.
- Da prioridad a la purificación o depuración de tu energía, de tu corazón y de tu mente.

HONRAR LA MEDICINA DEL HUMO

Una de las formas que tienen los pueblos indígenas de escuchar la llamada de la Rana, purificarse y limpiarse es mediante el uso de nuestras Medicinas Sagradas: Tabaco, Cedro, Hierba Dulce y Salvia. Algunos de los recuerdos más hermosos de mi vida incluyen el hecho de prender estas Medicinas sagradas. Mi corazón indígena y mi Espíritu se sienten instantáneamente conectados cuando el humo empieza a llenar el lugar. Puedo sentir cómo se reúnen nuestros Espíritus ayudantes y nuestros Ancestros, y muchas veces se me saltan las lágrimas. Prender las Medicinas para nuestras ceremonias de sahumerio es algo más que una «limpieza»; el ritual nos trae a la memoria todo lo que hemos perdido y todo lo que hemos recuperado.

Hay dos recuerdos de esta Ceremonia que me despiertan emociones, aunque hayan pasado muchos años. El primero fue durante mi Ceremonia de nombramiento. Nunca olvidaré el sonido de la cerilla encendiendo la Medicina. Nunca olvidaré las palabras anishinaabe que pronunció mi *Mishomis* (abuelo) en nuestra lengua original al invocar a nuestros Antepasados para que recibieran mi nombre espiritual. Siempre recordaré mis lágrimas y el olor de las Medicinas que se colaban por mi nariz y mis pulmones.

El otro recuerdo es del día de mi boda. Mi madre sostenía mi nueva Pluma de Águila, un regalo de mi padre. Mientras ella esparcía el humo alrededor de mi nueva familia judía, pude notar cómo nuestros dos grupos de Ancestros se juntaban, se reunían y se acercaban a nosotros en el dolor y en el amor, en el trauma y en la sanación. Ese día, el humo inició una nueva visión de sanación para todos nosotros. Íbamos a romper juntos los ciclos. Íbamos a soñar con un camino nuevo. Sentí cómo mi tía, que había fallecido hacía poco tiempo, se unía a nosotros desde el Mundo Espiritual, y supe que estaba bendiciendo nuestra unión. Eso es lo que hace el sahumerio. Ofrece oración, posibilidad, milagros y recuerdo. Y, a mí, lágrimas. Siempre lágrimas.

Los pueblos indígenas de todo el mundo conocen el poder de quemar plantas Medicinales como forma sagrada de limpieza. En muchos lugares de América del Norte, esta práctica se denomina *smudging* y la llevan a cabo diferentes Naciones, cada una a su manera. Es una Ceremonia que se transmite de generación en generación. Es importante señalar que no todos los pueblos indígenas practican el sahumerio, ya que algunas Naciones no adoptaron esta Ceremonia en sus formas de Medicina. La tradición que he aprendido y que voy a compartir contigo es la que me ha llegado a través de mis Ancianos anishinaabe, de mis maestros y de la memoria de mi sangre. La palabra *smudge* es la que utilizan tradicionalmente los indígenas y define una práctica específica de una cultura. Por eso, cuando enseño a los no indígenas cómo hacer la limpieza, yo prefiero emplear la expresión «Medicina del Humo». Si tú no te identificas con ella, tal vez puedas encontrar un término utilizado por tus Antepasados que se ajuste mejor a esta práctica.

Una forma de honrar y respetar adecuadamente nuestras tradiciones es conocer la historia que hay detrás de ellas. En Canadá, entre 1884 y 1951 se prohibieron ceremonias como la de Potlach y la de Sundance. El Gobierno creía que el camino hacia la asimilación era prohibir, y por tanto extinguir, determinadas Ceremonias. De este modo, aunque el sahumerio en sí no se prohibió de forma explícita, nuestra conexión con él se puso en duda cuando observamos que se arrebataban otras Ceremonias a nuestras Naciones hermanas. Nuestro pueblo es resistente, y desde entonces se han recuperado muchas prácticas; pero conseguir superar el trauma de la colonización y reparar todo lo que se rompió sigue suponiendo toda una odisea.

Por eso, para muchos indígenas puede resultar doloroso ver como nuestras Medicinas se convierten en una moda. Nos han quitado muchas cosas. Se nos ha infligido mucho dolor. A lo largo de los años, he facilitado la sanación de muchas personas no indígenas. Lo más hermoso que he observado es la reverencia y el honor que estas personas sienten por nuestras Ceremonias una vez que conocen la verdad de nuestra historia. Me siento muy agradecida de ser un puente y una Guardiana de la Sabiduría para invitar a la gente no indígena a convertirse en aliada nuestra. Siempre he dicho que no me corresponde juzgar lo que la gente decide hacer. Creo que eso es algo entre el Creador y uno mismo.

SOBRE LA CEREMONIA

A lo largo de mi vida he aprendido que la Ceremonia empieza desde dentro. Todos los días caminamos en Ceremonia. Cada intención, cada paso, cada palabra y cada respiración pueden convertirse en una Ceremonia, y pretendo que estas ofrendas aporten más presencia, paz, conexión y honor a tu vida. Si eres un ceremonialista y creas grandes altares y brillantes espacios sagrados para tus rituales, lo respeto. Sin embargo, no es necesario si no te resulta accesible. Podemos abordar una Ceremonia con sencillez.

Algunas de las Ceremonias vitales de mi vida han tenido lugar donde menos podrías imaginar. Una Ceremonia es algo que te ayuda a conectar más profundamente con tu ser sagrado. Sí, las he hecho en las montañas de Perú o me he sentado junto al Fuego con mis Ancianos, pero también las he experimentado mientras sollozaba en el suelo de mi habitación. Sucediese en una cueva de Nuevo México, en un sótano del lago Titicaca o en casa, la primera vez que miré a los ojos a cada uno de mis hijos, todo ha sido ceremonial. Un Anciano me dijo en cierta ocasión que, cada vez que yo sufría un inmenso dolor físico, era como una cabaña de sudación energética. He pasado por búsquedas de visión en mi propio corazón y he abierto las partes más profundas de mi Espíritu y sabiduría a través de la experiencia de la vida cotidiana. Creo que estas experiencias están al alcance de todos nosotros, y aunque en este capítulo te muestro orientaciones y protocolos específicos, pienso que no siempre necesitamos herramientas o altares elegantes para hacer algo significativo.

> «Quizá la oración sea solo poesía y estemos viviendo las expresiones de lo que significa ser humano. Por eso el Creador nos dio regalos para recordar. Por eso, cuando quemo salvia o deposito Tabaco, sé que estoy atada a un amor que ha permanecido firme a lo largo de los siglos y que siempre me llama para que regrese a su propia sacralidad. Y esa sacralidad siempre me llevará de vuelta al mundo para hacer el trabajo del amor. La oración es siempre una invitación».
>
> KAITLIN B. CURTICE, *Native: Identity, Belonging, and Rediscovering God*

EL PODER ELEMENTAL DE LA CEREMONIA DEL HUMO

Existen muchas razones diferentes para utilizar la Medicina del Humo. La empleamos para purificar nuestra mente, de modo que podamos tener pensamientos positivos sobre nosotros mismos y sobre los demás. Cuando nos hablamos de forma crítica a nosotros mismos, encender un poco de Medicina de Humo puede provocar un cambio y una toma de conciencia que nos permita mostrarnos más cariñosos y compasivos. Hay momentos en nuestra vida en los que podemos sentirnos enfadados, y aunque nuestro enfado se deba a algún motivo justificado, podemos utilizar la Medicina del Humo para ayudar a neutralizar la intensidad, de modo que consigamos encontrar más rápidamente el equilibrio, la tranquilidad y quizá incluso el perdón.

Podemos utilizar la Medicina del Humo para limpiarnos de la energía que hemos asumido en favor de otros. La Medicina de la Rana nos recuerda que debemos hacerlo a menudo. Me parece que esta absorción de energía se produce muy a menudo en aquellas personas que se identifican como almas empáticas, muy sensibles o de corazón abierto que quieren ayudar. Una Ceremonia sagrada de humo te permitirá limpiar de tu campo energético las energías que no te corresponden. Yo enciendo la Medicina todas las mañanas y ahúmo a mi familia antes de que empiece el día para ayudarle a estar protegida y segura. Cuando tenía la consulta privada en mi casa, las hierbas sagradas estaban ardiendo todo el día para asegurarme de que mi energía y la de mi espacio se mantenían claras y puras. La luz de la Luna de la Rémora nos llama a ser diligentes con nuestra higiene energética para así poder caminar con claridad y conexión. La finalidad más hermosa para la que, tanto yo como muchos indígenas, utilizamos la Medicina del Humo en nuestra vida es abrir de manera instantánea nuestra conexión con el Mundo Espiritual. El aroma de las plantas quemadas nos conecta inmediatamente

con el conocimiento y la sabiduría de que estamos relacionados con todos los seres de esta Tierra. Al recordar esto, tratamos
a cada animal, a cada planta, a cada piedra, a cada gota de agua
y a cada ser humano con reverencia.

El humo sagrado nos recuerda nuestra conexión espiritual y
el hecho de que somos mucho más que nuestra experiencia
física.

Tradicionalmente, esta Ceremonia incorpora los cuatro elementos: Tierra, Aire, Agua y Fuego.

- *Tierra (representada por la Salvia, la Hierba Dulce, el
  Cedro y el Tabaco)*
  Obtenemos estas Medicinas de la Madre Tierra con
  gratitud y respeto y honramos el hecho de que ella nos
  las esté regalando. Como pueblo indígena, no nos creemos los dueños de la Tierra. En todo momento nos esforzamos por mostrar reciprocidad en nuestras interacciones. A mí me gusta considerar las Plantas que utilizamos
  en nuestra Ceremonia como seres sagrados con sus propios Espíritus.

- *Aire (representado por una pluma)*
  Tradicionalmente, en nuestras Ceremonias de sahumerio utilizamos una pluma de Águila, ya que es el ave
  que lleva nuestras oraciones hasta el Creador. Al agitarla
  se crea una energía aceleradora, muy parecida a la esencia del viento. Me gusta imaginar que el viento producí-
  do por la pluma activa y amplifica las oraciones o intenciones que estamos estableciendo.

- *Agua (representada por una concha de abalón)*
  Las conchas de abalón son capaces de soportar el
  calor intenso. Sin el Agua no tendríamos vida, y la concha representa esta energía de la Creación. Me gusta

pensar en ella como si fuese un útero que contiene la esencia de lo que estamos dando a luz o de nuestras intenciones.

- **Fuego *(representado por el humo y la llama)***
  La Medicina del Fuego contiene el poder de la transmutación y la regeneración. Me gusta pensar que el elemento fuego de esta Ceremonia contiene la energía de la posibilidad. Cuando quemamos lo viejo, se abre ante nosotros un camino nuevo.

Las cuatro Medicinas sagradas

Tradicionalmente, en nuestra Ceremonia de sahumerio se utilizan cuatro plantas Medicinales. Al hablar de mi conexión como persona indígena con esta Ceremonia, a lo largo de esta sección voy a emplear la palabra «sahumerio». Como ya he dicho anteriormente en este mismo capítulo, ofrezco las palabras «Medicina del Humo» como una alternativa respetuosa para los lectores no indígenas. Las Medicinas son el Tabaco, el Cedro, la Hierba Dulce y la Salvia, que además de para nuestra Ceremonia de sahumerio, tienen muchos otros usos. Su empleo aporta una profunda conexión espiritual, un despertar y un recuerdo desde el momento en que se recogen, se queman o se utilizan para la sanación.

Asemaa *(Tabaco)*

Era un hermoso día de primavera; el hielo se había derretido y las aguas empezaban a correr. Mi madre y yo salimos a dar un paseo y ella se guardó un poco de Medicina en el bolsillo. Cuando llegamos al río, me dio un poco y me contó el poder que tiene depositar Tabaco en el Agua corriente. Me dijo que los espíritus del Agua transmiten nuestras oraciones a los Animales, a las Rocas, a los lechos de los ríos. Están aquí para ser testigos de nuestra gratitud y de nuestras intenciones. Siempre recuerdo esta enseñanza y llevo Tabaco cuando voy al Agua para que mis oraciones se extiendan a todas mis Relaciones.

Se dice que el Tabaco es el primer regalo que recibimos del Creador. Para los pueblos indígenas, es una Planta sagrada, y la utilizamos como ofrenda a un Curandero, Anciano o Sanador para que nos guíe. La empleamos también como ofrenda de agradecimiento a la Tierra y la fumamos en nuestras Ceremonias de la Pipa. Todas las mañanas salgo con mis hijos y hago una ofrenda de Tabaco. Les pregunto de qué están agradecidos y ellos depositan sus oraciones en la Tierra. Lamentablemente, la mayoría de la gente oye la palabra «Tabaco» y piensa en fumar. La mayoría de nosotros somos conscientes de las sustancias químicas nocivas que contienen los cigarrillos comerciales, pero, a efectos de nuestro debate, es importante señalar que no fue nunca tal la finalidad original de esta Medicina, y que se habría considerado una falta de respeto al uso de la Planta. Sin embargo, en nuestro sahumerio representa la gratitud y una ofrenda al Mundo Espiritual. Cuando transmito esta enseñanza en las escuelas, me encanta ver la curiosidad en los rostros de los niños al oír cómo se describe el Tabaco de una forma nueva. Tengo la visión de que crearán una relación respetuosa con él y lo verán en su forma curativa auténtica y original.

Giizhik *(Cedro)*

Cuando hice mi búsqueda de visión, el Curandero me contó una historia: «En cierta ocasión pasé una semana haciendo una búsqueda de visión en el bosque, ayunando, sin comida, con poca agua, y un Oso se acercó adonde había montado el campamento. Tenía un círculo de Cedro a mi alrededor. El oso sintió la Medicina y se limitó a colocar una garra en mi pierna, me rascó un poco y se marchó. ¡Este Cedro es una buena Medicina protectora!». Mientras el Curandero me ayudaba a crear mi anillo de protección, pensé en las veces en las que el Cedro me ha ayudado.

Hace muchos años tuve un intenso brote de lupus y mi abuelo le dijo a mi madre que recogiera Cedro y me pusiera la Medicina en el baño. Fue entonces cuando aprendí el poder que tiene para extraer la enfermedad y la pesadez del cuerpo. En los años siguientes he utilizado esta Planta en mis sesiones y ceremonias de sanación para sacar todo lo que necesitaba ser limpiado. Aparte del dolor físico, cosas como la ira, el resentimiento, el miedo, la pena y la vergüenza pueden impedir la plenitud que buscamos. Con intención y visión, la Medicina del Cedro puede ayudarnos a reconocer, sentir y liberar lo que ha estado esperando para irse. La considero profundamente sagrada y estoy muy agradecida por las propiedades curativas que aporta.

El Cedro es una parte integral de muchas de nuestras Ceremonias. Cuando prendemos esta Medicina, chisporrotea y crepita, y se dice que este sonido sirve para invocar a nuestros ayudantes espirituales. Nos ayuda a protegernos y a enraizarnos. Colocamos esta Medicina en nuestros mocasines para caminar bien. Utilizamos el Cedro en nuestras Ceremonias de sudoración y ayuno para alejar las energías negativas. He plantado arbustos de Cedro alrededor de mi casa y cuelgo Cedro en las puertas para mantener limpia la energía de mi hogar.

Dependiendo del lugar en el que vivas, el Cedro puede ser una Medicina más abundante que la Salvia Blanca. Al recoger cualquier Medicina Vegetal, siempre doy las gracias a la Madre Tierra por su regalo y coloco algo para ella en agradecimiento, como una Piedra u otra Planta. Puedes incluso cantarle una canción de agradecimiento, como hago yo.

Wiingashk *(Hierba Dulce)*

Todavía recuerdo el maravilloso aroma de la Hierba Dulce cuando abría la puerta de la cabaña. Todos los veranos nos quedábamos en la reserva, en aquel lugar pequeño pero acogedor de la bahía de Georgia. Aquellos tiempos nos ofrecían la emoción de usar un retrete situado fuera de la casa, comer cajitas de cereales azucarados y darnos baños refrescantes en las aguas más sagradas que conozco. Alguien había quemado la Medicina de Hierba Dulce y el aire contenía aún restos de su esencia.

También recuerdo que la casa de mis abuelos olía así, a restos de la Medicina, como si allí se hubiera hecho un sahumerio. Parecía estar oculto, o al menos así lo recuerdo. Resultaría lógico por el trauma generacional de mi familia, a la que se colonizó y se le despojó de sus Formas de Medicina Indígena. No habría resultado seguro transmitir estas enseñanzas, ya que la práctica y la reivindicación de la Ceremonia llevaban asociado un trauma. Por desgracia, no existían instrucciones formales ni se mostraba cómo hacerlo. El trauma generacional lo impedía. Sin embargo, mi yo infantil empezó a aprender a absorber la Medicina a través de la memoria, del olor, de las sensaciones que provocaba en mi corazón. Eso es precisamente lo que hace la Hierba Dulce: su dulzor es intencionado; saca a relucir los recuerdos que habitan en lo más profundo de nuestro ser, que creíamos perdidos pero que ahora reclamamos.

La Hierba Dulce representa el cabello de la Madre Tierra. Cuando la cosechamos, la trenzamos desde la Tierra, con la Planta aún unida a sus raíces. Y, al igual que cuando recogemos el Cedro, ofrecemos algo a cambio en agradecimiento. Las tres partes de la trenza representan el cuerpo, la mente y el Espíritu, así como la honestidad, la bondad y el amor. Esta Medicina se añade a nuestro sahumerio para invocar a los buenos Espíritus. Suelo ofrecer una trenza de esta planta a los amigos, parientes o conocidos como regalo de paz o de perdón. Una vez trenzada, se suele quemar sola y su dulce aroma llena los espacios de una energía muy hermosa.

Mashkodewashk *(Salvia)*

Una Nochebuena, mi madre decidió que no íbamos a ir a la iglesia. Me sorprendió, pues siempre lo habíamos hecho; formaba parte de nuestra tradición religiosa. En aquel momento no me di cuenta de que estaba tratando de liberarse de algunas de las costumbres coloniales arraigadas en nuestro linaje. Echando la vista atrás me doy cuenta de que aquel día realizó un hermoso acto de reivindicación. Salimos al exterior en la noche fría y tranquila de invierno y contemplamos las Estrellas. Nos pidió que nos pusiéramos junto a los Cedros y encendió un poco de Salvia. Pude sentir que nuestros Antepasados se unían a nosotros y me pareció una celebración, una especie de vuelta a casa. Mientras el aroma de la Salvia nos volvía a colocar en nuestros caminos sagrados, recordamos cómo conectar con el Espíritu fuera de las cuatro paredes de la iglesia que los colonizadores nos dijeron que necesitábamos. El manto de nieve de la Tierra era nuestro suelo; el Cielo azul noche tachonado de Estrellas, nuestro techo. Una catedral viva y siempre presente, y me di cuenta de que nunca habíamos necesitado paredes.

La Salvia es la Medicina que la mayoría de la gente conoce y ama para la Ceremonia del sahumerio. Los pueblos indígenas suelen utilizar la Salvia Blanca o la Salvia del Desierto. La del Desierto tiene unas propiedades Medicinales muy potentes como astringente, antiséptico y antifúngico. Purifica las energías densas que ya no necesitamos y ayuda a devolvernos a un lugar de paz y conexión. La Salvia Blanca se utiliza a menudo en nuestras oraciones y rituales de sanación y proporciona una forma de conectar con el Mundo Espiritual.

La Salvia Blanca Silvestre es la Planta Medicinal que recibe más atención cuando hablamos de apropiación cultural, ya que se ha popularizado entre las comunidades espirituales y de la Nueva Era. Mientras algunos tratan esta Planta con la sacralidad que merece, otros la han mercantilizado y se han apropiado de su uso ceremonial original. Ahora se está cosechando y consumiendo en exceso. Uno de los retos que esto conlleva es la posibilidad de que los pueblos originarios que tienen siglos de conexión con esta Medicina dejen de tener acceso a ella.

Después de examinar estos problemas de la apropiación y la recolección excesiva e incluso de emprender tu propio viaje interior para descubrir la Medicina Vegetal de tus Antepasados, si eliges utilizar Salvia Blanca, es recomendable que dediques un tiempo a honrar la Planta y a conocer su origen, o quizá incluso a cultivarla tú mismo. La Luna de la Rémora nos invita a purificar lo que no está alineado; por tanto, debemos caminar con integridad. Honra a las personas de cuyas enseñanzas te estás beneficiando al investigar la historia de los pueblos indígenas de tu zona. Haz una ofrenda de gratitud a los Antepasados que reverenciaban. Si la cosechas tú mismo, transmite a la Planta por qué la utilizas y dale las gracias. Desarrollar una relación con nuestros Parientes Vegetales profundiza nuestro nivel de respeto en las acciones que realizamos con cualquier ritual o ceremonia.

Algunas alternativas a la Salvia Blanca son:

- Romero.
- Enebro.
- Lavanda.
- Pino.
- Abeto.
- Hojas de Laurel.
- Diente de León.

- Caléndula.
- Artemisa.
- Tomillo.
- Pétalos de Rosa.

Reflexión sobre la Medicina: ¿Qué plantas Medicinales de esta lista te dicen más? ¿Sabes qué plantas utilizaban tus Antepasados? ¿Añadirías alguna otra?

Crear una relación con las Medicinas de tu linaje es una forma profunda de honrarte a ti mismo y a la historia de aquellos de quienes aprendes. Establecer una relación con las Plantas Medicinales que te hablan para la limpieza y aprender sobre ellas muestra también el respeto a las enseñanzas tradicionales que no necesariamente te pertenecen. ¿Cómo debemos hacerlo? ¿Cómo nos reconectamos con las enseñanzas que pueden haber quedado perdidas o enterradas? A muchos de mis alumnos, establecer una relación con su conocimiento intuitivo, su tiempo de sueño y su sabiduría interior les ha conducido a encontrar las plantas con las que se identifica una parte de su alma. La Ceremonia «Encuentra tu aliado vegetal», que se describe a continuación, es un buen punto de partida, y espero que puedas utilizarla como puente hacia tu conocimiento. El viaje te ayudará a desarrollar más tu relación con el mundo Vegetal y a identificar las Plantas que tus Antepasados utilizaban como Medicina. Nuestro Espíritu siempre sabe con qué Medicinas estamos destinados a trabajar, y este viaje te permitirá abrirte para recibir aquello con lo que te identificas.

VIAJE DE LA MEDICINA
Encuentra tu aliado vegetal

Busca un lugar cómodo donde sentarte o tumbarte y empieza a respirar. Di a tus Ancestros que vas a recuperar una Planta que constituye para ti un aliado curativo. Mientras sigues respirando, ves una puerta dorada y brillante rodeada de Plantas. Al atravesarla, puedes oler las Medicinas. Empiezan a entrar en tus pulmones y sientes que recuerdas.

Hay mucha belleza a tu alrededor; todo es exuberante y prolífico. Llegas a un claro del camino y ves que tus Ancestros te están esperando. Te llevan de la mano y te conducen a una Ceremonia en la que se han reunido en círculo; al entrar, te sientes visto y amado. Hoy están practicando una Ceremonia de limpieza y purificación, y están utilizando Plantas que les han hablado a través de los tiempos.

El humo se eleva, las Medicinas crepitan y el calor y la energía de todo lo que se está haciendo te rodean. Puede que tengas visiones de una planta concreta o que oigas nombres o veas colores. Confía en lo que recibes.

Un Espíritu de Abuela se acerca a ti y coloca la Medicina Vegetal en tus manos. Cuando sientas la sensación en la palma de la mano, mira hacia abajo y observa lo que te ha ofrecido. Te dice que esta Medicina habla de alguna manera de tu linaje y que puedes acceder a ella siempre que la necesites.

Le preguntas: *¿Cómo se llama esta planta?*

Mientras escuchas, ella te habla de alguna manera que puedes entender: una visión, palabras o un conocimiento.

¿Para qué se utiliza?

De nuevo, escuchas para que la Guía se revele.

¿Cuál es la mejor forma de honrar a esta Planta a partir de hoy?

Y ella te entrega la sabiduría para que la utilices en tu viaje.

Te diriges al resto de tus Ancestros y ellos se acercan a tu espacio y se comprometen a compartir su sabiduría contigo a través de tu tiempo de sueño, tus visiones, tus meditaciones y tus ratos de tranquilidad en la naturaleza. Te recuerdan que, cuando estés caminando y determinadas plantas te llamen, debes comunicarte con ellas a tu manera. Te hablan por una razón. *Tú eres la Medicina.* Toma el regalo de la Medicina Vegetal y llévalo a tu corazón con gratitud.

Reflexión sobre la Medicina: ¿Qué Planta se te ha presentado en este viaje? ¿Qué orientación has recibido sobre ella?

CEREMONIA DE LA MEDICINA DE HUMO

Puedes utilizar esta Ceremonia para limpiar tu propio cuerpo, tu mente y tu Espíritu o los de tus familiares y clientes. Personalízala con la Planta que hayas recibido en el viaje de la Medicina Vegetal. Si no tienes acceso a esa Planta concreta, utiliza otra con la que estés desarrollando una relación; hónrala con reverencia.

1. **Abre el espacio sagrado**.
    Abre una ventana para que la energía tenga un lugar adonde ir. Si no es posible, confía en que la Medicina está haciendo lo que tiene que hacer. Pronuncia esta oración u otra con la que te identifiques:
    Queridísimo Creador, te pedimos que sostengas y protejas este espacio mientras liberamos lo que ya no es necesario. Invoco al Este, al Sur, al Oeste, al Norte, a la Tierra y al Cielo para que activen la Medicina que necesitamos para

esta limpieza. Invoco a mis Ancestros, a mis Guías y a las energías amorosas más elevadas para que apoyen y ayuden en esta purificación.

2. **Enciende la Medicina de las Plantas.**
   Tradicionalmente suele hacerse con una cerilla. Sóplala suavemente. Pasa las manos por el humo antes de empezar y envía tu gratitud a las Medicinas.

3. **Mientras las Medicinas humean, utiliza una herramienta para tejer el humo.**
   Emplea una pluma o algún otro instrumento que sirva de abanico —también puedes usar la mano— y teje el humo alrededor de tu cuerpo desde la parte superior de la cabeza hasta la punta de los pies. Presta atención a los espacios bajo los brazos, entre las piernas y a lo largo de las plantas de los pies. La energía puede quedar atrapada allí. Si estás limpiando a otra persona, pídele que se dé la vuelta y hazlo también por la parte posterior de su cuerpo.
   Importante: si estás limpiando a otra persona, pídele siempre permiso para mover el humo alrededor de su cuerpo, en especial si te mueves alrededor de partes sensibles.
   Utiliza tu intuición para saber dónde debes concentrarte. En ocasiones, el humo puede hacerse más intenso alrededor de ciertos lugares del cuerpo. La Medicina siempre lo sabe.
   Haz que la persona (o tú mismo) sienta lo que está liberando o limpiando. La intención que establezcas durante esta Ceremonia es vital.

4. **Cierra el espacio y deja que la Medicina se consuma.**
   Asegúrate de que se ha apagado, arroja las cenizas a la Tierra y da las gracias a tus ayudantes Espirituales.

Tradicionalmente, cuando hacemos una Ceremonia de humo para nosotros mismos, pronunciamos una oración. Aquí tienes una que yo utilizo a diario. Siéntete libre de adaptarla a tus propias necesidades.

ORACIÓN DE LA MEDICINA DEL HUMO

Deseo limpiar mi mente para que pueda tener pensamientos edificantes.

Deseo limpiar mis oídos para poder así liberar cualquier palabra o energía desagradable que haya escuchado.

Deseo limpiar mi boca para que pueda hablar con amor.

Deseo limpiar mi garganta para poder así hablar con la verdad.

Deseo limpiar mi corazón de todo lo que pesa.

Deseo limpiar mi centro para poder así confiar de nuevo en mi sabiduría interior.

Voy bajando este humo por mi cuerpo para que me ayude a enraizarme en la Madre Tierra y a caminar por el buen camino.

Miigwetch *(Gracias).*

Invocación a la Medicina de la Rana

Queridísima Rana, te invito a que sigas estimulando mi espacio con tu Medicina limpiadora. Cuando la energía se estanque, te pido que saltes a través de mi conciencia para que pueda acabar con el desorden. Ayuda a informarme siempre

que mi cuerpo, mi mente o mi Espíritu necesiten una purificación. Tu Medicina está ahora arraigada en mi conciencia. Estoy bendecido con tus poderes de limpieza.

Afirmación de la Luna de *Namebine Giizis*

*Permito que esta Luna de purificación bañe de luz y resplan-
dor mi espacio sagrado y mi cuerpo. Estoy despejado y alineado. Yo soy la Medicina.*

CAPÍTULO 6

WAAWAASKONE GIIZIS (LUNA DE LAS FLORES)

Nuestra quinta Luna de la Creación es el momento en el que el mundo vegetal empieza a cobrar vida. En mayo es cuando estos seres muestran su naturaleza vivificante y permiten que el mundo los vea en toda su gloria. Durante este tiempo, se nos pide que traslademos nuestro propósito espiritual a nuestro cuerpo y recorramos el camino de la belleza. Se nos anima a reclamar la Medicina que traemos con nosotros y a dar un paso hacia nuestra elevación.

LEYENDA DE LA LUNA: CÓMO SURGIERON LAS FLORES

En los primeros días, el Creador plantó muchas semillas. Una a una, todas ellas fueron penetrando en Aki, la Madre Tierra, que las acogió con devoción y amor y recibió a cada una de ellas en sus brazos. El aspecto más mágico de cada semilla era que contenía sus propios dones de Medicina. Cada una portaba ciertas cualidades que la diferenciaban ligeramente de su vecina y estaba codificada con una expresión de sabiduría única, alineada con un enorme potencial.

Las semillas se acurrucaban en el Suelo cálido y nutritivo que les proporcionaba la Madre Tierra. Se sentían seguras y cómodas en su estado de semilla, protegidas de los elementos, resguardadas de las tormentas. Pasaron los días y las semillas siguieron siendo semillas. Algunas de ellas empezaron a preguntarse si la vida consistiría en algo más que seguir siendo pequeñas y estar cómodas. Sentían una profunda llamada en sus corazones, un anhelo de crecer y evolucionar, pero no sabían cuál era el siguiente paso que debían dar.

Una mañana, la semilla de Girasol se despertó después de haber estado soñando. «He tenido un sueño en el que era una flor alta y llamativa. ¡Mi cara se volvía hacia el Abuelo Sol, y era hermosa, de un color amarillo muy brillante!». Las demás la escucharon emocionadas. La semilla de Rosa intervino y dijo que había tenido visiones en las que su corazón se expandía de forma similar. Las semillas de Tulipán admitieron que ellas también estaban sintiendo la sensación de algo nuevo, de algo diferente. Después de contárselo unas a otras, todas decidieron que harían acopio de valor para emprender un nuevo viaje. Siempre habían sentido curiosidad por lo que había más allá de su espacio cómodo, pero nunca se habían aventurado a salir. Empezaron a planear su viaje hacia arriba, atravesando el Suelo. Otras semillas se enteraron de su plan y algunas decidieron que también querían aventurarse. Otras, sin embargo, se sentían muy cómodas quedándose donde estaban y dijeron que les asustaban demasiado los peligros que pudiera haber arriba.

Al día siguiente, emprendieron viaje. Fue más difícil de lo que esperaban, un camino repleto de vueltas y revueltas. No había una senda clara ni nadie que las guiara. En ocasiones, las lluvias las arrastraban y las dejaban atrás. En otros momentos fueron esparcidas por un animal que escarbaba. Muchas veces se sintieron desanimadas y estuvieron a punto de rendirse. Cada día iban aumentando su resistencia a partir de su lucha y se arraigaban en la confianza de que estaban en el camino correcto.

Una mañana, después de haber pasado toda la noche viajando, vieron una fuente de luz. Empezaron a salir disparadas hacia ella con esperanza e ilusión y, para su sorpresa, el Abuelo Sol estaba allí para salir a su encuentro, irradiando y enviándoles su calor, su calidez y su amor. Las semillas se acercaron al Él, y empezó a suceder la cosa más mágica. Sus envolturas empezaron a abrirse y, poco a poco, comenzaron a aparecer unos mínimos indicios de color y vitalidad. Después de pasar por tantas incomodidades, las semillas se alegraron de volver a sentirse rodeadas de seguridad. Se arraigaron felizmente en un lugar donde podían disfrutar fácilmente del sol, la lluvia y el viento. Y se felicitaron a medida que, una a una, las plántulas se iban convirtiendo en hermosas flores.

Reconocieron lo lejos que habían llegado. Al echar la vista atrás en su viaje, vieron que su determinación, su confianza y el coraje que albergaban les habían conducido a un devenir tan brillante. Estaban muy agradecidas por haber escuchado sus voces interiores, la llamada, porque ahora podían convertirse en lo que estaban destinadas a ser.

Espíritu animal: Memengwaa *(Mariposa)*

El Espíritu Animal que mejor representa la cuarta Luna es la Mariposa, o como se la conoce en anishiinabemowin, *Memengwaa.* Con su brillante Medicina de transformación, renacimiento y vuelo, atraviesa esta fase de la Luna para enseñarnos que nuestras luchas nos permiten aumentar nuestra resistencia, nuestra sabiduría y nuestro valor. La Oruga confía en la visión de su Medicina y en su potencial. Es portadora de una expresión de sabiduría única que un día da lugar a su transformación en una criatura alada. Esta Luna nos pide que reflexionemos sobre nuestro viaje y veamos cómo las luchas y los retos han ayudado a guiar nuestro camino. Estas épocas de nuestra vida son los momentos en los que evolucionamos profundamente entrando en las crisálidas del cambio. Son los momentos en los

que disolvemos las partes que ya no se corresponden con nosotros para convertirnos en lo que estamos destinados a ser, al
igual que el cuerpo de la Oruga debe disolverse para alcanzar su
mayor potencial en forma de Mariposa.

Mensaje de la Mariposa

- Puedes transformar los retos en belleza.
- La naturaleza te ha dotado de alas para volar.
- Disolver las costumbres viejas conduce a una magia
  nueva.
- Al igual que en nuestras historias de la Creación, la be-
  lleza nace del cambio.

UNA VIDA CON PROPÓSITO

¿Cuál es mi propósito? ¿Cuál es mi verdadera vocación?
Como seres humanos, durante mucho tiempo hemos estado
condicionados a buscar las respuestas a estas preguntas fuera de
nosotros mismos. Nos han enseñado que la sabiduría interna
que nos Guía no es algo en lo que podamos confiar. Cedemos
nuestro poder a los líderes, a los socios, a los amigos, a los jefes.
La publicidad y las redes sociales nos dicen que no valemos lo
suficiente y que necesitamos que nos corrijan, y nos lo creemos.
Nos bombardean con mensajes sociales de que debemos esforzarnos, conseguir y alcanzar ese estatus imaginario de perfección antes de poder llegar a aceptarnos. Esto nos ciega ante la
Medicina que todos llevamos dentro.

Mis clientes tienen a menudo esta visión de «conseguir» finalmente su propósito. Son visiones grandiosas y hermosas: conocer
a Oprah, viajar por el mundo siendo un famoso conferenciante,
trabajar a distancia desde la playa como un nómada digital. Soñar

a lo grande es esencial. Sin embargo, se necesita tiempo para que los grandes sueños se manifiesten y, mientras tanto, muchos de nosotros empezamos a sentir que la forma en la que vivimos *ahora* no es suficiente, que *nosotros* no somos suficientes. La Luna de las Flores nos guía hacia nuestro devenir y nos recuerda que estamos floreciendo al ritmo correcto para nosotros.

Conozco a personas que entran en una habitación y la iluminan al instante con su sonrisa. A mí personalmente me inspiran los narradores naturales que transmiten su verdad con autenticidad. Hay gente cuya mera presencia aporta luz a los demás por el simple hecho de ser fieles a lo que son. Mi hijo pequeño se ríe y nuestra casa se llena de alegría, mientras que el mayor hace observaciones sobre cosas que el resto no vemos. Tengo una amiga cuya cocina está llena de tanto amor que tienes la sensación de que cada bocado es curativo. Son regalos sencillos, pero que cambian mi vida con regularidad.

Ser dueño de tu Medicina y compartirla con los demás no tiene por qué ser complicado. Es lo menos complicado del mundo, porque es algo con lo que siempre has caminado. Es una ráfaga de energía que siempre ha fluido a través de ti. Esta firma energética combina tu frecuencia natural con tu experiencia vivida y un profundo conocimiento ancestral que has albergado durante muchas vidas.

Entonces, ¿cómo podemos encontrar esa Medicina deslumbrante que es solo nuestra? Nuestro viaje a través de los retos de la vida revela a menudo aspectos de nosotros mismos que han estado esperando para nacer. A veces, la profundidad de nuestra Medicina puede encontrarse a través del dolor. Este ha sido el caso de mi viaje vital con mi salud física. Cada brote o contratiempo me llevaba a descubrir la Medicina profunda que fluía por mi sangre y mis huesos. Al curarme, me conecté con la sabiduría ancestral que la colonización me había cerrado. Ahora veo que cada brote de lupus me ha llevado al siguiente nivel de transformación.

Vivir el dolor crónico me ha enseñado el poder de la resiliencia, la compasión y el amor a mí misma. He apoyado a miles de personas en su sufrimiento porque sé, en lo más profundo de mi ser, lo que se siente al sufrir. Cada paso de transmutación de mi dolor en gotas de luz se ha convertido en un océano de sanación para otros. Tú también puedes resurgir de las cenizas. Todos podemos hacerlo.

Esta parte dolorosa, inquietante y transformadora de encontrar nuestra Medicina se refleja en la fase de crisálida del viaje de la Oruga. Cuando comienza la transformación, la forma de crisálida se rompe y se convierte en una papilla. La ruptura de la crisálida refleja los retos de nuestra vida, ese momento en que todo parece incierto e imposible…, cuando todo se desmorona.

Sin embargo, no todo desaparece. Durante la transformación de la Oruga en Mariposa, sus células imaginales se conservan. Estas células latentes son un plano de lo que van a ser: la esencial naturaleza de la Mariposa. Incluso cuando es una masa de mucosidad, la Mariposa sabe que un día volará. Y nuestras almas también lo saben. Eso es nuestra Medicina: células imaginales que comprenden quiénes somos, incluso cuando nosotros no lo sabemos. Este conocimiento ha estado con nosotros desde nuestro nacimiento. No se va a ir a ninguna parte, ni siquiera cuando nos venimos abajo.

Para volver a la verdad de nuestra Medicina y al efecto positivo que nuestra presencia puede tener en el mundo se necesita sanación, compromiso y confianza. Debemos tomar conciencia de cómo nos ha influido el mundo y luego llevar la sanación a esas partes de nosotros que esperan ser reconocidas y amadas. Y debemos hacerlo cuidando nuestro dolor, buscando apoyo —en terapia, con trabajo energético o en la comunidad— y ofreciendo amor a nuestro yo perfectamente imperfecto. La hermosa sabiduría que surge de recorrer este viaje de sanación a través de la sustancia viscosa se convierte en una parte arraigada de lo que somos y nos permite servir a los demás con empatía. A mí me gusta denominarla «Oro del Alma».

Reflexión sobre la Medicina: ¿Cuáles son las luchas o los retos que has atravesado en tu vida y que han abierto aspectos de tu Medicina? ¿Cuál es tu «Oro del Alma»?

VIAJE DE LA MEDICINA
Recuperación del Oro del Alma

Busca un lugar cómodo donde sentarte o tumbarte y empieza a respirar. Invoca al Espíritu de la Mariposa para que te guíe en tu transformación. Al empezar, imagínate como una oruga; verás una puerta dorada brillante rodeada de la luz del arcoíris. Cuando la abras y la atravieses, te sentirás rodeado por un cálido capullo.

En este capullo aparece una visión o un recuerdo de uno de los acontecimientos más difíciles de tu vida. Aquí estás seguro y protegido; no hay nada que temer. A medida que vas recordando, empiezas a desenredarte, a disolverte y a desmoronarte. Cuando te conviertes en una sustancia viscosa se produce una sensación de desorientación.

En este estado de sustancia viscosa, llevas contigo un conjunto de células mágicas increíbles. Contienen el Oro del Alma que siempre ha formado parte de ti. Incluso cuando sientes que todo lo que te rodea se está disolviendo, estas células conservan la visión de quién eres. El viento empieza a soplar a tu alrededor y se produce una activación. El Oro de tu Alma se recoge en el camino que has recorrido, en la sabiduría que has adquirido en esta vida y más allá, y empiezas a emerger en un nuevo estado del ser. El Abuelo Sol comienza a irradiar poderosamente sobre tu cuerpo y este se rehace con alas.

De forma lenta y suave despliegas esas alas y comienzas a batirlas. Vuela con tu Oro del Alma activado y siente la ligereza, la conexión y la chispa de tu divinidad realineándose con tu energía. Tu Oro del Alma comienza a fluir por cada poro de tu piel. Estás radiante. *Tú eres la Medicina.*

Vuelve a flotar suavemente hacia la Tierra, de vuelta a tu camino, más firme y más arraigado en todo lo que eres. El viaje se ha completado. Cruza la puerta, vuelve a respirar en tu espacio y, a tu propio ritmo y tiempo, regresa a tu habitación y abre los ojos.

RECORDAR AL NIÑO INTERIOR

Las luchas o los retos no son la única forma de acceder a nuestros dones de la Medicina. Una forma de acceder a nuestra Medicina es volver atrás y explorar los dones de tu yo infantil. Cuando yo era pequeña, se revelaron mis habilidades como vidente y empática. Mis Antepasados me visitaban por la noche a través de visiones y mis sueños estaban repletos de viajes vibrantes de sanación y de mensajes. Cuando estaba despierta, entraba en una habitación y sentía las emociones de la gente, aunque sus rostros o sus palabras fueran herméticos y no revelaran nada. Mi madre y mi abuelo hablaban de que yo era una vidente y una visionaria. Mis abuelos analizaban de qué lado de la línea familiar procedían mis dones. Mi hijo mayor los tiene parecidos.

Estoy agradecida de haber tenido una madre que apreció mis facultades, me dio espacio y ayudó a alimentar estas partes de mí. Me despertaba por la mañana y le contaba lo que había «imaginado» la noche anterior. Una conversación habitual por las mañanas era hablar de nuestros Sueños. Hoy en día, sigo volando, visitando y ofreciendo curaciones en mis Momentos de Sueño. Siempre me quedo asombrada cuando la gente me cuenta que los visité y les ofrecí Medicina o Ceremonia, o cuando sueño con los remedios homeopáticos que determinadas personas pueden necesitar. Mi madre mantuvo a salvo mi corazón sensible y me defendía en la escuela cuando los profesores decían que era demasiado callada. Me apuntó a clases de baile y de piano para permitirme encontrar formas de expresarme. Ella también me contó historias sobre su infancia, y me di cuenta de que éramos similares. Este intercambio me ayudó a ver mi propia Medicina. Hoy por hoy, cuando me vienen a la mente estos aspectos de mi yo infantil o historias de mi pasado, me hacen recordar mi Medicina, y a ti puede sucederte lo mismo.

Reflexión sobre la Medicina: Cuando eras un niño, ¿qué querías ser «de mayor»? ¿Qué iluminaba tu corazón?

¿QUÉ TE LLEGA CON FACILIDAD?

Otra forma de acceder a tu Medicina exclusiva es reflexionar sobre lo que te resulta fácil de hacer. Tu Medicina no tiene por qué ser complicada. Lo más probable es que te hayas estado conectando con aspectos de ella desde que estás vivo. Es posible que no te parezcan magníficos ni especiales, pero tus dones naturales y tu energía podrían cambiar la vida de otra persona.

Desde que tengo uso de razón, la gente se ha abierto a mí. Cuando era adolescente, trabajaba en una joyería y los clientes entraban y me contaban sus historias de vida y sus problemas sin que yo les dijera nada. En mi consulta privada utilicé cientos de cajas de pañuelos de papel, ya que mis clientes se sentaban ante mí e, inevitablemente, las lágrimas fluían. A menudo les oía decir: «¡Llevo años sin llorar!» o «¡No sé qué me pasa, cada vez que vengo aquí lloro!».

Después de estas experiencias llegué a comprender que una parte de mi Medicina natural es apoyar a la gente cuando me cuenta su historia. Al instante se sienten seguros, vistos y apoyados. No es algo que fuerce, manifieste o cree. Simplemente he aprendido a permitir que lo que me es natural fluya a través de mí. En consecuencia, miles de personas han sido movidas hacia la sanación. Dedica unos momentos a reflexionar sobre esto en tu caso. ¿Qué fluye de ti sin esfuerzo, sin que tengas que esforzarte demasiado? La Luna de las Flores nos anima a ver cómo, a lo largo del día, florecemos en muchos momentos; a veces, lo que parece insignificante es en realidad lo más importante.

Un Anciano Indígena me contó esto una vez: «El propósito de todo ser humano en esta vida es elevar la conciencia de este planeta y ayudarlo a evolucionar hacia un mayor estado de amor». Me encantó esta frase tan sabia. ¿Cómo ayudamos a la Tierra a evolucionar hacia un mayor estado de amor? Pues participando en nuestro trabajo de sanación y centrándonos en la forma en que nuestra alma nos llama a compartir nuestros dones. A continuación, actuamos de la forma en que somos guiados. Algunos días, esa forma puede ser con una sonrisa; otros, con un toque sanador. Las cosas sencillas pueden tener un efecto considerable.

Una de mis amigas más queridas irradia luz solar allá donde va. El corazón de la gente se abre instantáneamente cuando está cerca. Cuando mi hijo era un bebé, vino a visitarnos y, al saludar al niño, este empezó a parpadear con asombro y admiración. Su naturaleza chispeante parece no suponerle ningún esfuerzo a la hora de vivir cada día. Su presencia es algo que ha llevado consigo durante toda su vida y no me cabe duda de que seguirá iluminando el mundo de este modo hasta su último aliento. No le resulta complicado. No ha tenido que hacer un millón de cursos para dominar su sol. Simplemente lo vive, lo posee, y el mundo es un lugar mejor gracias a ello.

Mi amiga ha hecho mucho trabajo de sanación en su vida para caminar con confianza en su Medicina. Otros han intentado atenuar su luz o se han alejado de ella, pero ella ha trabajado mucho para seguir caminando, amándose y aceptándose precisamente como es. Permanecer arraigada a lo que eres no siempre resulta un camino fácil. La gente te juzgará, sentirá celos de ti o incluso abandonará tu vida. Puede resultar difícil de aceptar, porque, cuando te amas a ti mismo, la gente suele verlo como un exceso de confianza en ti. Déjalo ir: no es tu dolor. Bendícelos y luego camina hacia tu cálido abrazo de amor a ti mismo. Las recompensas superarán con creces los riesgos, ya que tu trabajo aquí, en esta Tierra, es seguir siendo tú en toda tu magnificencia.

Un astrólogo me dijo una vez que al Sol no le importa sobre quién brilla. No le importa si te quema; simplemente, brilla. Me encanta este recordatorio de que debemos seguir haciendo lo nuestro y siendo quienes somos. La presencia de tu Medicina cambia vidas. Solo hace falta una voz para influir en millones de personas. Solo hace falta una presencia para inspirar a muchos.

Reflexión sobre la Medicina: ¿Qué cualidades parecen fluir de ti sin esfuerzo? ¿Qué cumplidos recibes con más frecuencia?

LEVÁNTATE

Algunos de los momentos más hermosos de mi carrera han sido aquellos en los que he podido ver cómo la gente se levanta. He visto a mujeres dejar a sus parejas maltratadoras o hablar por fin de una verdad que lleva años haciéndolas enfermar. He visto a algunas cambiar de carrera y crear empresas que producen una gran influencia en el mundo. He visto a otras compartir sus voces como activistas y sanadoras, y también como músicas, artistas y escritoras. He visto mucha magia en sus viajes.

Lo que sé que es cierto es que nuestra experiencia vivida guía y da forma en profundidad a nuestra Medicina. Los retos por los que pasamos, los altibajos, la tristeza, la alegría..., todo es sabiduría obtenida en nuestro viaje. Todo ello se convierte en la Medicina que estamos destinados a vivir. La reivindicación más poderosa del Oro del Alma que he presenciado en mi vida ha sido la de las mujeres que dejan a sus parejas maltratadoras, se arraigan en su valía y se convierten en líderes del amor a uno mismo. Personas que viven con una enfermedad crónica encuentran a su sanador interior y enseñan a otros a encontrar el suyo. Aquellos que sufrieron maltrato en su infancia deciden cambiar ese ciclo y se convierten en los padres más cariñosos y solidarios del mundo. Reclamar tu Oro del Alma es el hermoso resultado de ser consciente y hacer tu trabajo de sanación. El viaje desde el reto hasta la belleza requiere dedicación y perseverancia. Y, según mi experiencia, merece la pena.

Nunca olvidaré a una clienta a la que atendí hace cinco años, llamada Mae, que llevaba tiempo lidiando con un dolor crónico. Cuando se sentó frente a mí, percibí al instante su belleza y su luz. Cuando hablaba, el amor parecía fluir por todos los rincones de la habitación. Tenía carisma y chispa, estaba llena de gratitud y gracia, y al instante sentí que se preocupaba profundamente por todos los que se cruzaban en su camino. También me di cuenta de que ella no podía verlo como yo. Una parte de ella estaba ciega a su magia. Todo lo que veía y sentía era su propio dolor.

Entonces asistió a uno de mis fines de semana de tutoría. Fue un gran paso para ella, porque no solía salir a menudo de su zona de confort, sobre todo si ello le exigía ser visible. En estos fines de semana ofrecía a cada asistente cinco minutos para demostrar su Medicina. Cuando le llegó el turno a Mae, se puso de pie y, de repente, se transformó. Era una mujer diminuta que yo sabía que se sentía disminuida por el dolor, pero al momento siguiente, una voz angelical brotó de ella. ¡Una voz tremenda! Me quedé boquiabierta. Cantó ópera, y todas las personas de la sala la escuchamos absortas. Al final de su canción, todos lloramos. Solo habían sido tres minutos, pero ella cambió mi vida y la de todos los presentes. Vimos en Mae que cualquiera puede contener multitud de dones impresionantes. La belleza y el talento residen en todos nosotros.

Por diversas razones, Mae había mantenido oculta y oprimida esta parte de su Medicina: heridas familiares, dudas sobre sí misma, miedo a ser juzgada. Sin embargo, hizo el trabajo de sanar a través de las capas de su vida, empezando ese fin de semana. Recordó lo que iluminaba su alma, reclamó sus dones naturales y tomó la decisión consciente de elevarse. Transformó su dolor y sus dudas en bendiciones y gratitud. En la actualidad, se dedica con gran éxito a cantar en reuniones formales y está floreciendo en su Espíritu y en su cuerpo.

No necesitas ser una cantante de ópera secreta como Mae, pero esta historia ilustra cómo todos podemos transformar nuestro dolor en una belleza y un amor que pueden llenar nuestro mundo. Nuestra voz, nuestra presencia y nuestro corazón pueden ser suficientes.

Reflexión sobre la Medicina: Tras reflexionar sobre estas enseñanzas, ¿cuál sientes que es tu Medicina?

Invocación a la Medicina de la Mariposa

Queridísima Mariposa, te invito a que me recuerdes el poder de disolver y soltar. Es seguro soltar para llegar a ser. Recuérdame el poder que tiene el capullo. Quiero recordar que mis alas han estado siempre esperándome y que la transformación es una parte esencial de mi vuelo. Te agradezco que me recuerdes que la belleza vive en mí a través de todas las capas de mi proceso. Al recordar y reclamar todo de mí, despliego mis alas y emprendo el vuelo hacia aquello en lo que me estoy convirtiendo.

Afirmación de la Luna de *Waawaaskone Giizis*

Cuando me vuelvo a conectar y recuerdo que mis dones son profundos, abro mi Espíritu a la luz de la Creación. Estoy totalmente preparado para florecer y brillar. Yo soy la Medicina.

CAPÍTULO 7

ODE'MIIN GIIZIS (LUNA DE LA FRESA)

Se dice que nuestra sexta Luna de la Creación es el momento en el que debemos acoger en nuestro corazón a todo el mundo, con independencia de los desacuerdos o desafíos que puedan existir entre nosotros. Es el momento de la fiesta anual de junio, en la que honramos la reconciliación y el acercamiento. Durante este tiempo, dejamos de juzgar a los demás, practicamos la humildad y vemos la humanidad de todos nuestros Hermanos. Es el momento en que se nos recuerda lo que es el verdadero amor y la forma en la que se percibe en nuestras acciones. La Fresa madura durante este ciclo, y la llamamos la «baya del corazón» por su forma y por la Medicina que ofrece al cuerpo.

LEYENDA DE LA LUNA: CÓMO SE CONVIRTIÓ LA FRESA EN LA BAYA DEL CORAZÓN

En el principio, el Creador sintió la inspiración de crear diversidad y sintonía entre las Plantas y los Árboles que daban fruto. Soñó con muchos sabores, colores y nutrientes diferentes, entusiasmado por salpicar la Tierra de belleza. A medida que nacía cada nueva Planta o Árbol, empezaba a percibir sus diferencias. Cuando hablaron entre ellos, comenzaron a ver que tenían opiniones diferentes sobre cuál era la mejor manera de crecer o de fabricar el mejor fruto. Empezaron a juzgar las apariencias de los demás y a menospreciarse mutuamente. Comenzaron a criticarse y a atacarse los unos a los otros. Se rompieron los corazones, se dañaron los espíritus y se hizo daño.

Hubo una gran división en la Tierra. La falta de entendimiento y la ruptura empezaron a separar a las Plantas y a los Árboles en grupos. Algunos grupos se consideraban mejores que los demás porque eran más numerosos. Otros marcharon por una Tierra que nunca habían habitado porque se sentían con derecho a ocupar ese espacio. Hubo destrucción y lucha, y el Creador decidió que había que hacer algo. Decidió soñar con la creación de algo nuevo, algo que trajera amor al caos. Aquella noche tuvo un sueño profundo sobre una brillante baya roja. Llevaba sus semillas en el exterior y tenía forma de corazón. Cuando estaba madura, ofrecía una gran dulzura. Su nombre era Fresa (*Ode'miin*).

El Creador decidió plantar esta Medicina alrededor de los Árboles y de las Plantas, y dijo a los pájaros que empezaran a compartir y llevar la Fresa a todos los lugares que visitaran. Mientras lo hacían, ocurrió algo mágico. La Medicina de la Fresa empezó a influir en todas las personas que la conocían. Hubo una mayor sensación de amor y aceptación que empezó a fluir por todos los Bosques y por el espacio de la Tierra. Toda la Creación empezó a verse desde el corazón. Como muchas de las criaturas habían hecho daño, empezaron a ofrecer sus frutos como un regalo de reparación a sus Familiares. Se reunieron para ayudar a los más pequeños o a los enfermos. Se comprometieron a alzar la voz cuando alguien chismorreara o pusiera en vergüenza a otro. Se apoyaron y escucharon las historias de los demás. Ofrecieron compensaciones allí donde habían maltratado u oprimido. Sanaron, y todo gracias a la Fresa. Y a partir de ese día, se la conoció como la baya del Corazón, la que nos ayuda a poner en práctica el amor.

Espíritu animal: Nika (Ganso de Canadá)

El Espíritu Animal que mejor representa nuestra Sexta Luna es el Ganso de Canadá —o *Nika*, como se le conoce en anishiinabemowin—, con su Medicina de la comunidad, el liderazgo, la cooperación, la alianza y el círculo sagrado. Atraviesa con nosotros esta fase lunar para recordarnos que la mejor manera de avanzar por la vida es trabajando en equipo. Jamás dejamos atrás a los que son débiles o están enfermos, sino que les apoyamos. El Ganso de Canadá nos enseña compañerismo y parentesco. Nos pide que nos apoyemos los unos en los otros cuando sea necesario y que nos turnemos en las funciones de liderazgo. En el círculo sagrado, todos son honrados con lealtad y devoción, según el Espíritu del Ganso de Canadá. Nos enseña que perteneces, seas quien seas. Abrimos nuestros corazones, alzamos a los que lo necesitan y recordamos que juntos podemos volar más lejos.

Mensaje del Ganso de Canadá

- No podemos volar libres a menos que todos volemos libres.
- Animamos y ayudamos a los que lo necesitan.
- Nuestras acciones producen reacciones iguales: sé consciente de ello.
- La verdadera unidad proviene de ver la verdad de la realidad del otro.

LA MEDICINA DE UN CÍRCULO

El círculo describe muchos aspectos del mundo físico y de nuestras Relaciones, lo que le confiere un significado muy profundo para los pueblos indígenas. Desde la forma de los seres celestiales (el Sol, la Luna, los Planetas y las Estrellas) hasta los intrincados tejidos de los nidos de los pájaros, las telas de araña o las gotas que producen ondulaciones en el agua, el círculo se refleja en gran parte de nuestro mundo sagrado. La naturaleza cíclica de nuestras estaciones, los ciclos lunares y nuestros ciclos vitales se mueven en círculos. La Medicina Circular nos recuerda que todos estamos conectados. Si en una de nuestras Relaciones se produce un daño, lo sufrimos todos. En esta forma de ver el mundo, cada acción provoca una onda de reacción. Nos preguntamos: ¿cómo podemos mantener la armonía con todos nuestros parientes? ¿Cómo recuperamos el equilibrio?

Reflexión sobre la Medicina: ¿Qué abusos, daños y violencia observas en nuestro mundo?

Durante este mes, en el hemisferio norte se celebra el Solsticio de Verano. En Canadá celebramos también el Día Nacional de los Pueblos Indígenas. Es mi momento favorito para participar en la Ceremonia. Durante los últimos quince años he organizado un Círculo del Solsticio de Verano en el que nuestros Ancestros llenan la sala, nuestros Guías nos informan y el Creador protege el espacio. Lo percibimos siempre como un portal poderoso mientras homenajeamos al Abuelo Sol con su luz más brillante. Lo sentimos siempre como un espacio en el que regresamos al hogar.

Nuestros Ancianos nos enseñan que, cuando estamos sentados en círculo, nadie es ni más ni menos que otro. La intención en este espacio es crear equidad, viéndonos unos a otros en nuestra totalidad. En el círculo, todos somos sanadores, maestros, guardianes de la sabiduría y de la Medicina. También tenemos espacio para nuestras heridas y traumas y para aquello que nos hace saltar. Cuando nos sentamos en este espacio de aliento, alquímico, somos capaces de vernos en nuestra verdadera humanidad. Durante estas Ceremonias, ofrezco un cuenco de fresas, las bayas del corazón. Mi intención es que, al bendecir esta Medicina y llevarla a nuestros cuerpos, seamos capaces de escuchar la experiencia vivida por los demás, de abrazarnos de forma sagrada y de levantar a aquellos que puedan necesitar nuestra ayuda. El círculo es un lugar en el que podemos reparar las diferencias y comprendernos mutuamente. La Medicina del Círculo aporta un sentimiento de integridad, de comunidad y de amor muy profundos.

«TODOS SOMOS UNO»

Uno con las Aguas y la Tierra. Uno con los Animales y las Estrellas. Desde una perspectiva indígena, vemos a través de la lente de la unidad para describir nuestra relación interconectada con todos los seres. Forma parte de lo que soy, está impregnado en mis huesos y en mi espíritu, y es una verdad hermosa y sagrada desde una visión indígena del mundo. Conservo este sentimiento y esta enseñanza cerca de mi corazón y he disfrutado de muchos momentos de «unidad». Sin embargo, este significado de unidad supone que todas las personas se comportan con humildad, reciprocidad y verdad. En nuestro mundo actual, esto incluye honrar las diferencias en la experiencia de los demás y la injusticia y desigualdad que experimentan los BIPOC. Por desgracia, esta enseñanza se ha tergiversado y utilizado en exceso en las comunidades espirituales y de la Nueva Era, y se han borrado las experiencias reales y vividas de las personas BIPOC.

Utilizar la frase «Todos somos uno» puede hacer daño y, como dice la activista de la unidad del yoga Susanna Barkataki en su libro *Embrace Yoga's Roots*, «Para llegar a la verdadera unidad, tenemos que enfrentarnos al hecho de que, de algún modo, podemos haber sido cómplices de provocar la separación». Además, explica que esta afirmación no reconoce los privilegios, los prejuicios raciales ni los desequilibrios de poder que existen en nuestro mundo. Como mujer indígena, he caminado en la verdad de la unidad con mis Parientes y también he experimentado la opresión, la marginación y el racismo que sostienen que estoy apartada. En los últimos dos años, he empezado a reflexionar sobre cómo tender un puente entre estas dos verdades y cuál es mi papel para llevar esto al mundo. Mi idea consiste en aplicar la Medicina de la Luna de la Fresa poniendo en práctica la profundidad del amor que siento por todos los seres. Para profundizar en esta práctica, me comprometo a desmantelar a diario mis propios privilegios y mis prejuicios inherentes, pues creo que todos necesitamos hacer este trabajo.

Reflexión sobre la Medicina: ¿Utilizas la frase «Todos somos Uno»? ¿Qué cambios podrías hacer al saber que puede ser dañina?

APRECIAR, NO APROPIARSE

En el capítulo 6 hablamos de la apropiación con respecto a las Plantas Medicinales, concretamente de la ceremonia de la limpieza y del uso de la salvia blanca. He aquí otros datos que tal vez quieras tener en cuenta.

1. *Investiga tus motivaciones.*

¿Cuál es tu intención al utilizar los tambores, el sahumerio y las plumas en tus publicaciones en redes sociales y en mercadotecnia? ¿Intentas emplearlos para ganar seguidores o para aumentar tu popularidad? ¿Tienes alguna relación con estos objetos ceremoniales y sagrados? ¿Les rezas y honras a diario o simplemente los utilizas para aparentar?

2. **Conoce la historia.**

La Ley de Asuntos Indios, aprobada en 1876, prohibió e ilegalizó explícitamente la práctica de nuestras Medicinas hasta 1951, y hasta 1996 no se acordó que esa parte de la ley era opresiva. Trabajamos muy duro cada día para reclamar lo que nos han quitado. Guarda estos hechos en tu corazón, arraiga en la verdad y déjate guiar desde allí.

3. *Admira y celebra con autenticidad.*

Ponte tus mocasines, o tus *mukluks*, y tus pendientes de cuentas. Compra obras de arte indígenas, tallas, creaciones y Atrapasueños. Nuestra cultura tiene mucha magnificencia que amar. Apoya y compra a personas o empresas indígenas. Pregúntales si están dispuestos a compartir contigo una enseñanza o una historia sobre su Medicina para que puedas honrarla a diario.

4. *Reconoce la realidad actual.*

¿Puedes reconocer y aceptar tanto la luz como la oscuridad de nuestro pueblo? Si coges Medicinas para utilizarlas en tu propio beneficio, ¿reconoces los efectos que han producido en nuestro pueblo la falta de Agua limpia, los indígenas y biespirituales desaparecidos y asesinados, el trauma generacional que provocaron los internados y el intento de genocidio? El suicidio, el alcoholismo, las muertes violentas, el racismo. Todo ello es una realidad aquí y ahora.

5. *Apoya las voces indígenas.*

Coger algo de un grupo oprimido sin reconocer lo que deben soportar para compartir sus Medicinas no es una relación equitativa. ¿Aprendes de los indígenas? Si es así, ¿cómo puedes apoyar sus ofrecimientos, sus palabras, su Medicina? Comparte su voz, amplifica sus palabras y págales por su trabajo. Durante muchos años, la mayoría de los escritores y personas influyentes en el ámbito espiritual y de la Nueva Era han sido mujeres blancas. Muchas de ellas se benefician y ganan dinero con nuestras enseñanzas. ¡Ayúdanos a alzarnos nosotros también! Estoy imaginando un mundo en el que los Sanadores, Maestros y Escritores Indígenas sean invitados en la misma proporción que los blancos. ¿Cómo puedes apoyar esta visión?

6. *Sé respetuoso con el término «animal espiritual».*

No hace referencia a tu amigo, a un famoso ni a tu comida preferida. Los Espíritus Animales son un elemento sagrado para nuestro pueblo. Son nuestros parientes, Antepasados, guardianes, hermanos, amigos. Utilizar ese término en broma es algo dañino. Mi comunidad está llena de personas no indígenas que han aprendido a honrarlos como seres profundamente sagrados. Tú también puedes hacerlo.

7. *No lleves nunca un tocado.*

Un tocado es un objeto muy sagrado y no debe estar representado en tu próxima sesión de fotos. Se ofrece como regalo a alguien de la comunidad, normalmente a un líder. Esa persona debe realizar ceremonias y protocolos para recibirlo. Llevar un tocado conlleva responsabilidades, ya que es portador de una energía potente y sagrada. Por favor, no te lo pongas para el próximo festival de música al aire libre al que vayas.

8. ***Investiga tu propia ascendencia.***
Te garantizo que, si te sientes atraído por las enseñanzas indígenas, lo más probable es que tus Antepasados hayan practicado hermosas ceremonias y rituales. Investiga de dónde son tus Antepasados y qué Ceremonias y rituales utilizaban. Abre tu corazón, tu Espíritu y tu mente y deja que tus Antepasados te enseñen. En tu sangre y en tus huesos hay muchos recuerdos que están esperando a ser descubiertos. Creo que todos estamos implicados en un viaje de reconexión y reivindicación. Profundizaremos en esto en uno de los siguientes capítulos.

9. ***Devuelve todo a lo sagrado.***
Esto significa algo diferente para cada persona. Sin embargo, honrar la plenitud de una Ceremonia, un objeto, una herramienta de Medicina o cualquier otra cosa de tu cinturón de herramientas espirituales es una práctica importante. Encuentra tu camino, escucha a tu corazón y deja que el Espíritu te guíe hacia el siguiente paso correcto.

Después de recibir tantas respuestas diferentes a lo que había dicho sobre este tema, me di cuenta de lo difícil que resulta ser compasivos con nosotros mismos cuando creemos que podemos haber dañado o herido a alguien. Muchas veces nos ponemos inmediatamente a la defensiva o nos cerramos por completo. Lo comprendo. Meter la pata y cometer errores no siempre ha resultado seguro. Creo que el antídoto contra la actitud defensiva o el cierre es la compasión por uno mismo. Si somos capaces de mantener el corazón abierto, como nos guía la Luna de la Fresa, podemos reparar nuestros errores. La reparación es la Medicina que cura las grietas y nos vuelve a unir. Es una Medicina que todos necesitamos en este momento que está atravesando el mundo.

VIAJE DE LA MEDICINA
Reparación colectiva

Planta tus pies firmemente en el suelo y visualiza que la Tierra te sostiene con seguridad. Ponte las manos sobre el corazón durante unos momentos y recuérdate que puedes sentir sin peligro lo que está surgiendo en tu interior. Ofrécete compasión por todo lo que no sabías antes o por los errores que hayas podido cometer. A continuación, invocamos al Ganso de Canadá para que nos rodee con sanación divina. Imagina cientos de hermosos pájaros batiendo sus alas enormes a tu alrededor; ellos levantan cualquier vergüenza, culpa u otras emociones que deban desaparecer.

Un Curandero da un paso adelante con una pluma de Ganso en las manos; la coloca sobre tu centro del corazón y te pregunta:

¿En qué aspectos puedes haber causado daño sin saberlo con tus prácticas? Deja que se eleve todo lo que puedas haber empujado hacia abajo. Siente tus manos sobre el corazón y expresa tu intención de reparar ese daño.

¿Qué sabes ahora que no sabías antes? Deja que se eleve todo lo que no comprendías en profundidad. Siente las manos en el corazón y expresa tu intención de reparar ese desconocimiento.

Se levanta un viento a tu alrededor y te arremolina en un círculo sagrado lleno de todos los Guías, enseñanzas, Medicinas, Ceremonias, herramientas y rituales que llevas en la mente y en el corazón. ¿Cómo puedes hacer hoy esas reparaciones en tu vida y en la vida de los que amas y te importan? ¿Hay alguna reparación que necesites hacer en tus comunidades y más allá? Establece esta intención y envíala a los Gansos. Ellos la toman y ofrecen una energía que alza y cura a todos los que la necesitan hoy. *Tú eres la Medicina.*

Vuelve a tu cuerpo, con las manos en el corazón, y comprométete a transmitir esto al mundo.

«Si has venido para ayudarme, estás perdiendo el tiempo. Si has venido porque tu liberación está ligada a la mía, entonces trabajemos juntos».

LILLA WATSON, Guardiana de la Sabiduría Aborigen

ALIADOS Y CÓMPLICES

Un aliado en temas de justicia social se define como alguien de un grupo dominante o mayoritario que trabaja para acabar con la opresión apoyando a las comunidades marginadas. Reconoce que es portador de un privilegio y de un poder que puede utilizar para educar a otros al tiempo que realiza su propio trabajo contra la desigualdad y la injusticia. Un cómplice, sin embargo, se define como alguien que toma medidas para desbaratar la dañina narrativa de la supremacía blanca al tiempo que busca activamente soluciones y actúa en consecuencia, aunque eso signifique perder estatus social o de otro tipo, o diferentes niveles de prestigio. Tengo muchos aliados y cómplices en mis comunidades, y a todos ellos les estoy agradecida.

Desde un nivel personal voy a contar la diferencia entre cómo he visto actuar a los que caminan como aliados y lo que hacen los que dan un paso adelante como cómplices. Un aliado leerá los artículos que he compartido y luego compartirá lo que está aprendiendo. Comprará Atrapasueños, Medicinas y obras de arte de creadores indígenas, apoyará los negocios de estos, alzará la voz y compartirá sus dones. Un cómplice actúa de una forma más intensa. Se implica en las comunidades de las que hablo ayudando a recaudar dinero y ofreciendo su apoyo. Pone en juego su propia comodidad para ayudar a quienes no tienen cubiertas sus necesidades básicas, y para ello renuncia a su tiempo, sus recursos o su posición de poder. Los cómplices de mis comunidades se dedican con frecuencia a la reflexión consciente, al trabajo antirracista y a la reciprocidad. Muchos de los miembros de mi comunidad se han convertido en defensores de mi pueblo. Soy consciente de que una parte de mi propósito es construir comunidades diversas e inclusivas de personas que viajan conmigo para descubrir la verdad y avanzar juntas hacia la reconciliación. Las comunidades que construyo las conectan con su propia Medicina, de modo que en lugar de buscar y coger, devuelven.

Comparten la verdad de los que nunca han tenido voz y se educan para poder percibir los efectos del racismo contra los indígenas. Han abierto sus corazones para escuchar sin ponerse a la defensiva; han alzado las voces de los Negros, los Cobrizos y los Indígenas y han analizado la forma en la que pueden estar contribuyendo al daño mediante la apropiación, los prejuicios inherentes y sus privilegios.

Estoy profundamente agradecida por los aliados y cómplices que me acompañan en este viaje, pues muchos se han cruzado en mi camino a lo largo de las dos décadas que llevo trabajando por todo el mundo. En mis comunidades hay mucha gente que eleva, apoya, dona, comparte y ayuda. Estoy muy agradecida a aquellos que caminan en una relación correcta y recíproca. Construir y alimentar estas relaciones es para lo que estoy aquí, y para lo que me presento. Me siento muy honrada de navegar por esta vida con vosotros. Necesitamos a todos. A los que marchan, apoyan, atienden, curan, donan. El activismo se presenta de muchas formas. Sigue adelante. Nunca sabes qué semillas puedes estar plantando y qué cambio puedes estar haciendo.

Espacios valientes

Hace unos años asistí a un curso de diversidad e inclusión, sobre la construcción de espacios inclusivos, impartido por Desiree Adaway y Ericka Hines, del Grupo Adaway. La primera vez que hablamos por teléfono me transmitieron que el tiempo que íbamos a pasar juntas no sería un espacio seguro, sino un espacio valiente. Al oír estas palabras, sentí escalofríos. Desde hace mucho tiempo he visto a profesores, facilitadores y Guías afirmar que mantienen un espacio seguro, pero nunca había oído hablar de un espacio valiente. Mi experiencia en él fue que éramos «humildes y estábamos dispuestos a tantear», como nos dijo Ericka muy sabiamente. Cometimos errores, hicimos preguntas que nos resultaron incómodas, examinamos nuestros prejuicios y desmontamos y derribamos los muros a los que nos habíamos acostumbrado. Exploramos un significado más preciso del término equidad y debatimos sobre cómo podemos caminar hacia ella de forma imperfecta. Me sentí expuesta y vulnerable, pero examiné todas las formas en las que había sido cómplice. Me cambió la vida. Salí de ese espacio sintiendo que había aprendido que, a veces, los espacios «seguros» significan que pasamos por alto los temas más importantes que debemos examinar. Salí de ese espacio valiente sintiéndome libre para cometer errores, aprender, caer y volver a intentarlo. Me comprometí a crear espacios valientes a partir de ese día, incluso si eso significaba que con ello perdería a gente. Quería ser cómplice del cambio.

Reflexión sobre la Medicina: ¿En qué aspectos son seguros los espacios que ocupas? ¿Dónde están los espacios valientes? ¿Cuál es la diferencia?

Invocación a la Medicina del Ganso de Canadá

Queridísimo Ganso de Canadá, te invito a que me ayudes a permanecer arraigada en mi corazón y a abrirlo a la liberación de todos. Ayúdame a ver que todas mis Relaciones son dignas de mi amor y mi atención. Recuérdame lo que son la verdadera comunidad y los espacios valientes. Estoy abierta a escuchar y a aprender a hacerlo mejor. Sigue mostrándome la visión de un mundo en el que haya equidad y armonía para todos. Ayúdame a poner en práctica este amor cada día.

Afirmación de la Luna Ode'Miin Giizis

Al recordar el poder que tiene mi corazón para enmendar y reparar el daño que haya provocado, contribuyo al bienestar y a la sanación de todas mis Relaciones. Yo soy la Medicina.

CAPÍTULO 8

MSKOMINI GIIZIS (LUNA DE LA FRAMBUESA)

Se dice que nuestra séptima Luna de la Creación es una época en la que nos movemos entre las espinas de la vida para llegar al fruto. Es en el mes de julio cuando vemos que el cambio es necesario y que es posible romper los ciclos de dificultades y traumas. La frambuesa es una fruta delicada cuando se recolecta, pero, si se la trata con cariño, florece. Esta Luna nos enseña que, con ternura, podemos cambiar los efectos que las adversidades han ido provocando a lo largo del tiempo. Cuando lo hacemos, creamos ondas que alcanzan a quienes nos rodean y a las generaciones venideras.

LEYENDA LUNAR: CÓMO SURGIÓ LA FRAMBUESA

Se estaba produciendo un cambio en la Madre Tierra. Estaba llegando de Oriente una energía nueva de poder y dominación. Si escuchabas con atención, podías oír voces que hablaban de planes e intenciones de eliminar el amor y asegurarse de que todo el mundo fuera igual. Un espíritu controlador se había apoderado de la Tierra; las cosas estaban desequilibradas y crecía el miedo.

Todos se juntaban, preocupados por estas energías aparentemente poderosas. Una noche, aquella fuerza llegó al lugar donde crecían las bayas y las miró de arriba abajo, juzgando su aspecto y sus diferencias. La Fresa, la Zarzamora y el Arándano superaron el examen. En aquel momento, la Frambuesa era toda espinas y, como era muy joven, aún no había aprendido a cultivar el fruto. Llegaron las fuerzas y se horrorizaron por su falta de fruta.

—¡Tienes que ser como las demás! —dijeron—. Nos llevamos todos los arbustos jóvenes de Frambuesas para despojaros de todo lo que en vosotros no es bueno y para enseñaros a estar en el mundo.

Cuando las jóvenes plantas de Frambuesa fueron separadas de sus Ancianos y de sus padres, se les rompió el corazón. Las metieron en un rinconcito de la Tierra donde había poca Agua y poca luz solar. Les quitaron todo lo que conocían. El suelo era más seco que aquel al que estaban acostumbradas, y el agua, menos abundante. Aquellas plantitas echaban de menos a sus familias y el amor que antes disfrutaban. Perdieron la conexión con su Espíritu, con su propósito y con su fuerza vital. Lamentablemente, habían perdido su razón para crecer.

Un día, el Abuelo Sol se enteró de lo que estaba ocurriendo y puso en marcha un plan para llevarlas de vuelta a su casa. Dijo a los espíritus controladores que liberaran a la Frambuesa. Los espíritus accedieron, pues ya habían cumplido su misión. Cuando el Sol llegó a la Frambuesa, el Abuelo vio lo rotas y frágiles que estaban las plantitas. El Sol les infundió luz, calor y amor y les dio la bienvenida de vuelta al lugar donde debían estar.

Frambuesa creció y tuvo hijos. Estos hijos tuvieron sus propios hijos, y esos hijos tuvieron también sus propios hijos. Con cada generación, los Ancestros del pasado eran recordados y honrados por todo lo que habían soportado. A veces, los niños tenían algún que otro sueño o visión de un trauma del pasado, cuyos recuerdos seguían en sus células. Por suerte, sus Ancestros también les habían transmitido resistencia y sabiduría. Con cada generación, los Espíritus iban empezando a sanar, sobre todo cuando los trataban con amabilidad y cariño.

Las plantas de Frambuesa soñaban con sus antiguas formas de conocimiento, visiones que les recordaban de dónde venían y quiénes eran. Poco a poco, fueron recuperando su identidad y pudieron mantenerse en pie con orgullo. Un día, tras alimentarse con mucha luz solar, agua fresca y amor, Frambuesa dio la hermosa baya que hoy conocemos. Conservó partes de su frágil naturaleza para recordar a todos los que la manejaban la importancia de los cuidados tiernos. Su linaje había pasado por muchas dificultades y traumas, pero aprendió a caminar entre las espinas, a encontrar la sabiduría y a convertirse en el fruto que debía ser.

Espíritu animal: Gaag *(Puercoespín)*

El Espíritu Animal que mejor representa nuestra Séptima Luna es el Puercoespín o, como se les conoce en anishiinabemowin, *Gaag*. Su Medicina nos recuerda que debemos liberarnos de la culpa y la vergüenza. El Puercoespín nos devuelve a la belleza de la inocencia que albergábamos cuando éramos niños. Los pinchazos o espinas que experimentaron nuestros Antepasados pueden seguir residiendo en nuestra energía, pero, con cada generación, el trauma puede ir curándose. Tradicionalmente, los pueblos indígenas han utilizado las púas de Puercoespín para crear y adornar preciosas cestas de Hierba Dulce, pendientes y otras obras de arte, un ejemplo de cómo se puede transmutar en belleza algo que podría parecer duro o afilado.

Mensaje del puercoespín

- Siente curiosidad por la sabiduría que tienes a tu disposición.
- Aferrarte a la vergüenza y a la culpa no te sirve de nada.

- El daño generacional se puede sanar.
- Eres digno de reclamar tu naturaleza divina e inocente.

EL DOLOR DE LA COLONIZACIÓN

«Cuando la escuela está en la reserva, el niño vive con sus padres, que son salvajes, y aunque aprenda a leer y a escribir, sus hábitos y su modo de pensar siguen siendo indios. Es sencillamente un salvaje que sabe leer y escribir. […] Los niños indios deben ser apartados, en la medida de lo posible, de la influencia de los padres. […] Ponedlos en escuelas centrales de formación industrial donde adquieran las costumbres y la forma de pensar de los hombres blancos».

JOHN A. MACDONALD, primer ministro de Canadá, 1879

Al igual que la Frambuesa que fue apartada de todo lo que le era conocido, mis abuelos maternos y mi abuela paterna estuvieron en un internado de Spanish, Ontario (Canadá). Existen historias desgarradoras de lo que ocurrió en este tipo de establecimientos por todo el país. Un informe de la Comisión de la Verdad y la Reconciliación documentó 37 951 reclamaciones por lesiones derivadas de abusos físicos y sexuales. Además, registró la muerte de 3200 niños, y muchos estiman que la cifra es muy superior. Al principio de este libro hice referencia a las fosas comunes «encontradas» recientemente en los terrenos de los internados. Los canadienses están indignados y conmocionados, pero nosotros hemos estado viviendo esta verdad y este dolor todo el tiempo. Llevo años hablando de estas tragedias y solo ahora empiezan a verlas otras personas. Mi llamamiento a la acción es que leas el informe completo de la Comisión de la Verdad y la Reconciliación. Consulta las notas finales.

Como consecuencia de la colonización, los internados y el intento de genocidio de los pueblos indígenas, la recuperación de nuestras formas de Medicina, de nuestra lengua, de nuestros alimentos y de nuestros conocimientos tradicionales ha sido todo un reto. En su libro *Unreconciled*, Jesse Wente habla del efecto directo que produjeron los internados en él y en su familia. Al reflexionar sobre las consecuencias del trauma, nos muestra que su familia y él eran «el tipo exacto de indio que esperaban producir». Su abuela asistió a la misma escuela que mis abuelos y, cuando leí estas palabras, me entraron escalofríos y pude notar todas las capas de vergüenza que arrastro. Sus palabras me recordaron que no es culpa mía no haberme sentido suficientemente válida tal y como soy. Eso era lo que se pretendía.

Ha habido que luchar mucho para recuperar las cosas de una forma superada y para restaurar la armonía allí donde habita el trauma. A los pueblos indígenas se nos avergonzó, golpeó y castigó por utilizar nuestros dones para la Medicina, nuestra lengua y nuestras tradiciones. A menudo, los Curanderos tenían que practicar en secreto y, como ya he mencionado en capítulos anteriores, algunas de nuestras Ceremonias quedaron proscritas o prohibidas. Los internados intentaron eliminar el «indio del niño». Las intenciones de asimilar y colonizar funcionaron con consecuencias devastadoras. Esas capas de dolor y vergüenza que siguen surgiendo en mí en torno a esta desconexión intencionada es algo que llevo a mis Ceremonias, sanaciones y oraciones diarias.

El pasado otoño estuve en la Tierra cercana al territorio donde nació mi padre —Genaabaajing (Río de la Serpiente)—, que alberga este profundo dolor en torno a la historia de los internados, y bajo mis pies percibí que estaba repleta de historias no contadas. Podía oír las voces reprimidas y los espíritus inquietos de la Tierra. Podía sentir que la Tierra se hacía eco energéticamente de todo lo que aún necesita ser visto y reconocido a cada paso. Aquel día, mi padre me contó historias de chicas jóvenes que se suicidaban saltando desde los acantilados para huir de los misioneros que iban a agredirlas sexualmente. También habló de bebés producto de violaciones, que las monjas quemaban en incineradores para ocultar las pruebas. En ese momento me di cuenta de que desprenderse de la colonización supone un proceso eterno. Cuando tu espíritu, tu cuerpo y tu mente son colonizados a manos del opresor, algunas partes de ti quedan congeladas allí. Desenredarse de todo esto es como recuperar el alma; se descongelan aspectos del trauma y se reclama, poco a poco, nuestro yo sanado. Y cuando lo hacemos, creo que la Tierra también se cura. Esas son las oraciones para mi pueblo, para mis hijos y para mí que deposité en la Tierra aquel día. Ese día supe también de una Abuela que era comadrona y Guardiana de la Medicina, pues donde hay dolor, hay sanación. Donde hay sufrimiento, hay amor que necesita ser descubierto. La Tierra me susurró las historias. Los Espíritus me informaron de la Medicina y mi corazón sanó mil vidas.

La «descolonización» es un término que ha estado muy de moda en los últimos años. Me he dado cuenta de que nuestro «viaje de descolonización» puede convertirse en otra forma de medirnos con los demás, en otra cosa que hay que conseguir. Pueden surgir sentimientos de vergüenza y de culpa, porque podemos tener la sensación de que no lo estamos haciendo lo suficientemente rápido ni bien. Sin embargo, la verdadera descolonización es un camino eterno que hay que recorrer, y si ya lo estás recorriendo en estos momentos, está bien que te lleve tiempo. Es posible que nunca llegues al final, pero, estés en el punto que estés, recuerda que eres suficientemente válido. Si eres como yo, puede que te lleve toda una vida liberar el daño. Cuando estemos moviéndonos en nuestro corazón y en nuestra mente a través de la energía colonial, por favor, recuerda que tus Ancestros fueron obligados a asimilarse; es un tema profundo y tú no tienes la culpa. Un término que describe mejor el proceso de liberarnos del daño colonial y volver a arraigarnos en nuestras formas de Medicina es «reindigenizar». Esta palabra se parece más a un recuerdo, a la sanación a través del trauma para volver a casa e iluminar lo que siempre ha estado ahí.

Si nuestras Medicinas han sido robadas, eliminadas o enterradas, sentirse digno de reclamar lo que nos han quitado puede suponer una barrera para acceder a los métodos tradicionales. Podemos superarlo asumiendo nuestro empeño con compasión y reconociendo las partes de nuestro Espíritu que ignoramos. Es esencial que, mientras hacemos este trabajo, mantengamos una actitud de comprensión y ternura. Como nos ha recordado antes Puercoespín, libera tu vergüenza y tu culpa. Sé consciente de que este camino te llama por una razón. La Medicina está dentro de ti, esperando a surgir.

RECLAMACIÓN

La colonización me apartó de las prácticas espirituales que, en mi opinión, habrían nutrido mejor mi alma indígena. Un recuerdo profundamente arraigado en mi mente es el del día que recibí mi Primera Comunión en la Iglesia católica, cuando tenía siete años. Mis abuelos estaban muy orgullosos y me regalaron un rosario. El sentimiento era hermoso y estaba en consonancia con lo que mis abuelos consideraban que significaba ser un «buen» católico. La doctrina de la Iglesia ocupaba la vanguardia de su fe; estaba arraigada en sus corazones y en su forma de ser. Comprendo que el Espíritu puede llegar a través de diferentes canales y, sin embargo, me preguntaba por qué todo parecía ocurrir entre las cuatro paredes de una iglesia. Los recuerdos que se me grabaron no eran los de mis abuelos indígenas rezando con nuestras Medicinas, sino la religión del colonizador que les robó esas enseñanzas.

Por desgracia, mi historia no es única, y muchas personas han luchado por recuperar formas que casi se extinguieron. Yo solo puedo hablar de mi experiencia indígena y de mi camino de recuperación. Ha sido un camino de picos y valles, de dudas y asombro, de curiosidad y conexión. No existe ningún camino perfecto para recuperar las partes perdidas de nuestra cultura, de nuestras tradiciones y de nuestras enseñanzas. Sueño con una Tierra en la que todos podamos honrar las formas de recuperación de los demás, ya que creo que no hay un camino ideal. Juzgar, avergonzar o menospreciar la forma de reconexión de los demás alimenta la mentalidad colonial de la que intentamos curarnos. Podemos tomar vías diferentes para reclamar lo que se perdió y se robó. Si esto forma parte de tu historia, te veo y te honro. Mi objetivo al compartir mi Medicina de la forma en la que lo hago es, en parte, invitar a los demás a que se arraiguen en su propio conocimiento, a que confíen en la llamada de su corazón y de su Espíritu. Si en tu linaje existe una historia de desconexión, sea cual fuere el motivo, debes saber que hay esperanza. Puedes reclamar lo que ha sido enterrado. Yo soy un testimonio de ello.

Uno de los aspectos más difíciles de mi recuperación ha sido aprender nuestra lengua original. Se dice que hablarla es nuestra forma de conectar profundamente con todos nuestros parientes, con nuestro espíritu y con la tierra. Me esfuerzo cada día por aprender algunas palabras y practicarlas con mis hijos. El hecho de que nos hayan despojado de nuestra lengua me resulta insoportable, y los efectos se dejan sentir en mi generación y en las siguientes. A menudo me pregunto en qué se habrían diferenciado mi vida y las de mis descendientes si mis Antepasados se hubieran sentido libres para compartir sus Medicinas en su máxima expresión anishinaabe. Tengo curiosidad por saber qué podría haber sido diferente más allá de los rosarios, las cruces y la misa dominical. Había momentos en los que se hablaba la lengua, se ofrecía la Ceremonia y se transmitían las enseñanzas, pero esto siempre parecía mezclarse con el trauma colonial de nuestro pasado. Como muchos de nosotros, puedo desear un camino más directo hacia la reivindicación, pero lamentablemente no es mi realidad. También reflexiono sobre la resistencia, el valor y la fuerza que se necesitan para mantener viva nuestra conexión con el Espíritu. Y por ello, estoy profundamente agradecida por todo lo que se me ha transmitido y por lo que llevo adelante como Medicina en el presente y en el futuro.

> **Reflexión sobre la Medicina:** ¿Hay alguna parte de tu propio linaje que te parezca difícil de reclamar? ¿Te sientes digno de reclamarla?

TRAUMA INTERGENERACIONAL

En los últimos años, el estudio de la epigenética se ha colocado en primer plano. Existen cada vez más pruebas que apuntan a la naturaleza hereditaria del trauma. Los investigadores han descubierto que la expresión del ADN puede verse afectada por las experiencias traumáticas sufridas por las generaciones anteriores.

Es posible que hayas oído hablar del estudio que relaciona el aroma de la flor del cerezo con el trauma. Los investigadores pusieron a unos ratones en contacto con acetofenona, una sustancia química que huele como la flor de cerezo. La insuflaban en las jaulas mientras, al mismo tiempo, aplicaban a las patas de los animales una leve descarga eléctrica. Muy pronto, los ratones asociaron el olor con el dolor de la descarga. Los investigadores comprobaron que, cuando esos ratones tuvieron crías, estas y la generación posterior mostraron señales de ansiedad y miedo relacionadas con ese olor. Las siguientes generaciones no tuvieron la misma respuesta, pero sí una mayor sensibilidad al olor.

La posibilidad de que los recuerdos, las experiencias dolorosas, el sufrimiento y el trauma puedan transmitirse a través de
nuestro ADN es revolucionaria. Como persona indígena, puedo atestiguar personalmente el impacto del trauma generacional en mi cuerpo y en mi espíritu. Algunos dirán que eso es
anecdótico, pero el trabajo interior más profundo de mi vida ha
sido desentrañar en mi organismo las capas de trauma ancestral. He sido testigo de ello en muchos de mis clientes y también en mis hijos. Cuando defendemos la posibilidad de que el
trauma de nuestros Ancestros esté almacenado en nuestra sangre, en nuestro huesos y en la memoria del Agua, somos capaces también de encontrar formas de sanarlo y liberarlo del
cuerpo y del espíritu, lo que nos permite acceder a una visión
y a un camino fácil, lleno de alegría, bienestar y abundancia
para las generaciones venideras.

Cuando tenía cuatro años, durante mi primera semana de
guardería, recuerdo el dolor de tripa que me asaltaba a diario
cuando mi madre me subía al autobús y se despedía de mí.
Rompía a llorar todos los días y le suplicaba que no me obligara
a ir. La cultura de la escuela era demasiado dura para mi alma
sensible, así que pasé ese año en la seguridad de mi casa.

Cuando mi primer hijo fue al jardín de infancia, lo odió. Fue
un año traumático para todos nosotros. Un día hasta me dieron
escalofríos. Sus profesores le acompañaban a clase y él me su-
plicó:

—Mamá, no dejes que me lleven.

Entonces me lo llevé a casa. Su linaje está lleno de traumas,
de internados por parte de mi familia y del Holocausto por parte de su padre, que es judío. Pude ver en sus ojos el miedo a que
«se lo llevaran». Aquel día se quedó grabado en mi corazón para
siempre, y fue cuando juré que sanaría en mi organismo todo el
trauma que pudiera para que mis hijos no tuvieran que hacerlo.
Me demostró por qué me costó tanto entrar en una institución
colonial cuando tenía cuatro años. Mis células lo recordaban, mi

hijo lo recordaba, y no me cabe duda de que el trauma se hereda; cada generación lo expresa a su manera.

«Si somos portadores de traumas intergeneracionales (y lo somos), también somos portadores de sabiduría intergeneracional. Está en nuestros genes y en nuestro ADN».

KAZU HAGA

EL DESEO DE CONEXIÓN

Durante mi periplo de reclamación, empecé a contar historias sobre cómo conectaba con mis raíces de la Medicina aprendiendo de los Ancianos y los maestros y participando en la sanación profunda de mi cuerpo, mi mente y mi Espíritu. Me di cuenta de que muchas personas no indígenas se sentían identificadas con ellas. Se hacían eco de los relatos sobre el dolor que causaron los internados, la opresión y el intento de genocidio. Debido a la naturaleza de este trauma, la gente BIPOC y las comunidades de identidades marginadas podían sentirse profundamente conectadas. Muchos habían experimentado este dolor a su manera y sintieron la llamada a sanar en todos sus niveles, de modo que podían reclamar su Medicina.

A medida que continuaba compartiendo aquellas historias, me di cuenta de que esta era una con la que cargaban más personas de las que había previsto inicialmente, entre ellas:

- Las que han emigrado o han perdido la conexión con su Tierra por diversas razones.
- Aquellas cuyos Antepasados practicaban artes curativas y fueron condenados.
- Aquellas que tenían relaciones difíciles con sus familias o que se sentían enfadadas con los Antepasados y no querían tener nada que ver con ellos.

- Las adoptadas que no tenían ninguna conexión con sus Antepasados y con la cultura de sus familias biológicas.

La lista es interminable.

La desconexión es auténtica. Una de las principales heridas que parece que conservamos como seres humanos es la idea de que no pertenecemos al círculo en el que vivimos. Todos albergamos un profundo anhelo de mantener la relación con nuestras raíces. Para muchos, todo lo que han perdido está envuelto en dolor, pero podemos encontrar mucha sabiduría cuando iniciamos este viaje de sanación. Aunque es importante reconocer el trauma para así poder dejar que salga a la luz y que sea visto y sanado, es vital que también reconozcamos la sabiduría que llevamos en nuestro ADN. Para poder alzarnos es necesario que reclamemos estos aspectos de la Medicina de nosotros mismos y los compartamos con el mundo. Me emociona ser testigo de cómo otras personas profundizan para ver la belleza, el poder y la iluminación que encierra su linaje. El Puercoespín nos recuerda que nuestra sabiduría brilla incluso a través del trauma.

DIGNIDAD

Sentirse digno de reclamar nuestras historias, nuestras enseñanzas y nuestra sabiduría puede ser una de las partes más difíciles de la reclamación. Si se ha avergonzado a nuestros Antepasados, nosotros cargamos con la vergüenza. Si se ha desconectado a nuestros Antepasados de su Espíritu, de su corazón, de su sabiduría o de su conocimiento, nosotros también llevamos esa desconexión. No es de extrañar que algunos de nosotros necesitemos mucho tiempo para sentirnos dignos de recuperar lo que se perdió, y debemos honrarnos profundamente en este empeño. Puede costar mucho mover el amor a través de las barreras del abuso, la vergüenza, la negación y la asimilación forzada. La verdad es que resulta mucho más fácil adquirir información sobre las diferentes costumbres tradicionales cuando no tienes un trauma asociado a ellas. El trauma se convierte en una barrera para tu reclamación. Sentirnos dignos de reclamar las Medicinas de nuestro linaje significa que estamos dispuestos a mirar más allá de los mensajes que hemos recibido durante toda nuestra vida y a defender nuestro poder. Debemos hacerlo por nuestros Antepasados, por nuestros descendientes y por la Tierra. Somos dignos porque existimos. Somos suficientemente buenos porque *somos*. Desembarazarnos del condicionamiento cultural y del trauma mediante el trabajo energético, la terapia, el apoyo comunitario y otras modalidades de sanación nos ayudará a defender nuestra valía para poder caminar con confianza y empoderamiento. La Luna de la Frambuesa nos invita a ello; lo único que tenemos que hacer es escuchar.

PRIMER CONTACTO

Cuando era joven, mis Antepasados aparecían en mi habitación como seres, de pie, a mi lado o a los pies de mi cama. Me sobresaltaba tanto que me levantaba de un salto y encendía inmediatamente la luz. Me hablaban en diferentes idiomas o me cantaban canciones. En ese momento, no tenía ni idea de lo que estaba pasando; estaba asustada. Mi tiempo de dormir y mis sueños han estado siempre llenos de estas conexiones. Mi Medicina vidente salía por la noche y viajaba hasta mis Relaciones a través de sueños y viajes, o ellas venían a visitarme a mi habitación como Espíritus.

Hasta que me hice mayor y empecé a ver a diferentes Sanadores no comprendí lo que me estaba ocurriendo. Mis Antepasados me habían estado llamando desde que era muy pequeña, y cuando llegué a los veinte años fui por fin capaz de escuchar. Me di cuenta de que me estaban llamando para activar mi cami-

no como Sanadora y Vidente. Me estaban llamando para que
volviera a casa. Desde que acepté su invitación y comencé mi
periplo de reclamación, la conexión intencionada con mis Antepasados ha sido vivificante, y he establecido una práctica diaria
para relacionarme con ellos.

De las estrellas

El pueblo anishinaabe se llama a sí mismo Pueblo de las
Estrellas. La historia de nuestros orígenes habla de la Mujer del
Cielo que cruzó un portal desde las Estrellas y trajo a la Tierra
la Medicina de la vida y la belleza. ¿Recuerdas el relato sobre la
Isla Tortuga? El de la Mujer del Cielo suele formar parte de esta
leyenda de la Creación. La Mujer del Cielo desciende del cosmos y se posa en el caparazón de la Tortuga. Con su danza de
gratitud y la alquimia de todos sus parientes, la vida se activa
sobre este caparazón. Puedes encontrar una narración muy hermosa de esta historia en el libro *Braiding Sweetgrass*, de Robin
Wall Kimmerer. Por eso decimos a menudo que somos «de las
Estrellas», pues de ahí venimos. Estamos hechos de los mismos
ingredientes, de la misma esencia y de la misma energía. Tengo
la sensación de que, en nuestra reclamación y en nuestro recordar, estamos intentando comprender y volver a este origen de lo
que somos. Cuando morimos, allí es donde volvemos; las Estrellas nos dan la bienvenida a casa una vez más.
    Es posible que hayas oído hablar a algunas personas espiri-
tuales de los Seres Estelares o de las Semillas Estelares. Eso me
lleva a creer que muchos se identifican también con la historia
de nuestro origen. En los momentos en que he sentido la pesadez de esta Tierra, como alma de sensibilidad elevada, me he
oído decir a mí misma: «Quiero volver a casa», y me estaba refiriendo a las Estrellas. Cada vez que he sufrido un brote de lupus,
he notado esta atracción. Tirará de nosotros debido a nuestra

necesidad y nuestro deseo de pertenecer. Cuando surgen sentimientos de no pertenencia con nuestra parentela terrestre, podemos sentir el consuelo de esas Estrellas que nos llaman de un modo familiar. Tenemos la suerte de que nuestros Antepasados brillan sobre nosotros y nos recuerdan que nunca estamos solos. Nos proporcionan una puerta de entrada a las Naciones de las Estrellas inundándonos de recuerdos de nuestro hogar.

He trabajado con miles de personas de todos los orígenes y linajes, y sus Antepasados se me han mostrado de dos maneras:

1. ***Ancestros conocidos***

    Se trata de Ancestros o miembros de la familia que conoces en el ámbito físico. También pueden ser Ancestros de los que has oído hablar o aquellos que significaron algo para tus familiares. Existe algún tipo de conexión terrenal con ellos.

2. ***Ancestros estelares***

    Son un reino de seres del Espíritu que nos rodean para aportarnos la energía de una sabiduría profunda, apoyo, calidez y orientación. Los seres Estelares del Espíritu nos ofrecen amor incondicional, verdad y gracia.

Es posible que entiendas o definas a los Ancestros de un modo diferente, y todos están bien. Lo más importante es que alimentes tu relación con ellos.

DISCERNIMIENTO

Cuando anhelamos establecer una relación con nuestros Antepasados, con frecuencia empezamos a llamarlos a todos, sin darnos cuenta de a quiénes estamos invitando a nuestro espacio. Abrirse a recibir nuevo apoyo del Espíritu produce una sensación muy emocionante, así que es fácil entender por qué lo hacemos. Yo también lo hice en mis primeros años de conexión, ya que quería conocerlos a todos. Aunque me resultó útil para familiarizarme con sus múltiples energías distintas, a medida que trabajaba más con ellos fui descubriendo que, para mi trabajo espiritual, me resultaba más potente invocar a mis Ancestros *curados y sanos*. De ese modo me protegía de asumir más responsabilidades o de invocar montones de traumas, lo cual es especialmente importante si existe en tu linaje una larga historia de sufrimiento. Cuando utilizo estas palabras o intenciones, he descubierto que incluso mis Ancestros pasan por sus ciclos de sanación. A veces, aquellos con los que estoy acostumbrada a trabajar retroceden y otros se adelantan. Te ofrezco esto como una invitación para que utilices estas palabras y veas lo que te surge.

VIAJE DE LA MEDICINA
Recuperación de los Ancestros

Busca un lugar cómodo donde sentarte o tumbarte y respira profundamente llevando el aire a tu corazón. Establece la intención de llamar a tus Antepasados. ¿Hay algún nombre que utilizaras para ellos? Si es así, úsalo ahora, habla desde tu corazón y pídeles que estén presentes en este espacio. Si no es así, ofrece una sencilla invocación: «Doy la bienvenida a mis Ancestros curados y sanos».

El Puercoespín se une a nosotros en este viaje y observas que sus púas refulgen. Te conduce a un camino en el que te encuentras de pie en las Tierras de tus Ancestros. Siente que la conexión con la Tierra te calienta las plantas de los pies y que la presencia de tus Antepasados te calienta el corazón.

El Puercoespín te ofrece una pluma dorada y la levantas hacia el Cielo para hacer la intención de llamar a un Ancestro curado. La pluma vibra y tus manos se iluminan al instante con la Luz de las Estrellas. Acoges la presencia de tu Antepasado en tu campo energético.

Acógelo ante ti y pregúntale:

¿Quién eres?

¿Qué Medicina traes?

¿Qué has venido a recordarme que yo haya olvidado?

Este Ancestro sostiene tus manos entre las suyas y percibes una energía increíble que irradia a través de tu mente, tu cuerpo y tu Espíritu. En ese momento, tu Antepasado te pregunta:

¿En qué puedo ayudarte? ¿Qué intención puedo establecer hoy para ti?

Se lo dices, y él transmite la respuesta a su Espíritu. Promete envolver tu oración con la Medicina de los miles de personas que te precedieron. Vuelve a elevarse hacia las Estrellas y tú percibes una sensación de amor y protección. *Tú eres la Medicina.* Respira suavemente para volver a tu asiento y a tu espacio y, cuando consideres que estás preparado, podrás abrir lentamente los ojos.

Reflexión sobre la Medicina: ¿Qué mensajes te ha regalado tu Ancestro?

Honrar a los Antepasados

Cuando conectas con un Ancestro de una forma nueva, siempre es muy aconsejable seguir honrando la relación a diario. Al final de mi adolescencia y con veintipocos años, pasaba por ciclos de dolor corporal que me impedían levantarme de la cama. Mi madre y yo rezábamos a nuestros Antepasados para que nos ayudaran y sanaran, y me enseñó a ponerles un plato de comida, porque, después de ayudarnos, les entraba hambre. Celebrar con nuestros Antepasados es una práctica muy hermosa que me han transmitido, y cuando les ofrecemos alimentos tradicionales, la práctica se convierte en algo muy significativo, aunque cualquier alimento es una bendición.

Algunas ideas más para establecer y alimentar esta conexión:

- Coloca fotos de tus Antepasados en tu altar o en tu Paquete medicinal.
- Pon sobre la Tierra una ofrenda que no sea comida (Medicina Vegetal, un mechón de tu pelo, una piedra o un cristal, una canción) cuando quieras ofrecerles gratitud.
- Haz prácticas para invocarlos cuando te conectes, cuando reces o cuando facilites la sanación de otros.
- Siéntate con tus Mayores y pídeles que te cuenten historias sobre tu linaje.

RECUERDO ANCESTRAL

Aunque en mi juventud mis Antepasados se mostraron en Espíritu la mayoría de las noches, yo seguía estando desconectada de sus mensajes y su sabiduría. Ellos siguieron insistiendo en su llamada y al final, un día, mi receptividad se abrió. Cuando me diagnosticaron el lupus, descubrí que los fármacos y el sistema médico no eran lo único que iba a ayudarme. Enterrada en lo más profundo de los daños provocados por la colonización estaba la forma de actuar de los que vinieron antes que yo. Ellos me guiaron hacia la Tierra, hacia la conexión con el Espíritu y hacia la sanación de un modo que iba más allá de lo que mi ojo podía ver. El lupus fue un regalo que me devolvió a mi ser más auténtico. Me ayudó a recordar que la Medicina que necesitaba estaba dentro de mí, esperando a ser desenterrada de mis sueños, mis visiones, mi sangre y mis huesos. Empecé a recordar.

Los recuerdos han llegado a mí de diferentes maneras. Debido al trauma y a la desconexión, no siempre hemos podido transmitir nuestras costumbres con facilidad. A veces no tenemos acceso directo a nuestros Ancianos, a nuestro linaje ni a nuestro pueblo. Lamentablemente, ya no vivimos en comunidad como antes. ¿Cómo obtenemos la sabiduría que anhelamos o recibimos la riqueza de las Medicinas de nuestro linaje? Algunas personas tienen la suerte de haber pasado toda su vida con sus Ancianos, con sus Guías y con los miembros de la familia, y ellos les han transmitido sus tradiciones, sus formas de Medicina y sus enseñanzas. Se me enciende el corazón cuando escucho estas historias, y si esto es lo que tú has experimentado, sigue honrando la forma en la que te han transmitido todo esto y continúa pasándoselo a las generaciones futuras. Se te necesita.

Si este no es tu caso, existen muchas otras maneras de obtener el conocimiento de modo respetuoso. Una Curandera me dijo una vez que había un Espíritu Abuela que me visitaba en sueños cuando yo era una niña, y que me trenzaba el pelo e impregnaba cada mechón con nuestras enseñanzas y nuestras Formas de Medicina. Cuando me lo contó, se me saltaron las lágrimas. Siempre me había preguntado por qué «sabía» ciertas cosas, aunque no recordaba que nadie me las hubiera enseñado intencionadamente.

Cuando fui creciendo, todo esto iba apareciendo a través de sueños, visiones y viajes. A medida que prestaba más atención, el aprendizaje más profundo continuaba a través de todo mi trabajo de sanación con sanadores energéticos, chamanes, videntes y terapeutas. Poco a poco fui sintiendo que me encontraba desenterrando un conocimiento que estaba esperando a que yo lo trajera a mi conciencia. Este conocimiento se arraigaría como sabiduría. A lo largo de los años, he recibido con gratitud enseñanzas ancestrales a través de Ancianos, Guías y otras personas. Las más potentes han llegado a través de mi propia experiencia, ya sea durante una sesión de sanación, en el Tiempo del Sueño o en una visión. Todos tenemos formas diferentes de reclamar y restaurar la armonía para vencer el daño del pasado. La tuya es necesaria.

He aquí algunas formas de acceder a la sabiduría:

1. *Honra el espacio de tu Tiempo de Sueño.*
   Pide a tus Antepasados que te ofrezcan enseñanzas por la noche o que te ayuden a viajar para recuperarlas.

2. *Establece una relación con la Gente de las Plantas, los Árboles y las Flores.*
   Habla con ellos, cultívalos, escúchalos, abrázalos, ámalos. Estos seres comunicarán una Medicina hermosa y sabia a tu corazón y a tu Espíritu.

3. *Haz viajes de la Medicina.*
   Los viajes de este libro están diseñados para ayudarte a recuperar tu conocimiento y tu sabiduría interiores. Mientras escuchas o lees el libro, estamos construyendo juntos los caminos del recuerdo. Confía.

4. *Presta atención a tu cuerpo.*
   Tu cuerpo siempre sabe. Confía en las lágrimas que brotan de tus ojos o en el calor de tu corazón cuando sientas que te identificas profundamente con algo que escuchas, lees o te comprometes a hacer, porque son señales poderosas.

5. *Pide a tus Antepasados que te guíen hacia los maestros adecuados.*

Los Guías adecuados te ayudarán a activar, recordar y sanar cualquier bloqueo que haya en tu reclamación.

6. *Abre tu vida a la magia de la sincronicidad.*
Como dijo Wayne Dyer, «Soy realista: espero milagros». A tu alrededor y en tu interior, hay Sabiduría que está esperando a que la integres y a nacer a través de ti. Abre tus ojos y tu corazón a toda la Creación que ansía servir y apoyar tu crecimiento.

RESPONSABILIDAD Y LÍMITES

«Para nacer has necesitado 2 padres, 4 abuelos, 8 bisabuelos, 16 tatarabuelos, 32 trastatarabuelos, 64 quintos abuelos, 128 sextos abuelos, 256 séptimos abuelos, 512 octavos abuelos, 1024 novenos abuelos, 2048 décimos abuelos. Para que nazcas hoy a partir de las doce generaciones anteriores, has necesitado un total de 4094 Antepasados en los últimos cuatrocientos años».

ZEN LÍRICO

«Eres la elegida, Asha; estás aquí para curar gran parte del dolor de tus Antepasados», dijo.

Por aquel entonces yo tenía veintitantos años, estudiaba chamanismo y hacía mucho trabajo de sanación de la sombra. Sentí que mis Antepasados me estaban rodeando y les dije que estaría a la altura del desafío y que asumiría esta responsabilidad y llevaría la carga. A lo largo de los años, seguí escuchando mensajes similares durante las sesiones de sanación y continué sumergiéndome en la sanación de las heridas y las luchas de mis Ancestros. Tras años de hacer esto y de esforzarme física y emocionalmente, al final me di cuenta de que ya no podía seguir. Robyn Moreno, una Curandera y amiga, me recordó cierto día que mis Antepasados habían caminado y sanado mucho para que yo no tuviera que hacerlo. Este enfoque nuevo me resultó muy poderoso. Los 4094 Antepasados no tenían que procesar su trauma a través de mi cuerpo. Podía ser libre y ligera y estar bien.

Había aceptado llevar una carga demasiado pesada, y sabía que no estaba destinada a luchar constantemente bajo ese peso. Estaba destinada a prosperar. Realicé un importante trabajo de sanación en torno al cambio de contratos y acuerdos, y establecí un límite con mis Antepasados. Cada día, cuando los llamaba, imaginaba un fuego alrededor de mi cuerpo que ayudaría a transmutar y limpiar su dolor. Les rezaba y les decía que ahora estaba estableciendo este límite. Después de unos meses de hacer esto, vi que a ellos les beneficiaba que yo estuviera bien y que también lo querían para mí. Mientras hacía mi trabajo de sanación, prometí que les ofrecería el amor transformador que fluía de mí. Defendí mi energía, mi cuerpo y mi organismo, sabiendo que yo también importaba. Afirmé mi visión del bienestar para mis hijos y para las siete generaciones venideras. Fue una carga pesada que me quité de encima, pero esos límites eran necesarios para elevarme en mi Medicina y prosperar. Si sientes esa carga, tal vez te sirva para establecer también algunos límites con tus Antepasados. Como dice el Puercoespín, mereces estar libre de culpa y de vergüenza. Te mereces estar bien.

ENSEÑANZAS DEL MUNDO ESPIRITUAL

Mi abuela paterna falleció hace poco. Una tarde, mientras meditaba, sentí que su Espíritu dejaba este plano y pasaba a otro. Tuve unas percepciones corporales únicas y una sensación de ligereza. Lo mismo ocurrió cuando falleció mi abuelo materno. Fue como si las capas de trauma que arrastraba por ser su descendiente se desprendieran instantáneamente de mi cuerpo, de mi mente y de mi Espíritu. Coloqué un poco de Tabaco como agradecimiento, ya que sé que en su forma terrenal no podían ayudarme con esta sanación; ahora, sin embargo, en su forma espiritual, podían coger lo que yo no necesitaba cargar.

Debido al trauma que arrastraron en esta Tierra, mis abuelos no pudieron transmitir la lengua, las ceremonias ni las Medicinas que yo intentaba recuperar, y no pasa nada. Ha quedado claro que su comunicación conmigo desde el Mundo Espiritual es potente y profunda. Desde hace poco, mis habilidades de clariaudiencia se han hecho más fuertes. Por regla general percibo los mensajes del Espíritu a través de visiones o de conocimientos, pero ahora puedo escuchar con claridad. Creo que se trata de un don que me ha ofrecido mi abuela fallecida recientemente. Su viaje al Mundo Espiritual despejó algo que me ha permitido encarnar mis dones con más profundidad. Mi Abuelo se me presenta cada mañana, mientras me estoy duchando, con visiones, orientación e indicaciones. El Agua es un hermoso transmisor de información sagrada. Estoy muy agradecida de que ahora puedan ofrecerme orientación desde un lugar sanado y de que el trauma ya no bloquee mi acceso a nuestras Formas de Medicina.

> «Caminando. Estoy escuchando de una manera más profunda. De repente, todos mis Antepasados están detrás de mí. Quédate quieto, dicen. Observa y escucha. Eres el resultado del amor de miles de personas».
>
> LINDA HOGAN, escritora nativa americana

Invocación a la Medicina del Puercoespín

Queridísimo Puercoespín, te invito a que me ayudes a liberar la culpa, la vergüenza y el trauma que me impiden acceder plenamente a las Medicinas, las Ceremonias, los rituales y las enseñanzas de mis Antepasados. Ayúdame a convertir las penalidades en sanación. Cuando me sienta solo, recuérdame que estoy rodeado por la protección de miles de seres Ancestrales. Agradezco tu presencia en mi vida, porque me recuerdas que he venido aquí para iluminar lo que hay que sanar en el pasado, porque de ese modo podré ser quien soy en el presente.

Afirmación de la Luna de *Mskomini Giizis*

Permito que esta Luna de reclamación amplíe mi conexión con aquellos de mis Ancestros que están bien y son vitales. Que siga sintiéndome digna de reclamar la Medicina que vive en mis huesos y en mi sangre. Yo soy la Medicina.

CAPÍTULO 9

DATKAAGMIIN GIIZIS (LUNA DE LA ZARZAMORA)

Nuestra octava Luna de la Creación comparte con nosotros el regalo de la Zarzamora, de la que se dice que es una de las plantas que fueron colocadas en los orígenes en la Tierra. Esta Luna adicional solo se produce cada pocos años, por lo general en julio o en agosto. Nos pide que escuchemos atentamente, que prestemos atención a lo que intenta despertar nuestro Espíritu para que así podamos recorrer el camino correcto. Esta Luna fomenta nuestra conexión con el Mundo Espiritual y nos recuerda que nuestros Guías están esperando para mostrarnos el camino: el éxito está esperando y nosotros tenemos la capacidad de atraer una apertura muy hermosa.

LEYENDA DE LA LUNA: CÓMO MARCÓ EL CAMINO LA ZARZAMORA

Zarzamora fue creada al principio de todo, cuando había mucha oscuridad y tranquilidad. Disponía de mucho tiempo para escuchar a su corazón, prestar atención y reflexionar. Cuando la Tierra empezó a llenarse de otras Plantas y Animales, Zarzamora observó cómo cobraban vida aquellas energías diversas y hermosas. Observó cómo Nutria aprendía a nadar, cómo las semillas de

Diente de León volaban con el viento y cómo llegaba Arcoíris después de la tormenta. Era más silenciosa que otros elementos de la Creación, pues había aprendido a escuchar más que a hablar. Había vivido muchas Lunas y se convirtió en la sabia a la que acudían las Plantas y los Animales cuando necesitaban orientación.

Cada vez que un ser tenía una pregunta, Zarzamora le dirigía hacia sí mismo y le preguntaba: «¿Qué dice tu Espíritu?», «¿Cómo se siente tu Corazón?», «¿Qué te dicen tus sueños?», «¿Cómo te está informando la Tierra?». Algunos Animales y Plantas se sentían frustrados. Lo único que querían era que Zarzamora les dijera las respuestas. A veces llegaban incluso a suplicarle que les dijera lo que debían hacer. Pero Zarzamora se mantenía arraigada en su conocimiento, confiando en que todo se revelaría con el tiempo, la reflexión y la escucha profunda.

Con Zarzamora como modelo de cómo recibir la sabiduría interior, toda la Creación empezó a practicar esta forma de ser, yendo a su interior en busca de respuestas, escuchando la orientación de la Tierra y creando su intuición y su conocimiento. Cada día cerraban los ojos e invitaban al Mundo Espiritual a dar forma a su conocimiento. Era un enfoque poderoso para vivir y cada aspecto de la Creación se convertía en un ser soberano. Como dudaban menos de sí mismos, la lucha, la competencia y la comparación dejaron de existir. El mundo se había convertido en un lugar hermoso gracias a Zarzamora, y un día las Plantas fueron a preguntarle si podían hacerla la Jefa de la Tierra.

Cuando se acercaron a ella con esta petición, se encontraron con una sonrisa amable y humilde. «Queridísimos Hermanos, todos sois poderosos por derecho propio. Yo estoy a vuestro lado, no por encima de vosotros. Si queréis corresponder de alguna manera, solo os pido que sigáis confiando en vuestra conexión con el Mundo Espiritual. Vuestra sabiduría de la Medicina está esperando a que la despertéis. Manteneos firmes en los dones que el Creador os ha dado y encontrad vuestra forma de liderar en este mundo. Todos tenemos un modo; mi trabajo consistía simplemente en recordároslo». Y a partir de ese día, toda la Creación caminó unida, reconociendo los dones que portaban y valorando la belleza de cada uno.

Espíritu animal: Ajijaak *(Grulla)*

El Espíritu Animal que mejor representa nuestra octava Luna de la Creación es la Grulla, o como se la denomina en anishiinabemowin, *Ajijaak*. Este animal es un comunicador magistral y ayuda a guiar nuestra conexión con nuestro ser interior y con el reino del Espíritu. Nos recuerda que todos tenemos una historia que contar y una sabiduría que impartir. Si caminamos con cuidado, integridad y equilibrio, podemos orientar y servir a los demás con el conocimiento inherente que albergamos. A veces, en la quietud y en el silencio es donde nos llega una mayor cantidad de información, y la Grulla nos pide que escuchemos con atención, porque así podremos aprovechar todo lo que se nos ofrece para dirigirnos en la dirección correcta y despertar la Medicina interior.

Mensaje de la Grulla

- La observación contiene un gran poder.
- Protege tu paz.
- Despierta los dones de tu interior.
- La prosperidad y la suerte están de tu lado.

El sistema de clanes

Como mujer anishiinaabe de la nación ojibwe, mi sistema de parentesco se basa en un Clan o Tótem. En anishiinabemowin, la palabra para esto es *Dodem*; si la dices en voz alta, suena como «Tótem». Nuestro sistema de Clanes sigue siendo una parte importante de nuestra identidad. Nos ayuda a identificar qué responsabilidades tiene cada uno en la construcción y el mantenimiento de la comunidad. Algunos están aquí para mediar, planificar y negociar; otros han venido para curar, alimentar y ofrecer Medicinas. Algunos Clanes están más conectados con las enseñanzas de las Aguas y las Estrellas, mientras que otros son los protectores y los guerreros. Estamos convencidos de que el Creador nos dotó de este sistema para mantener el equilibrio en nuestras comunidades.

El Sistema de Clanes apoya mi profundo conocimiento y el mensaje de que cada uno de nosotros está aquí con un propósito concreto, y cuanto más reclamemos nuestro papel en esta Tierra, más nos elevaremos en nuestra Medicina. No podemos ser y hacer todas las cosas. ¿Te imaginas un mundo en el que cada uno de nosotros honrara plenamente lo que nuestro Creador soñó e imaginó para nosotros? Imagina que siguiéramos ese camino sin dudar nunca de ese claro mensaje de conocimiento interior. Habría menos celos y envidia del camino de los demás. Habría menos comparaciones y juicios sobre lo que hacen los demás. Todos nos mantendríamos firmes en nuestra propia resonancia sagrada y trabajaríamos juntos, apoyándonos mutuamente en nuestro ascenso. Esta actitud de honrar nuestro propósito y el de los demás es mi sueño y mi visión. Y lo veo enraizado en el Sistema de Clanes.

Clanes ojibwe

- **Clan de la Tortuga (*Mikinaak Dodem*)**: sanadores, maestros, bienestar, limpieza.
- **Clan de la Grulla (*Ajijaak Dodem*)**: liderazgo, oratoria, dotados de tradición oral.

- Clan del Ciervo (***Waawaashkeshi Dodem***): agilidad, gracia, bondad.
- Clan del Oso (***Mkwa Dodem***): protección, fuerza, conocimiento tradicional de las plantas.
- Clan del Puercoespín (***Gaag Dodem***): guerreros, defensores de la Tierra, protectores.
- Clan del Esturión (***Name Dodem***): guardianes de la sabiduría, conexión ancestral, estima real.
- Clan de la Mariposa (***Memengwaa Dodem***): belleza, sanadores, bienestar, transformación.
- Clan del Águila (***Migizi Dodem***): visionarios, libertad, creatividad.
- Clan del Pájaro del Trueno (***Binasi Dodem***): protección, sanación, tutela.
- Clan del Somorgujo (***Maang Dodem***): pacificadores, belleza, cantar desde el corazón.
- Clan del Lobo (***Ma'iingan Dodem***): tutela, comunidad, responsabilidad.
- Clan de la Marta (***Waabizheshi Dodem***): cazadores, recolectores, creadores.

    (Estas enseñanzas han sido adaptadas a partir del libro *Ojibway Clans: Animal Totems and Spirits*, de Mark Anthony Jacobson).

Como puedes ver, cada uno desempeña un papel particular en el que honra sus dones y tendencias naturales más importantes. Tu naturaleza individual es valiosa y esencial para la armonía de la comunidad en su conjunto. Celebramos las aptitudes exclusivas de cada uno, y las nuestras también son honradas y respetadas. Trabajamos juntos de forma recíproca para crear belleza y armonía. Esto me parece un mundo brillante; ojalá recordemos siempre tales enseñanzas.

Dado que mi linaje alberga las Medicinas de diferentes Ancestros Anishinaabe, se dice que formamos parte de los Clanes de la Grulla, el Oso, el Ciervo y el Pájaro del Trueno. He elegido reclamar el clan transmitido por línea materna a través de mi Abuelo. Como miembro del Clan de la Grulla (*Ajijaak Dodem*), a menudo reflexiono sobre el tipo de líder que quiero ser. El liderazgo conlleva una gran responsabilidad. Creo que se puede hacer con gracia y sabiduría, y me propongo desembarazarme de las viejas energías coloniales que nos dicen que debemos liderar con autoridad. Todos los días debemos tener cuidado de no abusar de nuestro poder como líderes. Asumo la responsabilidad de crear espacios valientes, de liderar con amor y visión y de honrar a todos los que se sientan en círculo conmigo.

Las personas del Clan de la Grulla son los oradores, importantes para continuar nuestra tradición oral. Me encanta que me inviten a hablar y transmitirla a través de mi voz y mi energía. También me gusta mucho ofrecer mi Medicina a través de viajes guiados y activaciones curativas, y siento que esta es una de las mejores formas de expresar mis dones. Mi Clan está aquí para animar y elevar a los demás, y lo que más me gusta es iluminar las Medicinas que otros tienen y ayudarles a desplegar sus alas para volar.

Reflexión sobre la Medicina: ¿Con qué Clan te identificas *más?*

EL ARTE DE HACER PREGUNTAS

Como homeópata, he tenido que hacer muchas preguntas a mis pacientes… y también he escuchado mucho. Aprendí a rastrear las expresiones y energías sutiles y a sintonizar con lo que la persona podía no estar diciendo pero quería expresar de otras maneras. Aprendí rápidamente que nuestras respuestas suelen estar enterradas bajo nuestras historias. El paciente albergaba siempre una sabiduría en su interior que estaba esperando a salir a la luz y solo necesitaba la pregunta adecuada que le ayudara a descubrirla.

Cuando mi consulta se convirtió en una práctica de sanación energética, utilicé lo que había aprendido en homeopatía y lo apliqué a mis sesiones de sanación. Viajábamos y el cliente veía, percibía o sentía ciertas verdades. Cuando le apoyaba para que descubriera aquello que debía descubrirse, se producía una sanación profunda. Vi que, en realidad, era más poderoso que el cliente descubriera la verdad o la visión y no que yo le dijera lo que veía. Sí, podía ver a sus Ancestros y Guías a su alrededor. Podía ver las Vidas Pasadas o los mensajes que el Mundo Espiritual le ofrecía, pero compartir lo que veía no le llegaba tan hondo como cuando se presentaba su propio Guía. Aprendí a dar un paso atrás y a apartar mi ego del camino. No soy una autoridad sobre nadie. Creo que el mejor Sanador es el que te conduce y guía de vuelta a ti mismo. Como nos recuerda la Grulla, eres un ser soberano, poderoso y sabio; puedes guiarte a ti mismo. Si alguien intenta hacerte sentir lo contrario, aléjate de él.

Reflexión sobre la Medicina: ¿Confías en tu conocimiento interior? ¿Con qué frecuencia buscas respuestas fuera de ti? ¿Cuál ha sido tu experiencia?

DESPERTAR DEL ESPÍRITU ANIMAL

Eran los comienzos de mis días de práctica homeopática; tenía la libreta sobre el regazo y estaba tomando notas del caso. La mujer que se encontraba sentada ante mí experimentaba ansiedad y depresión. Expresó que se sentía perdida y sin dirección. Odiaba su trabajo y creía que necesitaba un cambio, pero no encontraba la energía necesaria para llevarlo a cabo. Mientras la escuchaba, vi un Caballo galopando a su alrededor. Sentí que era absolutamente real, como un viento que pasara junto a mi cabeza alborotándome el pelo a su paso. Recuerdo que me pregunté por qué demonios estaba viendo un animal. Por lo general, no solía compartir con mis clientes lo que veía, pero este Caballo era muy persistente. Se lo conté nerviosa y su cara se iluminó. Me dijo que, cuando era niña, le encantaba montar a caballo y que eso le daba mucha alegría. Le pedí que cerrara los ojos y se imaginara a su caballo favorito de pie delante de ella. Todo su cuerpo se transformó ante mis ojos. Se le saltaron las lágrimas y me dijo que no podía creer que hubiera olvidado aquellas partes de sí misma. Acabé recetándole un remedio para la ansiedad y la depresión, que creo que le sirvió de apoyo, pero hoy por hoy estoy convencida de que el Espíritu del Caballo fue una parte importante para recuperar la alegría. Le pedí que se conectara a diario con este Caballo cuando tomara su remedio, y cuando vino para un seguimiento, me dijo que se sentía viva e inspirada para encontrar un nuevo camino.

Los Animales seguían apareciendo de esta manera en mi consulta, junto con los Antepasados, los Seres Angélicos y otros Guías. Yo sabía que eran una parte importante de lo que tenía que incorporar en mi trabajo de sanación. Empecé a ver que los que se presentaban eran aspectos olvidados de mis clientes, dones de la Medicina que poseían y de los que, de alguna manera, se habían desconectado. Cada vez que hacían una meditación guiada o un viaje conmigo para encontrar un Animal, sacaban de su subconsciente aspectos de sí mismos. Cuando recordaban, veía la luz en sus ojos y el despertar en sus corazones. Ha sido una parte muy sagrada y hermosa de mi camino de servicio.

Reflexión sobre la Medicina: ¿Has conectado alguna vez con un Espíritu Animal? ¿De qué manera te han ayudado a recordar quién eres?

TRABAJAR CON EL REINO ANIMAL

Aunque ya lo he mencionado en alguna ocasión a lo largo de este libro, no está de más repetirlo cuando hablamos de trabajar con los Espíritus Animales, los Tótems o la Medicina. Hemos de honrar siempre a estos seres como sagrados y desde una postura de reciprocidad. El pensamiento colonial nos ha condicionado a coger y extraer. Debemos recordar que nuestra conexión con este reino es un regalo, no una mercancía.

Si bien la Medicina del Espíritu Animal no se basa únicamente en las prácticas indígenas norteamericanas, es vital honrar los linajes y la experiencia vivida de quienes han llevado estas enseñanzas en sus vidas desde tiempos inmemoriales. Haz el trabajo de ver a los marginados e invisibles. Aunque no parezca relevante para analizar los Espíritus Animales, todo está relacionado. Muéstrate con humildad y reciprocidad, y avanzarás por el buen camino.

Los Espíritus Animales pueden aparecer desde el reino de los Espíritus, en tus sueños, visiones o viajes, o mostrarse de forma muy terrenal; por ejemplo, un pájaro que cruza por delante del parabrisas de tu coche, o una familia de mapaches que se ha instalado en tu ático. También pueden aparecer de forma sincrónica; por ejemplo, tu hijo te pide un peluche determinado y luego lo ves en la televisión y en una revista. Al igual que la Luna de la Zarzamora nos enseña a escuchar en profundidad las señales sutiles que nos rodean, conserva la curiosidad y la apertura hacia el lugar donde los Animales Espirituales quieran aparecer y deja que la Medicina te bendiga. El reino de los Animales abarca todas las criaturas vivas, incluidos los pájaros, los insectos, los reptiles, etc., y no existe una jerarquía en la que un ser sea mejor que otro.

Reflexión sobre la Medicina: ¿Alguna vez te has sentido atraído por un Animal sin poder explicar por qué? ¿Has sentido miedo ante un Animal concreto? ¿Qué sientes que trataban de decirte?

Animal de la Historia de la Creación

Según lo que he podido observar, cada uno de nosotros se halla conectado con un Animal desde que llega a esta vida. Se muestra como un aliado en el espacio del vientre de nuestra Madre y lleva una Medicina relacionada con nuestra mayor lección de vida. Aparecerá cuando salga de nuevo a la luz algo que creíamos haber sanado para que profundicemos más en ello. El Ciervo, por ejemplo, camina conmigo como un recordatorio de que a menudo necesito ser más suave. Está aquí para ayudarme a desprenderme de la vergüenza y a profundizar en el amor hacia mí misma. A medida que voy atravesando los flujos y reflujos de mi evolución como persona, este Animal va entrando y saliendo de mi vida.

Reflexión sobre la Medicina: Cierra los ojos un momento y coloca la mano sobre el corazón. Invoca a tu sabio interior y pregúntale: «¿Qué Animal vino conmigo para darme mi mayor lección de vida y por qué?». Confía en lo que recibas.

Animal aliado

Mientras recorremos nuestro camino, pueden aparecer otros Animales como aliados o ayudantes que guardan y protegen nuestro espacio e informan de nuestros pasos. Están presentes para que los llames cuando los necesites, y si desarrollas una relación con ellos, se quedan en tu campo energético. Los aliados que viajan conmigo a diario son Oso y Águila; Oso me ayuda a establecer los límites que necesito y me ofrece el descanso como Medicina, y Águila me ayuda a mantenerme fiel a mi visión.

Reflexión sobre la Medicina: ¿Hay algún Animal que sientas que te protege o te vigila?

Animal que nos bendice

Por último, en nuestro hermoso viaje por la vida iremos encontrando diferentes Animales que se unirán a nosotros en distintos momentos de nuestro camino. Puede ser uno que veas cuando camines por el bosque, o quizá con el que sueñes. Tal vez esté en una carta que sacas de un mazo de oráculo o aparezca cuando alguien te hace una lectura. Estos Animales te piden que establezcas en ese momento una relación con ellos, pero pueden salir de tu vida cuando su Medicina y su magia se hayan completado. Hace una década, mi tía murió de lupus y, antes de morir, me dijo que volvería como un Oso. La noche de su funeral, un Oso cruzó corriendo la carretera delante de mi madre. Mientras escribía este capítulo, una hermosa Garza Azul se posó a metro y medio de mí. Las Garzas Azules son siempre una señal de que mi abuelo está cerca. Es posible que tú también tengas un animal que represente a alguien que ha pasado al otro lado. Estoy convencida de que pueden visitarnos a través de estos avistamientos para recordarnos que nunca estamos solos y que nunca se han ido de verdad.

Reflexión sobre la Medicina: ¿Hay algún animal que te recuerde a alguien cercano que haya fallecido? ¿Hay alguna sensación o señal particular que indique que se trata de un visitante del Mundo de los Espíritus?

HONRAR TU CONEXIÓN

Como cualquier otra relación, nuestras conexiones con el Espíritu Animal merecen que les dediquemos nuestros cuidados. Aquí tienes algunas sugerencias sobre cómo alimentar y nutrir tu relación:

- Regalándoles una canción, una oración o una ofrenda vegetal.
- Ofreciendo palabras de invocación cuando entres en el ritual o en la Ceremonia con ellos.
- Repitiendo oraciones de gratitud cuando te despiertas y antes de acostarte.
- Colocando una imagen suya en tu altar o en el espacio donde rezas.
- Estando atento a su presencia, sabiendo que, con cada encuentro, vuestra conexión se fortalece.

VIAJE DE LA MEDICINA
Encuentra tu Espíritu Animal

Escoge un lugar cómodo donde sentarte o tumbarte y respira hondo. Sumérgete profundamente en tu entorno. Mientras respiras, te invito a que dejes de lado todas las expectativas que tengas sobre qué Animal podría presentarse. Abre tu corazón, abre tu Espíritu y permítete recibir. Aparece ante ti una puerta dorada que irradia la luz del arcoíris. Te sientes atraído hacia ella y deseas atravesarla. Nota que tus pies están en un camino de tierra; te sientes sostenido por un terreno firme. Al mirar hacia arriba, ves la Luna de la Zarzamora en el cielo; es por la mañana temprano y la Luna brilla aún. Te invita a recordar tu conexión con el Mundo Espiritual y tu conocimiento innato.

Mientras sigues caminando, el Sol empieza a salir y ves a la Grulla de pie al borde de un antiguo bosque que tienes delante. Está lleno de Árboles altos y majestuosos con ramas atrayentes. La Grulla te da la bienvenida y permanece en el borde del bosque, vigilando el espacio. Al entrar percibes los aromas de las hermosas Plantas y Árboles que te rodean. Las Medicinas te llenan los pulmones, abren tu centro cardíaco y te preparan para recibir la Guía que estás buscando. Te adentras cada vez más en el bosque y observas un claro en la distancia. Empiezas a oír crujidos y sientes un viento intenso que te barre la cara. La energía del bosque cobra vida, radiante de Espíritu. Un reluciente haz de luz brilla delante de ti; es tan brillante que al instante respiras profundamente. Ante ti, en medio de esta luz, aparece un Animal. Confía en lo que ves. Su aspecto se aclara y ves que sus ojos brillan con luz dorada. Vuelve a respirar hondo e invítalo a entrar en tu espacio.

Le haces tres preguntas:

¿Cuáles son las Medicinas que me traes hoy?

Escuchas con los oídos, con el corazón y con el Espíritu, y él te responde.

¿Qué es lo que he olvidado de mí mismo y has venido a recordarme?

Escuchas con los oídos, con el corazón y con el Espíritu, y él te responde.

¿Cuál es el siguiente paso de sanación que puedo dar hacia mi plenitud?

Escuchas con los oídos, con el corazón y con el Espíritu, y él te responde.

Este Animal desea ofrecerte una activación brillante para que puedas encarnar su Medicina con más plenitud. Se transmuta en una vibración reluciente y luminiscente y te pregunta si quieres recibir esta sanación. Cuando caminas hacia delante para fundirte con su energía, sientes cómo la calidez y el amor incondicional recorren tu cuerpo, tu mente y tu Espíritu. Respira profundamente mientras lo recibes desde la parte superior de la cabeza hasta la planta de los pies. Te conviertes en el Animal. *Tú eres la Medicina*.

Sales de este espacio del bosque, pasas junto a la Grulla y le agradeces su apoyo. La Medicina Animal a la que te conectaste sigue fluyendo a través de ti. Observas que te mueves de forma diferente. Siente la vibración y la bendición de este Animal pulsando a través de ti con cada paso que das. Es una sensación poderosa y te tomas todo el tiempo que necesitas. Honras esta experiencia ofreciéndole a este Animal un regalo. Cultiva la relación a tu manera. Este Animal estará contigo hasta que ya no necesites su Medicina.

Al cruzar la puerta, sientes que regresas a tu propio cuerpo enraizado, arraigado e iluminado con esta belleza. Respira y abre lentamente los ojos.

Reflexión sobre la Medicina: ¿Qué animal se te ha aparecido hoy? ¿Qué aspectos de ti mismo has olvidado y ahora te animas a reclamar?

Regalos y sabiduría de los animales

A lo largo de los años, el reino Animal me ha regalado prácticas energéticas que puedo utilizar para mí y para aquellos con los que trabajo. Cuando imponía las manos, canalizaban su Medicina a través de mí para regalar más protección, guía y amor. He aquí algunas de las prácticas que utilizo a menudo. Es posible incluso que encuentres tu propia versión con diferentes Medicinas Animales.

Siempre que utilizamos estas prácticas, empezamos con gratitud y respeto y pedimos permiso. Tu invocación puede ser algo así: *Queridísimo Espíritu Animal, ¿puedo recibir el regalo que quieres ofrecerme? Me dirijo a ti con gratitud y respeto y me comprometo a seguir construyendo una relación sagrada contigo.*

1. **Piel Medicinal del Oso**

Invoca la Medicina del Oso. Visualiza un abrigo de piel que le ofrecen a tu campo energético. Sube la cremallera para cubrirte de pies a cabeza. Es útil para cuando sientes que tu vitalidad está agotada. También es adecuado para establecer límites cuando necesitas decir que no o no has respetado tus límites. Este abrigo de pieles calmará tu sistema nervioso para darte seguridad.

2. **Caparazón Medicinal de la Tortuga**

Invoca la Medicina de la Tortuga. Visualiza un caparazón de Tortuga bajo tus pies. Mueve suavemente los pies sobre él para activarlo. Percibe la estabilidad que te ofrece; te equilibra y te enraíza. Resulta útil para cuando te sientes disperso, sin conexión a tierra o como si hubieras «abandonado» el cuerpo, y también para cuando estás asustado. Te ayudará a recordar que aquí no hay peligro, que puedes estar presente en tu cuerpo físico.

3. *Gruñido Medicinal del Lobo*

Invoca la Medicina del Lobo. Visualiza que camina a tu alrededor, rodeando tu campo energético. Pide que se manifieste su protección feroz; visualízalo enseñando los dientes y gruñendo. Es útil para cuando sientas que necesitas una protección adicional contra los celos, la envidia, las proyecciones o las heridas que te envían. Este gruñido te ayudará a mantener tu energía, tu fuerza vital y tu paz.

4. *Alas Medicinales de la Mariposa*

Invoca la Medicina de la Mariposa. Coloca las manos sobre el corazón y siente cómo el calor del amor te llena y se traslada a los omóplatos; percibe el suave aleteo de las alas que te están naciendo en la espalda y se extienden y crecen. Mantente erguido, con el corazón abierto, el Espíritu brillando en la transformación. Resulta útil para cuando has pasado por una muerte y un renacimiento, de la sombra a la luz. Esta expansión de las alas te ayudará a alinearte para pasar a la siguiente etapa de tu evolución.

5. *Transformación del Cuervo*

Visualiza un Cuervo delante de ti. Sus alas se extienden ampliamente y proyectan una sombra frente a ti. Entra en esta sombra y sumérgete en su vasta y mágica Medicina. Siente cómo te alineas con el poder y la presencia. Percibe la magnificencia de las alas que sostienes. Esta energía actúa como una capa que te oculta cuando necesitas protección o límites para no ser visto o para ser invisible. Resulta útil para cuando te sientas muy vulnerable o «visto» y necesites adoptar otra forma para poder mantener el equilibrio.

ANIMALES DEL SUEÑO

La única forma en que los Animales se me aparecen constantemente es en mis sueños. Sueño con Orcas a menudo, y he llegado a saber que aparecen para recordarme que mi Medicina es ayudar a los demás a encontrar su canción del alma. En una época en la que tenía miedo a morir, soñé con un Alce que me lamía la cara y me besaba. Había venido a traerme la Medicina de la longevidad. También las plumas de Águila y de Halcón aparecen mucho en mis sueños para recordarme que debo mantenerme fiel a mi visión a pesar de lo que digan las voces externas. Mi madre sueña con Serpientes, un animal al que teme durante el día pero que le aporta una profunda Medicina por la noche. Trato mi Tiempo de Sueño como algo profundamente sagrado y hago de él una prioridad para mi bienestar. Tengo un altar de sueños junto a la cama con mis plantas Medicinales y mis cristales favoritos, y a menudo limpio mi habitación con Medicina de Humo para mantener el espacio purificado. Antes de acostarme pido que mi canal esté abierto e invito al Mundo Espiritual a informarme mientras duermo. Estoy muy agradecida de que los Espíritus Animales me escuchen. La Luna de la Zarzamora nos recuerda que siempre estamos conectados con el Mundo Espiritual; a veces, lo único que debemos hacer es practicar esa conexión para escuchar su sabiduría y sentir su protección.

Reflexión sobre la Medicina: ¿Qué invocación podrías utilizar para llamar al reino del Espíritu Animal antes de acostarte? Pruébala esta noche y observa qué ocurre.

Invocación a la Medicina de la Grulla

Queridísima Grulla, estoy preparada para convertirme en quien estoy destinada a ser. Ayúdame a recordarlo cuando me pierda de vista a mí misma. Estoy preparada para construir y fortalecer mi conexión con el Mundo Espiritual. Ayúdame a encontrar más momentos de calma en los que pueda escuchar mi sabiduría innata. Recuérdame que soy portadora de la buena Medicina y que es hora de compartirla con el mundo. No hay nadie como yo, y te invito a que me devuelvas a esta verdad cuando la olvide.

Afirmación de la Luna de *Datkaagmiin Giizis*

Permito que esta Luna de conexión espiritual siga alimentando mi relación diaria con mi equipo de apoyo. Quiero ser curioso y escuchar la llamada de los Animales, y también caminar con humildad y gratitud. Yo soy la Medicina.

CAPÍTULO 10

MDAAMIIN GIIZIS (LUNA DEL MAÍZ)

*Nuestra novena Luna de la Creación nos transmite las ense-
ñanzas del Maíz. Esta Luna tiene lugar en septiembre, cuando el verano se convierte en otoño. Si observamos una mazor-
ca de maíz, vemos hileras de semillas. Se dice que representan
a los Espíritus de las próximas generaciones, los futuros que
están siendo soñados. Debemos hacer lo que podamos para
prepararnos para ellos. Cada uno de los aspectos de nuestro
trabajo de sanación afecta a nuestros futuros descendientes,
hayan nacido de nosotros o no. Los Espíritus del futuro están
observando y esperando para venir y comenzar su viaje en la
Tierra. Durante esta Luna, les damos la bienvenida y los apoyamos para que se eleven a través de nuestra propia iniciación.*

LEYENDA LUNAR: POR QUÉ AL MAÍZ LE CRECIERON
SEMILLAS EN EL CUERPO

Cuando Maíz fue creado, pidió una envoltura sedosa, pues
quería irse aclimatando poco a poco a su paso por la Tierra,
porque su tiempo en las Estrellas había sido sumamente milagroso. El Creador accedió y lo plantó en la Tierra en un tallo alto

para que pudiera seguir sintiendo su conexión con los Mundos Superiores. La sedosa envoltura lo mantuvo a salvo y seguro, protegido del calor abrasador y de los aguaceros. Un día, Maíz dijo al Creador que se sentía preparado para explorar el plano terrestre. Sabía que tenía un propósito y quería compartirlo con sus Parientes.

Las manos del Creador se extendieron y lo sostuvieron; con una ráfaga de amor, la Creación llenó su espacio. La luz empezó a inundar el interior de la envoltura y ocurrió lo más hermoso: brotaron semillas por todo su cuerpo; de hecho, se extendieron en hermosas hileras, todas bien alineadas. Cada semilla llevaba su Espíritu único, con esperanzas, sueños y visiones para su futuro. Maíz fue alimentado por sus almas iluminadas, y su corazón se llenó de alegría. Llegó hasta el Abuelo Sol y, de repente, su sedosa envoltura se rompió. Irradiaba en la gloria de su plenitud y sus semillas estaban listas para enraizar en su viaje por la Tierra.

Maíz alimentó, nutrió y amó profundamente a todas las semillas. Les enseñó todo lo que sabía, les impartió la sabiduría que tenía, y cuando llegó el momento de dejarlas marchar, lo hizo. Las semillas cayeron a la Tierra y cumplieron su misión. Crecieron en sus propias manifestaciones y alimentaron a muchos de sus Hermanos. Las siguientes generaciones se elevaron a su manera, convirtiéndose en los seres que Maíz había previsto para ellos. Aprendieron que cultivarían en abundancia cuando colaboraran con las plantas de judías y calabazas. Conocido como una de las «Tres Hermanas», Maíz se convirtió en un alimento básico en las dietas indígenas y sigue desarrollando estas hileras de semillas para hacer realidad la visión de las generaciones venideras.

Espíritu animal: Migizi (Águila)

El Espíritu Animal que mejor representa nuestra novena Luna de la Creación es el Águila, o como se le conoce en anishiinabemowin, *Migizi*. Con su Medicina de visión, una perspectiva superior y ascendente, es una puerta de entrada a nuestro camino espiritual; cuando caminamos con esta Medicina, desplegamos nuestras alas y recordamos nuestra totalidad. Tradicionalmente transporta nuestras oraciones e intenciones al Creador siempre que hacemos un sahumerio. Una pluma de Águila como regalo es un honor increíble en nuestra cultura y significa liderazgo. Indica que el receptor se está elevando hacia sus dones de Medicina más profundos. Con el Águila, mantenemos nuestra visión de cómo podría ser una existencia sanada, tanto para nosotros como para nuestros descendientes y para el planeta.

Mensaje del Águila

- Ha llegado la hora de elevarse y volar.
- Se necesita una perspectiva más elevada: la visión es la Medicina.
- Extiende tus alas para volar.
- Tu legado te espera.

Descendientes

Aunque esta Luna habla de los Espíritus de la próxima generación, sé que muchas personas han elegido no tener hijos o no pueden tenerlos. Por favor, sabed que vosotros también influís en las próximas generaciones con vuestras intenciones de reclamar, recordar y caminar por vuestra Medicina. Tanto si damos a luz hijos a través de nuestros cuerpos como si no, al mostrarnos conscientemente para sanar nuestro pasado y nuestro presente, contribuimos a una visión sanada del futuro, en la Tierra y entre nosotros. Quizá consideres que tus descendientes son distintos elementos de la Creación: los Animales, los seres Vegetales, las Aguas. Caminar con gracia y consciencia repercute en todo el Ciclo de la Vida.

Otra forma de ver las enseñanzas de la Luna del Maíz es pensar en el legado que estás dejando con tu Camino de la Medicina. ¿Cómo influirán en el futuro los pasos que des hoy? ¿Cómo contribuirán al bienestar de todos tus hermanos, de la Tierra, de las próximas generaciones? ¿Cómo contribuirán tus recuerdos y tu ascenso a elevar la conciencia de este planeta? ¿Cómo vas a liderar?

El potencial de tu influencia en esta Tierra es de gran alcance, infinito. Esta Luna nos llama a una gran responsabilidad. Solo tenemos una hermosa vida, y mientras dure, estamos llamados a vivirla bien.

UNA VISIÓN PARA EL FUTURO

Hace diez años, recibí un mensaje vital dos veces en un mismo año. Una astróloga me dijo que el alma del bebé que llevaba dentro tenía un propósito que estaba directamente conectado con el mío. Recuerdo el dibujo que hizo, su alma entretejida con la mía, como si la sabiduría que venía de las Estrellas le hablara directamente a través de mí. Más tarde, ese mismo año, sentí miedo de entrar en una nueva versión de liderazgo y me hicieron una lectura psíquica. La persona que me la hizo me dijo que, si no daba un paso adelante y brillaba de la forma que mis Ancestros soñaron para mí, mi hijo no cumpliría el propósito de su vida. Oí el eco de las palabras de la astróloga en su mensaje y sentí escalofríos. Nunca he olvidado ese momento. Cada vez que quiero encogerme o esconderme, cada vez que quiero abandonar y rendirme, cada vez que dudo de mi misión aquí, contemplo los hermosos ojos verdes de mi hijo mayor y recuerdo que esto no me afecta solo a mí. La manera en la que decida aparecer en el mundo ejercerá una influencia directa en el futuro y en la forma en que mis hijos decidirán o no brillar en su propio Camino de la Medicina.

A medida que ellos han ido creciendo, me he ido dando cuenta de que los diferentes modos de caminar en mi Medicina han influido indirectamente en mis hijos. Aprenden a través de mi acción, de mi compromiso con nuestras costumbres, que llena nuestro hogar de enseñanzas tradicionales y de Medicina. Una primavera empecé a cantar y a tocar el tambor con ellos. Aprendieron rápidamente nuestra canción del Agua. Poco después, salimos a pasear y mi hijo bajó solo al río y empezó a cantarle suavemente al Agua. Se me llenaron los ojos de lágrimas cuando lo hizo sin que yo se lo pidiera. La Medicina fluía a través de él de forma natural. Todo el trabajo que he hecho y sigo haciendo para desembarazarme de los efectos de la colonización se está trasladando a mis hijos. Podrán compartir nuestras Medicinas libre y bellamente, sin la vergüenza y la culpa que han sentido las generaciones anteriores. La Luna del Maíz nos recuerda que nunca debemos subestimar la forma en la que nuestro corazón y nuestras palabras influyen en este mundo. Porque, aunque tengas la voz más suave y gentil que existe, estás cambiando el paisaje de las generaciones venideras.

En la época en la que me estaba preparando para escribir el capítulo sobre la colonización, el mismo hijo nos anunció a mi marido y a mí que estaba escribiendo un libro. Cuando le preguntamos de qué iba a tratar, nos respondió: «Del racismo». Habló con compasión del color de la piel y de las distintas maneras en que podemos sanar. Pensé en aquellas lecturas de hace diez años y recordé que él seguiría mis pasos. En ese momento me sentí obligada a escribir sobre algunos de los traumas, para que un día él no tuviera que hacerlo. Nunca sabré si eso cambiará las cosas, pero mi esperanza es que mis hijos caminen en el bienestar y el orgullo de ser quienes son. Parte de mi visión de la Medicina consiste en inspirar a mis hijos indígenas y, a mayor escala, a los jóvenes indígenas. Quiero que sepan que no son invisibles,

que no son inferiores ni tienen ningún defecto. Quiero que sepan que la sanación está disponible para ellos en sus sueños, visiones y momentos de tranquilidad con la Tierra. Al igual que la
Luna del Maíz nos pide que visionemos un camino sanado para
nuestros descendientes, quiero que recuerden su conexión con
el Espíritu, su lengua, sus cantos de tambor y los susurros de sus
Antepasados. Quiero recordarles que sigan adelante. La sanación es posible. Siempre.

VIAJE DE LA MEDICINA
Recuerda tu legado

Busca un lugar cómodo donde sentarte o tumbarte y presta
atención a tu respiración. Establece la intención de reclamar, recordar y enraizar tu legado aquí en la Tierra. Invocamos a la Medicina del Águila para que nos ayude en este viaje. El Águila se
presenta ante ti de alguna manera. Te llama para que te unas a ella
en este viaje y se ofrece a llevarte de paseo. Te subes a su lomo y
ella despliega sus gigantescas alas y despega. Te elevas cada vez
más; atraviesas el cielo azul y las nubes. Las Estrellas te llaman:
«Bienvenido a casa, precioso», y te elevas hacia el Cosmos.

La energía que te rodea se vuelve cada vez más expansiva y
te elevas hacia las Estrellas que titilan. Un vórtice de energía
aparece ante ti, y saltas del Águila y entras en él. A medida que
avanzas, empiezas a ver, sentir o saber lo que has venido a hacer
aquí y por qué.

Pides lo siguiente a las energías de apoyo:

Muéstrame las semillas que debo plantar como legado.

Las Naciones de las Estrellas te ofrecen una imagen, una
sensación, un conocimiento o unas palabras.

Muéstrame los sueños que debo alimentar.

Las Naciones de las Estrellas te ofrecen una imagen, una
sensación, un conocimiento o unas palabras.

*Muéstrame las ondas del efecto que estoy destinado a conse-
guir en este mundo.*

Las Naciones de las Estrellas te ofrecen una imagen, una
sensación, un conocimiento o unas palabras.

Giras en la energía de este vórtice, que te apoya y te ayuda
a recordarlo todo con claridad. Permite que se mueva a través de
todas las capas de tu ser.

Al salir del vórtice, el Águila te está esperando y te ofrece
alas para que puedas volar y dejar tras de ti la estela del efecto
que has venido a conseguir.

Siente cómo nacen estas alas desde el fondo de tu corazón
y remonta el vuelo hacia la Tierra. Cuando tus pies tocan la
Tierra, tus alas vuelven a tu corazón y notas que estás rodeado
de Polvo de Estrellas. Sacude con suavidad una parte de él sobre
la Tierra, pues son las semillas de tu legado, que ahora están
profundamente arraigadas. Recuerda por qué estás aquí y la influencia que se supone que debes tener. *Tú eres la Medicina.*
Agradece al Águila su apoyo durante este viaje y vuelve a respirar lentamente hacia tu cuerpo, en este espacio, mientras abres
los ojos.

> **Reflexión sobre la Medicina:** ¿Cuál es el legado que vas de-
> jando tras de ti?

MEDICINA ROMPEDORA DE CICLOS

Si procedes de un linaje ancestral de traumas raciales o de
otro tipo, puedes tener la experiencia común de sentir que has
de hacer una cantidad abrumadora de trabajo y romper ciclos de
heridas para traer la libertad a tu vida y a la de tus descendientes. Mis padres son bellos ejemplos de ello. Cuando mi padre

fue expulsado de su casa a los quince años, a esa temprana edad tomó la decisión consciente de abrir un camino nuevo. Fue un camino duro, ausente de compasión, de amor y de privilegios, y sin embargo hoy es un líder orgulloso de nuestra comunidad indígena. Rompió ciclos de abusos y es una de las personas más amables que conozco. Mi madre me cuenta que, cuando estaba embarazada, le preocupaba no ser capaz de cuidar bien a su bebé, y que sus propias heridas no curadas avivaban ese miedo. Todos los días de mi vida me siento profundamente agradecida a mi madre y al amor incondicional que vertió en mí. Rompió ciclos profundos, y el legado de amor, gracia y belleza fluye ahora a través de las siete generaciones que seguirán a su elección de ser mi madre de forma diferente. Una vez me dijo que, si no me mantengo con orgullo en lo que soy, todo su trabajo de sanación intencionada se habrá perdido. En mis momentos de duda, esto me empuja hacia adelante. Todos podemos elegir ser rompedores de ciclos y llevar la visión de un nuevo camino. Estoy rompiendo los sistemas de colonización y opresión y eligiendo la liberación, la alegría, la facilidad y la abundancia.

> **Reflexión sobre la Medicina:** ¿Qué ciclos generacionales estás rompiendo?

Como madre, con mi primer hijo viví una experiencia de parto angustiosa que me hizo abrirme en muchos sentidos. Cuando echo la vista atrás, puedo ver cómo ambos elegimos romper profundos patrones de trauma generacional a través de esa experiencia para allanar el camino de la alegría. Mi hijo mayor es Sanador hasta la médula, así que no me sorprende que su alma eligiera cocrear esta increíble hazaña conmigo. Después de que eso ocurriera, empecé a hacer un trabajo de sanación en torno a la llamada a la abundancia, la alegría y el flujo. Había terminado con la lucha y el sufrimiento, ya que eso había formado parte de mi experiencia física durante la mayor parte de mi vida. Empecé a preguntarme cómo podía prosperar y estar bien.

Mi segundo hijo fue un regalo y una bendición inesperados. Cuando entró en el espacio de mi vientre, recibí una oleada de energía nueva. Recuerdo que compré un póster en el que ponía «Tiempo de alegría» y lo colgué en el salón. Mi experiencia del parto fue mucho más positiva, y él sigue siendo una ráfaga de sol en nuestras vidas. Mi hijo mayor y yo rompimos juntos ciclos ingentes. Mis hijos indígenas y yo caminamos ahora hacia la tranquilidad gracias a los poderosos rompedores de ciclos intencionados que hemos venido a ser. Estamos eligiendo poner fin juntos al sufrimiento y a la lucha. Estamos rompiendo todas las limitaciones que anteriormente nos han cortado las alas. Todos podemos elegir esto y desplegar por fin nuestras alas como el Águila. No siempre es un camino fácil, pero merece la pena.

EL PODER DE UNA ONDA

Cuando tenía mi consulta de homeopatía, recuerdo que quería saber cómo les iba a mis pacientes después del trabajo que hacíamos juntos. ¿Funcionó el remedio que les receté? ¿Encontraron alivio a sus síntomas? Me resultaba difícil cuando el paciente no pedía una cita de seguimiento y no llegaba a enterarme del resultado. Empecé a dudar de mí misma, porque me preocupaba la idea de que, a pesar de mi formación y mi experiencia, pudiera estar fallando de alguna manera a mis pacientes. Después de ejercer durante unos años, empecé a recibir correos electrónicos de antiguos clientes, o a encontrarme con ellos, y me decían que trabajar conmigo les había cambiado la vida. ¡Imagínate! Durante todo ese tiempo, me había preocupado la posibilidad de que lo que había ofrecido no fuera útil; sin embargo, era la onda exacta de sanación que necesitaban en ese momento de su viaje.

¡Tú también influyes sobre los demás! Lo que pasa es que a veces no lo sabes. Tal vez una publicación que hiciste en las redes sociales se quedase en el corazón de alguien durante mucho tiempo, o quizá fue una tarjeta que enviaste hace años y que el destinatario aún aprecia. Nunca subestimes el poder que tú, mostrándote como tú, tienes en el mundo que te rodea. Aunque la respuesta no sea inmediata, las ondas de tu Medicina podrían cambiar vidas. Solo hace falta una voz para influir en millones de personas. Solo hace falta una presencia para inspirar a muchos.

Cuando oigo a alguien expresar un cumplido o un sentimiento hermoso sobre una persona que no está presente, hago un esfuerzo consciente por transmitírselo a esa persona. Si puedo ser una mensajera de amor para recordar a alguien que su impacto es importante, habré contribuido a crear más conexión en el mundo. Cuanto más practiquemos el hecho de ver, compartir y reconocer los dones de los demás, más se honrarán también los nuestros.

Reflexión sobre la Medicina: Escribe un correo electrónico, una nota o una tarjeta a cinco personas que hayan tenido una influencia positiva en tu vida, aunque no puedas enviarla por cualquier motivo. ¿Cómo te sientes al hacerlo?

Nombre de Espíritu

En nuestra tradición, en algún momento de nuestra vida recibimos un Nombre de Espíritu. Se te ofrece para darte un sentido de pertenencia; lo canaliza un Curandero, un Anciano o un Sanador, y está destinado a llamar a tu Espíritu para que vuelva a casa y pueda arraigar plenamente en tu cuerpo. Cuando se alinea y llena todos los espacios del yo, te llama para que lleves a cabo tu propósito y te ofrece su dirección. Es un gran honor llevar un nombre de Espíritu; las enseñanzas que compartes desde este lugar repercuten en todos aquellos con los que entablas contacto. Cuando te presentas por tu nombre, recuerdas que estás custodiado por los Antepasados y protegido por el Gran Espíritu. Los Ancestros te conocen por este nombre, así que cuando lo pronuncias en voz alta, te reconocen.

Hace años hice un viaje chamánico en el que pudimos ver lo que nos deparaba nuestro destino. Recuerdo la imagen con total claridad: me encontraba de pie en medio de un campo y llevaba una hermosa falda de cintas adornada con todos los colores del arcoíris. Me rodeaba un grupo de niños sentados en la Tierra y les estaba enseñando. Miles de cuentas se desprendían de mi falda y los niños se apresuraban a recogerlas. En aquel momento de mi vida, todavía no era madre ni estaba enseñando nada a nadie. Aquel viaje —como todos los que he hecho a lo largo de mi vida— sembró una semilla en mi corazón, y pude dejar que mi camino se desarrollara.

Unos años más tarde me encontraba sentada con mis abuelos en la Tierra de mis Ancestros, Neyaashiinigmiing, en un hermoso día soleado. Mis suegros también estaban allí, así como mi marido y mi madre, mi Anciana. Hicimos un poco de humo y mi *Mishomis* (Abuelo) lo agitó entre las manos. Empezó a hablar en ojibwe ofreciendo oraciones a nuestros Antepasados. Un halcón se posó en un poste cercano.

Observé cómo mi *Mishomis* escuchaba. Le oí decir palabras que no podía traducir del todo, pero la vibración y el sonido me hicieron llorar; era una especie de recuerdo. Cuando terminó de rezar, me dijo: «Tu nombre es Mujer Arcoíris Sanadora, *Nenaandawi Nagweyaab Kwe*». Recuerdo que en ese momento me pregunté qué significaba aquello. Me pregunté si podría sostener esta Medicina y hacer que se sintiera orgulloso de mí. Mi rostro se bañó en lágrimas, porque me sentí profundamente vista por todos los que se habían reunido. Juré caminar con integridad y gracia. Prometí elevarme, como me pedían mis Ancestros, y recordé la Recuperación del Destino que había hecho hacía tantos años, cuando tuve la visión de estar enseñando a los niños con aquella falda arcoíris.

Ha transcurrido más de una década desde que recibí mi Nombre de Espíritu y he pasado por diferentes reflexiones, expresiones y formas de comprenderlo. Cuando facilitaba el trabajo de la Medicina a través de citas individuales o círculos de sanación, veía que los Arcoíris salían energéticamente de mis manos y a través de mi tercer ojo. Siempre que abría un círculo o activaba la energía durante una Ceremonia, percibía que la luz del Arcoíris brotaba de mi corazón.

En los últimos dos años, desde que escribí mi carta «Querida Mujer Blanca», en la que abordaba la apropiación cultural de nuestras Ceremonias y enseñanzas tradicionales, me he dado cuenta de que mi comprensión de este nombre sagrado que me fue regalado estaba evolucionando. He llegado a saber que soy un puente entre dos mundos. Soy una pionera entre las formas tradicionales y las modernas. Camino en equilibrio y armonía, reuniendo a toda la gente y ayudándonos a poner en práctica el amor. No ha sido fácil ser un puente, con un pie en cada mundo, pero el Espíritu me mueve a mantenerme firme. Y así, escucho, confío y sigo adelante. Es el único camino. Mi legado está plantado y sigo dando los pasos necesarios para crear ondas para las generaciones venideras.

Al recordar aquel viaje chamánico en el que reclamé mi destino, no puedo evitar pensar en todos los niños indígenas olvidados que murieron en los internados. Me entraron escalofríos cuando me di cuenta de que los niños de mi visión no eran solo mis alumnos y clientes, sino los Espíritus de aquellos que no llegaron a vivir sus vidas. Ellos son los que me guían para compartir, hablar y elevarme. Me susurran que siga adelante, incluso cuando es difícil, porque ellos nunca tuvieron la oportunidad de hacerlo. Les entrego cuentas llenas de amor y compasión. Ahora serán nuestros Ancianos. Prometo escucharles de ese modo, como a preciosos danzarines de ojos brillantes, Guardianes de la Sabiduría en el Cosmos.

Los Nombres de Espíritu de mis hijos también siguen evolucionando a medida que los voy conociendo. El de mi hijo mayor es Hombre de la Pradera (*Mashkode Inini*). Es portador de la capacidad de visión e intuición y ve a lo lejos. Recientemente he visto que porta la Medicina del Espíritu del Bisonte —el Animal que vagaba por las praderas—, ya que tiene un corazón generoso y ayuda a la gente a sentirse sostenida y segura. El más joven es el Jefe del Buen Camino (*Ogaamaawi Mino-Bimaadizi*), lo que me hace sonreír, pues desde que está aquí le hemos llamado «Bebé Jefe». Es un verdadero privilegio que yo, una madre indígena, pueda arropar a mis bebés por la noche y criarlos en mi casa, algo que muchos padres indígenas nunca tuvieron la oportunidad de hacer.

Reflexión sobre la Medicina: ¿Qué significa tu nombre de pila? ¿Da forma a tu manera de presentarte en el mundo?

LIDERAZGO VERDADERO

«El Águila es la líder de las aves. Dice que esto es lo que significa ser un buen líder: tener visión, ser generoso... Recuerda a toda la comunidad que el liderazgo no se basa en el poder y la autoridad, sino en el servicio y la sabiduría».

ROBIN WALL KIMMERER, *Braiding Sweetgrass*

El regalo de estudiar con muchos Sanadores y maestros es que he podido ser testigo de cómo lidera, guía y asesora cada persona. Algunas de mis mayores lecciones de aprendizaje han surgido de situaciones incómodas o incluso abusivas con distintos maestros en mi vida. Aunque supusieron un desafío extremo, me ayudaron a ver el daño que provoca liderar sin rendir cuentas. Es muy importante que te pongas en contacto con aquellos que te harán respetar tu integridad. No soy perfecta en absoluto y también he cometido errores, pero lo que aprendí al experimentar un liderazgo dañino es que siempre tendré un equipo fuerte de terapeutas, supervisores y sanadores para que pueda hacer en todo momento mi labor de sanación junto a los que trabajan conmigo. Esto no nos protege de meter la pata —al fin y al cabo, somos humanos—, pero al menos podemos lograr una reparación mientras nos curamos y seguimos construyendo la confianza con aquellos con los que nos relacionamos.

Creo que todos podemos ser líderes de alguna manera. Cuando digo esto en mis círculos de mentores, noto que la gente empieza a retorcerse de incomodidad, y es comprensible. El liderazgo ha tenido algunas connotaciones desfavorables, y a menudo se ha mostrado con fuerza descendente o peso jerárquico. Los dirigentes de los gobiernos de todo el mundo han sido a menudo violentos y abusivos. Los líderes tienen una gran responsabilidad, por lo que comprendo que algunos deseen rehuir esta carga. Creo que el liderazgo puede empezar en nuestro propio corazón, y cuando estemos guiando a otros podemos elegir caminar con gracia, integridad o de cualquier otra forma que queramos.

Hazte estas preguntas para profundizar en cómo estás liderando en tu propia vida:

1. ¿Cuáles son los tres valores que más aprecias?
2. ¿Qué sientes que has sanado en tu vida y ahora compartes como sabiduría con los demás?

3. ¿En qué quieres servir de modelo a los que te rodean o a la próxima generación?
4. ¿Sobre qué comunidades influyes? (¡Recuerda que tu propia familia, parientes o relaciones de amistad también son comunidades!)

Búsqueda de la visión

Hace años emprendí una Búsqueda de la Visión con un Curandero. Una Búsqueda de la Visión puede hacerse de varias maneras, pero esta vez incorporamos lo que se llama un ayuno, ya que estás sin comida ni agua durante el tiempo que permaneces en la Tierra. En ese momento, estaba bastante quemada en mi consulta privada y me preguntaba cuál iba a ser mi futuro. Este tiempo en la Tierra se dedica a escuchar al Espíritu y a toda la Creación. Recuerdo que recibí la orientación de que las cosas no podían seguir como hasta entonces, que necesitaba encontrar una forma más sostenible de compartir mi Medicina con el mundo. Vi al Espíritu de mi hijo mayor, que entonces era mi único hijo, plantando sus semillas mientras yo plantaba las mías. Pensé en el legado que le dejaría y en los pasos que daría. Supe que quería estar plenamente presente en todo ello. Algo tenía que cambiar.

En un momento en que me sentía extremadamente sedienta y acalorada por el Sol, dos Águilas pasaron dando vueltas sobre mi cabeza. Cuando les pregunté qué mensaje tenían que compartir conmigo, me pidieron que me elevara hacia mi liderazgo; me recordaron que llevo en la sangre liderar con gracia, reciprocidad y visión. Me recordaron también lo que la vidente me había dicho: yo era la maestra, el ejemplo. Mis descendientes arraigarían su Camino de la Medicina en la Tierra basándose en la forma en que yo eligiera mostrar el mío. Me dieron alas, me dieron una visión y, lo que es más importante, me mostraron que podía elevarme. Y así lo hice.

Empecé a pensar en opciones más sostenibles para mi negocio y a soñar con una comunidad global en la que compartiría la Medicina, la sanación, la Ceremonia y las enseñanzas. Hoy por hoy, creo que esas Águilas me guiaron hacia esta Creación. Di un salto de fe sabiendo que cada paso que recorría por este camino iba dejando tras de mí un legado que algún día serviría de inspiración a las generaciones venideras.

Un regalo de plumas

Un día, el mismo Curandero que me había apoyado durante mi Búsqueda de Visión me dijo que tenía un regalo para mí. Había encontrado un Águila junto a la carretera y la había llevado a su cabaña de sudación para honrarla. El Águila le ofreció sus plumas y él me regaló siete. Me sentí muy bendecida; no sabía muy bien qué había hecho para ganarme esas plumas, pero las recibí con profunda gratitud. Las plumas de Águila se nos regalan cuando se nos llama a liderar de alguna manera, como Sanador, Curandero o Guardián de la Sabiduría. El día de mi boda recibí una de mi padre, y este regalo de siete me pareció muy sagrado. Para mí representaban las siete generaciones de sanación en las que pienso cada día mientras camino poco a poco sobre esta Tierra. Cada pluma me recuerda que las palabras que digo, los pasos que doy y la sanación que llevo a cabo influirán en muchas personas. Las ondas llegarán mucho más lejos de lo que puedo imaginar. Es un regalo que recibí ese día y que llevo con orgullo en mi liderazgo.

Invocación a la Medicina del Águila

Queridísima Águila, gracias por darme mis alas. Prometo honrarlas y escuchar cómo se me llama a elevarme. Gracias por ayudarme a recordar mi gran visión. Te invito a entrar en mi cuerpo, en mi corazón y en mi alma. Recuérdame por qué estoy aquí y qué debo hacer para servir al mundo. Gracias por ayudarme a alinearme con mi yo más potente. Me comprometo a elevarme al liderazgo y a recorrer mi camino a mi manera. Te agradezco que me recuerdes que mi legado es importante.

Afirmación de la Luna de *Mdaamiin Giizis*

Con cada acción intencionada que realizo, soy consciente del impacto que produzco en las generaciones futuras, en la Tierra y en mis Hermanos. Mi legado es importante y, con mi vuelo intencionado, creo ondas de amor. Yo soy la Medicina.

CAPÍTULO 11

BIINAAKWE GIIZIS
(LUNA DE LA CAÍDA DE LAS HOJAS)

Nuestra décima Luna de la Creación tiene lugar en octubre y, en el hemisferio norte, comparte el regalo del otoño. Las hojas cambian y se vuelven de colores más vivos, y nos vemos rodeados de abundante belleza. Los Árboles nos transmiten enseñanzas sobre los milagros que ocurren ante nuestros ojos y nos recuerdan los ciclos de la Tierra. Nosotros también pasamos por ciclos diarios, mensuales y anuales, y cuando profundizamos en ellos, encontramos la paz. Esta Luna nos recuerda que, cuando nos rendimos, soltamos y dejamos que las cosas mueran, abrimos hueco para que entren otras gloriosas.

LEYENDA DE LA LUNA: CÓMO ENCONTRÓ EL BISONTE*
LA BELLEZA EN LA MUERTE

Hubo un tiempo en que los Bisontes eran muy numerosos y vagaban libres por la Tierra, que era abundante y extensa, y los animales emigraban en grandes manadas. El Bisonte era un ami-

---

* Conviene señalar que, en la zona de las Grandes Praderas de EE. UU. y Canadá, donde habita, el bisonte americano (*Bison bison*) es conocido como búfalo. (*N. de la T.*)

go muy querido por los Primeros Pueblos, que sentían un gran respeto por este Animal. La gente que vivía en las llanuras dependía de él para su supervivencia; la relación entre ellos era esencial. Ambos coexistían en actitud recíproca. La gente trataba al Bisonte como el precioso Hermano que era y empleaba casi todas sus partes para sobrevivir. Le agradecían a diario todo lo que les ofrecía, y el Bisonte se sentía honrado por ello.

Un día, la fuerza oscura de la colonización se apoderó de la Tierra. Hubo un tiempo en que las fuerzas opresoras querían deshacerse de los Primeros Pueblos que vivían en las llanuras. Era la misma fuerza oscura que había enviado a los niños a los internados y que había contagiado enfermedades a los Primeros Pueblos. Querían extinguirlos, y sabían que una forma de hacerlo era acabar con el Bisonte.

Las fuerzas oscuras lo hicieron de forma horrible e irrespetuosa: quemaban a los Bisontes que mataban, de modo que los Primeros Pueblos no pudieran utilizar ninguna parte de ellos para mantener su forma de vida. Miles de Animales morían y los Primeros Pueblos se sentían devastados por la pérdida. El Bisonte se extinguió casi por completo, pero, al igual que en el caso de los Primeros Pueblos, su Espíritu era resistente. Confiaba en que había una razón para su muerte y, cuando miles de sus Espíritus se elevaron a las Estrellas, dejaron a sus amigos, los Primeros Pueblos, una señal de esperanza de que un día volverían a vagar por la Tierra.

Decidieron hacer que las Estrellas brillaran más de lo que nunca se había visto; ¡las constelaciones nunca habían tenido tantos colores! Desde las Estrellas, ofrecieron y bendijeron a los Primeros Pueblos. Enviaron oraciones de protección y abundancia a sus Hermanos. A partir de ese día, el Espíritu del Bisonte nos recordó a todos que existe belleza en el hecho de dejarse llevar.

Espíritu Animal: Mashkode Bizhiki *(Bisonte)*

El Espíritu Animal que mejor representa nuestra décima Luna de la Creación es el Bisonte, o como se les conoce en anishiinabemowin, *Mashkode Bizhiki*. Su Medicina nos ofrece un apoyo poderoso, liberación y abundancia. En ocasiones, desprenderse de lo que pesa en nuestro corazón, en nuestra mente y en nuestro espíritu puede resultar muy difícil, pero el Bisonte está aquí para que nos apoyemos en él. Nos recuerda que merecemos tener abundancia y que, cuando limpiamos lo viejo, hacemos sitio a lo que está destinado a nosotros. Viene como un aliado para la liberación y nos ayuda a liberarnos de nuestras limitaciones pasadas. Se reúne energéticamente a nuestro alrededor para proporcionarnos una base sólida y segura e infundirnos confianza. Podemos descansar en su amor y en su seguridad sabiendo que, mientras liberamos las capas que deben desaparecer, todo irá bien. Esta Medicina Animal nos recuerda que somos dignos de recibir abundancia en todas las formas; somos dignos de este profundo apoyo.

Mensaje del Bisonte

- No hay peligro en dejar ir.
- La muerte es sagrada.
- Soltar abre un espacio.
- La abundancia es tu derecho inherente.

«Los árboles están a punto de mostrarnos lo hermoso que es soltar las cosas».

ANÓNIMO

ESE SENTIMIENTO

Todos nos damos cuenta de cuándo algo empieza a pesar en nuestro corazón, en nuestro cuerpo y en nuestro espíritu. Para algunos se trata de una experiencia sensorial, tal vez una sensación de opresión en el pecho o de inquietud en las entrañas. Para otros puede ser un ciclo constante de pensar demasiado, de no saber adónde ir o qué hacer a continuación. Puede ser una sensación de ansiedad de que algo tiene que cambiar, aunque no sepamos exactamente qué. Este estado de pesadez puede resultar confuso; no sabemos hacia dónde vamos, pero sí que tenemos que abordar, reconocer y sentir algo. Aceptar que algo necesita ser liberado puede resultar incómodo. Quizá hayamos reprimido tales sentimientos durante algún tiempo simplemente para sobrevivir. No hay que avergonzarse de ello. Estos sentimientos, sensaciones y pensamientos seguirán estando ahí hasta que tengamos el valor de mirarlos cara a cara. Cuando permitimos que la verdad inunde nuestro organismo, empieza a surgir la claridad. Si ha llegado el momento de dejar que algo muera, aceptémoslo. Al igual que ocurre con las hojas que cambian de color y caen a la Tierra, o las Plantas y Flores que sucumben a la primera helada, debemos confiar en el ciclo vital natural que pulsa a través de toda la Creación y liberar lo que ya no prospera.

Reflexión sobre la Medicina: ¿Hay algo que te agobie y que debas reconocer hoy?

SENTIR ES SEGURO

En la cultura moderna no se valora ni se fomenta la actitud de permitirnos un espacio y un tiempo amplios para sentir plena y profundamente nuestras experiencias, retos y luchas. Recibimos mensajes como «Supéralo», «Deja de llorar», «Podría ser peor» o «La vulnerabilidad es propia de los débiles». Esto nos lleva a intentar procesar las cosas lo más rápido posible para ponernos inmediatamente a buscar una solución. En otras ocasiones reprimimos, bloqueamos e invalidamos todo lo que estamos experimentando. Recuerda alguna ocasión en la que alguien se sentase contigo y te ofreciese un espacio hermoso para tu corazón y tus sentimientos. ¿Qué había en su presencia que te hizo sentirte reconocido?

He aquí algunas declaraciones de amor que pueden ayudar al receptor a sentirse apoyado y atendido:

- «Soy consciente de ti».
- «Es comprensible».
- «Siento que te haya pasado eso».
- «Estoy aquí para apoyarte y escucharte».

Estas declaraciones no implican ningún intento de arreglar u ofrecer soluciones; se limitan a ofrecer un espacio sagrado, consciente y amoroso. Si no has tenido la experiencia de que alguien te apoye de esta manera, creo que puedes hacerlo tú mismo. Intenta enviar estas afirmaciones a partes de ti que no se hayan sentido atendidas, o repítelas en los momentos en que tus emociones se hayan quedado bloqueadas o atascadas. Mi deseo es que te sientas seguro para dejarlas fluir y que sean percibidas.

SIN DESPEDIDAS

Aprender a rendirse puede ser una práctica espiritual en sí misma. Yo, por ejemplo, no he conseguido dominarla en esta vida y, durante la mayor parte de mi existencia, me ha costado mucho soltar. Mis manos, mis brazos y mi corazón se aferran con uñas y dientes a las personas, a las situaciones, a las ofertas de negocios y a las emociones, aunque al aferrarme me esté arrastrando hacia abajo. Me resulta difícil decir adiós. En nuestra lengua anishinaabe no tenemos una palabra para decir «adiós»; lo que decimos es *baamaapii*, que puede traducirse como «hasta la vista». Yo lo interpreto en el sentido de que no hay despedidas definitivas. La vida es un círculo continuo, en constante flujo. Cuando algo importante entra en nuestra vida, ya sea una relación, una carrera o incluso una emoción, seguiremos sintiendo su influencia incluso después de que se vaya. Cuanto más en contacto estemos con el flujo y reflujo naturales de estas personas y fuerzas que influyen en nuestra vida, menos sufriremos.

Es posible que ya hayas experimentado la Medicina de *baamaapii* en tus relaciones. En la muerte, nuestros seres queridos pueden regresar en forma de Animal; asimismo, cuando una relación llega a su fin, esas personas pueden volver a nosotros en nuestros sueños. Un viejo amigo puede reaparecer de nuevo en tu vida después de un largo paréntesis. La presencia de las personas en nuestra vida, por breve que sea, puede dejar huella en nosotros para siempre. En mi caso, aquellos cuyos caminos se han separado del mío han dejado una impronta única y eterna en mi ser. Los bendigo a todos, porque no hay despedidas. Nuestros espíritus están conectados. Volveré a verlos.

SOLTAR DE FORMA CONSCIENTE

En estos tiempos modernos no se nos enseña a dejar ir de forma consciente y saludable. Las redes sociales nos lo demuestran a diario, ya que «cancelamos» personas, pensamientos e ideas y bloqueamos relaciones que nunca tuvieron la oportunidad de sanar. Lo entiendo: es doloroso sentir, procesar y reconocer, y aunque estoy a favor de poner límites cuando sea necesario, me pregunto cómo sería nuestro mundo si tuviéramos más espacio para los matices y para reparar. Cuando parece que algo está llegando a su fin, lo negamos o intentamos superarlo lo más pronto posible para sentir alivio. Cortar las cosas, acelerar los procesos y no dejar el espacio que algo necesita para terminar o morir nos impide integrar una sabiduría preciosa. Las rupturas, los finales y la muerte son aspectos vitales del ciclo de la Creación. Cuando los vivimos con el ritmo y el reconocimiento que merecen, podemos pasar al siguiente ciclo liberados y libres.

Una lección que he aprendido sobre este tema de dejar ir es que puedes seguir amando algo o a alguien y soltarlo de tu vida. Aprendí esta lección con mi consulta privada. La abrí cuando tenía veintisiete años y entregué absolutamente todo mi amor, mi Medicina y mi apoyo a los miles de personas que atendí a lo largo del tiempo. Al cabo de ocho años, tras el nacimiento de mi primer hijo, empecé a recibir mensajes del Espíritu y de mi corazón que me indicaban que la consulta debía evolucionar hacia algo nuevo. Aquello me aterrorizó, sinceramente, porque se había convertido en algo estable, arraigado y cómodo y no sabía cómo iba a ser la siguiente etapa de mi trabajo. Los pequeños «empujones» que me llegaban desde arriba y desde dentro me estaban indicando que el proceso de dejar ir había comenzado. Fue un proceso lento. Seguí atendiendo a los pacientes y organizando los círculos, tal y como lo había hecho, durante algunos años más y los «empujones» fueron en aumento. Empecé a recibir visiones claras sobre mi objetivo, pero no sabía cómo podía llegar a él con todo lo que tenía encima. Atendía a entre dieciséis y veinte pacientes a la semana y organizaba círculos unas cuantas veces al mes. Tenía mi vida llena; no había forma de añadir nada nuevo.

Fue entonces cuando recibí la sabiduría que está ahí para todos nosotros cuando escuchamos: necesitaba dejar ir lo que me parecía seguro y protegido para abrir hueco a aquello a lo que el Espíritu me estaba guiando. Me encantaba mi consulta

privada y amaba a cada uno de mis clientes; en tantos años de
servicio, me habían enseñado muchísimo. Sin embargo, mi corazón y mis entrañas me indicaban que había llegado el momento.
Mucha gente me dijo que estaba cometiendo un error y que era
imposible que la gente me fuera a seguir hasta mi próximo sueño. Al final, tuve que confiar en mí misma y en lo que era mejor
para mí. Fue todo un desafío para ese aspecto de mí que se esfuerza por complacer a la gente, pero me ha demostrado que, en
el otro extremo de dejar ir, encontraremos la belleza.

El espacio intermedio

Una vez que has soltado algo, te encuentras en un espacio
intermedio. Desprendernos de cosas seguras y conocidas puede
dejarnos desorientados. Es en este punto donde la gente suele
decir: «Me siento perdido. No sé adónde voy». Te encuentras en
ese vacío expansivo de lo desconocido y puedes tener la sensación de que estás girando por el espacio, sin ataduras. No has
podido todavía llenar ese vacío con algo nuevo y por eso buscas
un punto de apoyo. Aunque tengas ideas, intenciones o sueños
sobre aquello con lo que podrías querer llenarlo, si estás demasiado apegado a tus planes, no dejas hueco para la magia que va
a fluir. Este lugar puede parecer lento e improductivo, pero debes confiar. Surgirán inseguridades, y debes permitirlas. Aquí es
donde veo que la gente «salta» demasiado pronto, que se preci-
pita para llegar a lo siguiente y abandona el espacio. Yo también
lo he hecho. Siempre que te precipitas en algo, lo que acabas
encontrando es una solución efímera; al final, esta lección volve-
rá a aparecer.
    Este espacio liminal es un rito de paso en el que el fuego lo
está quemando todo y lo único que nos queda son las cenizas. He
aprendido que sufrimos menos si somos capaces de dejar que esas
cenizas caigan a la Tierra y se hundan en la Medicina del interme-

dio, pues es un espacio por donde fluye una profunda sabiduría. Hace unos años asistí a un retiro de cuidado de uno mismo con la escritora Cheryl Richardson, que dijo algo que me produjo un gran impacto: «Tu vagabundeo tiene un propósito». Cuando me siento perdida, desorientada o confundida porque no sé hacia dónde me conduce mi camino, me acuerdo de esa frase. La inseguridad y el torbellino del espacio intermedio tienen un propósito.

Reflexión sobre la Medicina: ¿Qué te hace saber que un ciclo está completo?

BARRERAS A LA CONFIANZA

Todos hemos oído distintas versiones de estas citas inspiradoras: «Esto no te está ocurriendo *a* ti; está ocurriendo *para* ti», «Lo que está destinado a ti no pasará de largo», «Todo ocurre por una razón», y muchas otras. En teoría, estas citas son algo hermoso de creer, encarnar y vivir, pero nos cuesta hacerlo. Simplifican nuestra experiencia vivida y minimizan el modo en que la opresión patriarcal, colonial y sistémica ha afectado a unos grupos concretos más que a otros. Es fundamental tenerlo en cuenta cuando ofrecemos estos tópicos a gente marginada, como la comunidad LGTBI+, los BIPOC, los que conviven con enfermedades crónicas o cualquier otra persona que no disfrute de ciertos privilegios y eso afecte a su capacidad de confiar, entregarse, manifestarse o llamar a la abundancia. La verdad es que el sistema ha creado barreras; no podemos eludir esta realidad, así que no podemos hablar de un enfoque que sirva para todos.

Ojalá pudiéramos abordar en un día todos los problemas sistémicos que asolan a nuestra sociedad, pero todos sabemos que sería una hazaña imposible. Por tanto, debemos centrarnos en lo que *sí* podemos hacer. Aquí es donde puede entrar en juego nuestro trabajo de sanación para ayudarnos a desmantelar y desentrañar los efectos del daño sistémico, el condicionamiento cultural y el trauma ancestral.

He aquí algunos ejemplos de cómo puede manifestarse el trauma e influir en la capacidad de una persona para confiar o rendirse:

- Trauma ancestral en torno a la tierra o el hogar que fueron arrebatados por el contacto con los colonos, la guerra, las cuestiones políticas, las catástrofes naturales, las iniciativas gubernamentales, la esclavitud, la servidumbre por contrato u otras cuestiones.
- Falta de oportunidades equitativas debida al racismo, la supremacía blanca y los sistemas de opresión.
- Abandono o maltrato por parte de una figura paterna o un ser querido que provoca una falta de apego seguro.
- No tener cubiertas las necesidades básicas: hambre, pobreza, inanición, falta de hogar.
- Recuerdos de vidas pasadas.

Está claro que no podemos reducirlo a algo tan fácil como «confía y recibirás», pero sí hay que saber que cada uno de nosotros puede reconocer, sentir y sanar su propio trauma de una manera saludable y solidaria, de modo que consigamos empezar a sentirnos seguros para rendirnos. A veces tenemos que soltar lo que nos parece seguro y protegido para permitir que nazca lo que está destinado a nosotros, aunque nos dé miedo, sea doloroso o requiera un trabajo intencionado.

Reflexión sobre la Medicina: ¿Qué es lo que te impide ser capaz de entregarte y confiar plenamente (si es que hay algo)?

VIAJE DE LA MEDICINA
Rendirse con los Antepasados y el Bisonte

Busca un espacio cómodo donde sentarte o tumbarte y da la bienvenida al Bisonte y a tus Antepasados. Presta atención a tu respiración. Aquellos de tus Antepasados que fueron sanadores dan un paso adelante. Sientes una gran comodidad y seguridad, porque ellos saben bien lo que necesitas limpiar y sanar hoy. El Bisonte está a su lado, ofreciendo apoyo y amor expansivo.

Se adelanta un Curandero vestido con la ropa tradicional de tus Antepasados y te hace las siguientes preguntas:

«¿A qué te estás aferrando a pesar de saber que deberías soltarlo?».

«Contempla tus manos. ¿Con cuánta fuerza te estás agarrando a ello?».

«Siente con el corazón. ¿Percibes alguna emoción relacionada con el hecho de soltar? ¿Qué surge en ti?».

Te conducen a un gran fuego, y ves que está brillando con todos los colores del arcoíris. Se trata de un fuego transformador, capaz de limpiar vidas ancestrales, colectivas, e incluso traumas de vidas pasadas. Es potente y poderoso. Te sientes atraído por él. Percibe el calor y las llamas multicolores que bailan en tu campo energético. El Bisonte está a tu lado, apoyándote y recordándote que has llegado muy lejos. Llevas mucho tiempo caminando cargado con este trauma y no es culpa tuya que no hayas sido capaz de soltarlo. El fuego reconoce todo el dolor pasado y presente en ti y en tus Ancestros, y valida la profundidad del trauma que has presenciado y llevado encima. El Bisonte te recuerda que debes soltar todo lo que estés dispuesto a dejar atrás en este momento. A veces, lo que se necesita es rendirse poco a poco, soltar primero una cosa y luego otra.

A medida que el fuego se va desplazando por tu organismo, tus manos se relajan y se abren, el pecho se te abre, tu respiración se hace más profunda y tu sistema nervioso se calma mientras notas cómo se derrama sobre ti y dentro de ti la Medicina del Bisonte. Libera, libera, libera. El Sanador continúa trabajando con su energía a través de tu organismo y tus Ancestros se reúnen para apoyarte plenamente. Sé consciente de que el trabajo de sanación que has realizado hoy bendice a las generaciones que vienen detrás y a las que vendrán en el futuro. Estás creando un espacio de liberación para tu linaje, para ti mismo y para el futuro.

Al salir del fuego, sigues rodeado por la luz del arcoíris. Te llama la atención una cinta de color y sientes que te envuelve como si fuese una especie de manto o de túnica. Este color te recordará, cada vez que lo veas o que lo lleves puesto, que es seguro confiar. *Tú eres la Medicina*. Vuelve despacio y con suavidad a tu cuerpo y al espacio en el que te encuentras y agradece su apoyo a tus Antepasados y al Bisonte.

La Medicina de la Abundancia

Tengo una visión de mi pueblo: la Familia Indígena caminando rodeada de abundancia y alimentada por ella. Es una visión anterior a la colonización y al contacto con los colonos. Mi visión nos muestra honrando el hecho de dar y recibir recíprocamente, viviendo en comunidad y apoyándonos los unos a los otros, ofreciendo nuestros dones y Medicinas más profundos a los demás y siendo alimentados en todos los sentidos.

Incluso he tenido el sueño de estar en las orillas de la bahía Georgiana, donde mis Ancestros vivían y respiraban. Con los brazos y el corazón abiertos, recibían a los que llegaban en barcos, confiando en que traían buenas intenciones y habían llegado para establecer relaciones honorables. Como ahora ya sabemos, no existieron relaciones recíprocas y éticas entre los indígenas y los colonos. Me produce un profundo dolor pensar que la luz de la abundancia se apagó para mi pueblo en tantos sentidos.

Como sé que esta memoria de la abundancia vive en mi sangre y en mis huesos, abogo por recuperarla para mí, para mis Antepasados y para las generaciones venideras. Cada uno de nosotros la define de una manera distinta. Para mí significa estar rodeada de amor, salud, amistad, belleza, amplitud y comida, refugio y tiempo para sanar. A menudo se enseña que la riqueza es un aspecto central de la abundancia, pero el capitalismo ha distorsionado el significado de esta palabra haciéndola sinónima de codicia. En este sistema de ricos y pobres, los recursos no se reparten de forma equitativa y, con ello, las manos que poseen la mayor parte de la riqueza han provocado mucho daño a nuestros Hermanos, a la Tierra y a la Creación.

Me pregunto cómo podría cambiar esta situación si el dinero estuviera en manos de quienes lo administran de forma consciente y responsable. Imagina un mundo en el que quienes se preocupan profundamente por la Tierra y por todos nuestros Hermanos tuvieran más riqueza monetaria. Muchas personas ya viven según los valores de reciprocidad, gratitud, equilibrio y generosidad como principios rectores de sus vidas. Te garantizo que los recursos se compartirían y no se acapararían. Estoy segura de que, si la riqueza la distribuyeran otras manos diferentes, encontraríamos formas equitativas y recíprocas de elevar y cambiar la manera en que fluye el dinero por nuestro planeta.

Me imagino como un canal por el que fluyen la riqueza y otras formas de abundancia. Es un flujo interminable y dirijo esa energía de manera intencionada. No soy un sumidero que atrapa todos los recursos, sino un canal abierto relacionado con toda la Creación, que da, recibe y redistribuye los recursos allí donde se necesitan. Espero que sueñes conmigo para que esto se haga realidad.

Reflexión sobre la Medicina: ¿Qué significa para ti la abundancia?

La Medicina del Dinero

Como ya he indicado, antes de la colonización los pueblos indígenas vivíamos tradicionalmente en comunidades en las que nos cuidábamos unos a otros. Todo el mundo se aseguraba de que cada miembro del grupo estuviera alimentado, caliente y bien. Se atendía a los Curanderos cuando ofrecían curaciones o Ceremonias a su tribu. Se les agasajaba y se les daba todo lo que necesitaban. El dinero no cambiaba de manos como hoy, pero el intercambio de bienes y servicios era habitual. Tradicionalmente nos regalaban tabaco como expresión de gratitud y honor por el trabajo de Medicina que ofrecíamos. Era una forma de vida mutuamente sostenible para todos.

Hoy las cosas son muy diferentes. Nadie me ofrece pieles para que las vistan mis hijos ni me entrega comida para alimentar a mi familia a cambio de mi Medicina curativa. No se me regala un hogar cálido en el que vivir ni una cama en la que descansar mi cabeza por la noche. Y, en ocasiones, este tema ha provocado discordia en lo que respecta a mi trabajo en el mundo. Dado que nuestras costumbres tradicionales establecen que los Curanderos solo reciben Tabaco por la sanación que favorecen, ha llegado a mis oídos que los Sanadores auténticos no aceptan dinero. He oído decir que eso es codicioso y egoísta y que no albergas un verdadero «don» si recibes dinero por él.

Hace años, empecé a darme cuenta de que los Curanderos con los que trabajaba no podían permitirse comprar zapatos ni mantener a sus familias. Hacían curaciones milagrosas y servían a la comunidad, pero no podían permitirse el lujo de comprar la ropa que necesitaban para estar cómodos ni pagar el alquiler para proporcionar un hogar seguro a sus hijos. Me parecía injusto y no guardaba relación con su valor. Supe entonces que no estábamos destinados a luchar de esta manera, pero también comprendí lo difícil que resulta arraigarnos en nuestra valía y pedir lo que se nos debe.

Ese mismo año me di cuenta de que había Sanadores que morían pronto. Eran brillantes en lo que hacían, pero ya no estaban aquí para compartir sus dones o vivir hasta una edad avanzada. No pude evitar preguntarme si habían quemado su fuerza vital al ser demasiado generosos con sus dones sin recibir generosidad a cambio.

Estas experiencias me hicieron preguntarme qué quería para mi vida. Yo también era demasiado generosa —ofreciendo mucho gratis o regalando mi Medicina— y a menudo acababa quemada al final del día, con mi copa vacía. Somos un pueblo que comparte, así que aquello me salía de forma natural, pero había algo en ello que ya no me encajaba. Luché por alzarme hacia mi verdad en lo que respecta a recibir dinero como sanadora indígena, por miedo a que mis comunidades me reprendieran o me avergonzaran. Sin embargo, me convencí de que una de las formas de llenar nuestra copa es recibiendo dinero. Al fin y al cabo, el dinero es una forma de energía y alberga su propia fuerza vital.

Al reclamar mi derecho a recibir algo a cambio de todo lo que doy, también reclamé mi visión de una vida larga. Quiero ver prosperar a mis hijos y a mis nietos. Estoy en mi derecho, por nacimiento, de disfrutar de abundancia económica. Deseo tener más que suficiente para cuidar de mi familia y sueño con vivir algún día junto al mar. Me he dado cuenta de que puedo ser una administradora responsable del dinero y un canal para distribuirlo equitativamente. La reclamación de la abundancia que sé que mis Antepasados guardan en su memoria ósea también forma parte de la mía. Recibo esta abundancia a través del concepto moderno del dinero y defiendo que se pague bien a todas las personas por la Medicina que comparten con el mundo.

Reflexión sobre la Medicina: ¿Qué relación tienes con el dinero? Si el dinero fuera una persona, ¿cómo te relacionarías con él y cómo le hablarías?

LOS SANADORES Y EL DINERO

Como ya he mencionado antes, a lo largo de estos años he trabajado con muchos Sanadores y he descubierto que les resulta muy difícil pedir que se les pague bien por sus dones de Medicina. Nos han inculcado la idea de que los Sanadores deben dar desinteresadamente a la comunidad y no ser recompensados adecuadamente por ello. ¿Por qué nuestra Medicina es menos valiosa que la de un fontanero, un abogado o un médico? Los dones que compartimos con el mundo cambian vidas. Cuando trabajamos con un Sanador, las posibilidades de lograr una transformación tremenda son enormes. La visión, el apoyo, la intuición, la activación curativa y los demás dones son algo muy valioso. Tenemos todo el derecho del mundo a reclamar nuestro valor en términos monetarios si así lo decidimos. Cuando no mantenemos una relación clara y sana con la recepción de dinero, creamos situaciones inestables en torno a los límites y acabamos enfrentándonos al agotamiento y a la falta de reciprocidad por nuestros dones de Medicina.

La gente pide constantemente a los Sanadores energía, Medicina, consejo y cualquier otra cosa que sienta que necesita, y ellos son dignos de recibir un pago por todo ello. Cuando eres un Sanador, lo que ofreces es tu tiempo, tu energía y tu fuerza vital. Para mí, una de las mejores formas de usar el dinero es pagando a otros Sanadores increíbles, a personas que me apoyan y a Curanderos para que me ayuden a rellenar mi copa, me guíen a través de mis puntos ciegos y me indiquen cómo debo evolucionar para llegar a dominar mi oficio. El dinero me permite apoyar las causas que me llegan al corazón, retribuir a las comunidades y honrar a otros creadores por su trabajo en el mundo. Es la energía que me ayuda a mantenerme bien para así poder transmitir mi Medicina al mundo y ejercer una influencia más significativa. Entra en el campo de la abundancia conmigo. Estaré aquí con los brazos abiertos.

RECIPROCIDAD

Por su naturaleza, los pueblos indígenas siempre han respetado a la Tierra y devuelto a esta lo que le pertenece. Se nos enseña a caminar con gratitud, reverencia y reciprocidad en nuestras relaciones con las Plantas, los Árboles, las Aguas y los Animales, pero también podemos aplicar esto a nuestras relaciones con otros seres humanos. Me encanta la práctica de bendecir todas las cosas: personas, relaciones, interacciones complicadas o situaciones diversas. Cuando bendigo todo lo que se cruza en mi camino, siento instantáneamente que entro en un estado en el que puedo dar y recibir de forma equilibrada.

Caminar en actitud de reciprocidad con toda la Creación es una parte esencial de lo que supone tener una mentalidad de abundancia. Aunque el dinero no es la única forma de ofrecer reciprocidad, debemos ser conscientes de lo que tomamos de la Tierra y de los demás. Caminar en actitud de agradecimiento y ofrecer reciprocidad por lo que has recibido es una forma de avanzar manteniendo una relación correcta con toda nuestra Parentela. Sé consciente de la reciprocidad con quienes te guían, te facilitan la sanación y te ofrecen su Medicina. Paga el trabajo emocional, físico y espiritual que recibas en tu aprendizaje, sobre todo cuando aprendas de quienes han sido históricamente oprimidos, pues han permanecido invisibles y desvalorizados durante demasiado tiempo. Si todos viviéramos con reciprocidad, el flujo de la abundancia empezaría a atravesar los sistemas y las estructuras que nos mantienen oprimidos. La gratitud es la puerta de entrada a la abundancia. Practica la atención plena, comparte, devuelve y camina con gracia. Si todos camináramos de esta manera indígena, nuestra Tierra sanaría.

Invocación a la Medicina del Bisonte

Queridísimo Bisonte, ayúdame a seguir liberando todo lo que ocupa espacio en mi campo energético, en mi corazón y en mi vida. Recuérdame que resulta seguro dejar que las cosas mueran cuando hayan completado su ciclo. Derrama tu Medicina de abundancia por toda mi vida, recordándome mi valía innata. Acojo con satisfacción tus enseñanzas de que siempre estaré bien cuidada; ayúdame a confiar en que es así. Tu Medicina me rodea y estoy agradecida de poder apoyarme en cualquier momento en tu pelaje cálido y reconfortante y en tu cuerpo.

Afirmación de la Luna de *Biinaakwe Giizis*

Todas las cosas se mueven siguiendo ciclos naturales. Al igual que las hojas de los árboles y las plantas de la Tierra, resulta seguro dejar que las cosas se vayan a través de la muerte. Al soltar, hago sitio a lo que está destinado a entrar en mi vida. Cuando reconozco que algo ha llegado a su fin, lo suelto y encuentro que la abundancia está esperándome. Estoy cuidada siempre. Yo soy la Medicina.

CAPÍTULO 12

MSHKAWJI GIIZIS
(LUNA DE LA CONGELACIÓN)

Nuestra undécima Luna de la Creación tiene lugar en octubre, cuando las Naciones de las Estrellas, el Cosmos y el apoyo de los Mundos Superiores están cerca. Con las Naciones de las Estrellas próximas, la sensibilidad y la intuición se intensifican y todos nuestros sentidos se ponen en alerta. Durante este ciclo lunar, nuestros campos energéticos están muy sintonizados, así que aprendemos a proteger nuestros sueños, nuestra energía y nuestros corazones. Los límites energéticos son una parte esencial de la Creación, y esta Luna nos recuerda que, cuanto más conscientes seamos de los efectos de nuestros pensamientos, acciones e intenciones, más alineados con nuestra gran visión caminaremos. Las Estrellas están aquí para apoyar nuestro bienestar, y nos envuelven en protección y amor.

LEYENDA DE LA LUNA: POR QUÉ LAS NACIONES
DE LAS ESTRELLAS SE ACERCARON A LA TIERRA

En el primer ciclo de otoño, el frío empezó a cubrir la Tierra. Todas las Plantas se habían dormido, los Árboles habían perdido sus hojas y los Animales recogían comida para el invierno.

Por la noche, el Cielo se oscurecía a medida que el hielo empezaba a cubrir la Tierra. Con el Cielo tan oscuro, las Estrellas brillaban más que nunca y disfrutaban de todo lo que podían ver desde arriba. Se sentían profundamente conectadas con sus Parientes de la Tierra aunque estuvieran tan lejos.

Una noche miraron desde los Mundos Superiores y se sorprendieron. Los Animales parecían moverse muy lentamente y la Tierra se había vuelto de color marrón, como si todo hubiera muerto. Se preguntaron qué había pasado con el color y la vida del Mundo Medio. Se asustaron y se reunieron para consultarse unas a otras.

—¡Puede que se haya producido un gran incendio! —dijo la poderosa constelación *Gitchi Mkwa* (Osa Mayor).

—O quizá una gran plaga se haya apoderado de la Tierra —respondió *Wabiizi* (Cisne).

El nervioso parloteo de las Estrellas era tan fuerte que podía oírse en el plano terrestre.

—Tenemos que bajar para ofrecerles toda nuestra protección —dijeron—. Necesitamos que nuestros Parientes de la Tierra sepan que estamos a su lado.

Una de las Estrellas que se encontraba en la constelación de *Ma-iingan* (Lobo) tuvo una idea.

—¡Voy a ir a visitar la Tierra para ver qué pasa!

Las demás, embargadas por la curiosidad, sintieron en sus corazones la llamada para unirse al viaje. Al día siguiente comunicaron al Cielo que iban a visitar el plano de la Tierra para ver qué pasaba con su Parentela. El Cielo accedió y les dijo que no tenían más que pedir un deseo y se encontrarían realizando el viaje a la Tierra.

Cuando llegó la oscuridad, las viajeras de las Estrellas cerraron los ojos, activaron sus corazones y pidieron un deseo al Cosmos. Una a una fueron saltando de su hogar, dejando tras ellas la más hermosa estela de Polvo de Estrellas. Era como si se elevaran e iluminaran el cielo nocturno con su magia para que todos las vieran: la magnificencia de las estrellas fugaces. Cuando llegaron a la Tierra, preguntaron a las Plantas, a los Árboles y a los Animales qué estaba ocurriendo y les contaron el motivo de su visita y sus preocupaciones.

—Al igual que vosotras, nosotros también pasamos por nuestras propias estaciones y ciclos vitales, queridas Estrellas. La muerte, el dejar atrás y la hibernación son una parte importante de la renovación.

Las Estrellas empezaron a comprender y preguntaron si podían aportar algo para favorecer este ciclo.

—Queridas Estrellas, hay momentos en los que nos sentimos vulnerables y con necesidad de protección. ¿Podemos pedírosla?

Las Estrellas accedieron y prometieron visitar la Tierra como Estrellas fugaces para ofrecer protección y apoyo adicionales siempre que las necesitaran.

Cuando llegó el momento de regresar a casa, pidieron a sus Naciones que se acercaran para poder hacer el viaje de vuelta. El Creador les ofreció una estela de Polvo de Estrellas y ellas subieron flotando al Cosmos. Cada año, durante este ciclo lunar, las Naciones de las Estrellas se acercan para poder visitar a sus Parientes y, de ese modo, ofrecerles seguridad durante el tiempo de congelación. El velo se adelgaza, los caminos hacia nuestros Ancestros y Guías se abren y somos capaces de intuir, sentir y ver con más profundidad.

Espíritu animal: Ma'iingan *(Lobo)*

El Espíritu Animal que mejor representa nuestra undécima Luna de la Creación es el Lobo, o como se le conoce en Anishiinabemowin, *Ma'iingan*. Cuando aúlla a los Mundos Superiores, atrae las energías curativas necesarias para facilitar nuestro camino y evolución. Es un guardián y protector que alberga la

Medicina de los límites energéticos y nos proporciona protección. Feroz en su Medicina, forma parte de nuestra manada de
apoyo cuando la necesitamos. Tiene unos instintos muy fuertes
y nos recuerda que podemos utilizar nuestra sensibilidad e intuición para «rastrear» la energía en nuestras vidas. Nos anima a
escuchar nuestros sentidos de un modo más profundo, a confiar
en lo que recibimos y a actuar con valentía cuando sea necesario. Caminará con nosotros y gruñirá para ayudar a proteger
nuestro espacio. Esta Medicina salvaguarda nuestros recursos
sagrados, preserva nuestra vitalidad y cura nuestras vidas.

Mensaje del Lobo

- La protección está por todas partes.
- La autopreservación es vital para tu sanación.
- Aúlla a la Luna y a las Estrellas; ellas te escuchan.
- Pon en marcha todos tus sentidos.

RASTREANDO

El concepto de «rastreo» me lo enseñó una Curandera algonquina que tenía la capacidad de ver la raíz de un problema
y sacarla a la luz. En aquel momento, yo ya estaba utilizando
esta Medicina en mi práctica homeopática y curativa, pero no
tenía un nombre que darle. En la escuela de homeopatía, nuestros profesores nos decían que la primera pregunta que debíamos hacer después de tomar notas del caso era: «¿Qué es lo que
hace falta curar?». Teníamos que discernir lo que estaba saliendo
a la luz. Para poder ser un buen terapeuta, se necesita tener habilidades de rastreo. Al igual que hace el Lobo, utilizamos nuestros sentidos agudizados para reconocer lo que debemos ver, oír,
sentir, saborear, oler o conocer. Recuerdo a la Curandera algon-

quina describiendo la Medicina del Lobo y explicándome que este posee una profunda capacidad de rastrear la energía. Me dio escalofríos saber que eso era lo que yo había estado haciendo, y que ahora podría ampliar y hacer crecer mis habilidades aprendiendo con él. Rastrear implica utilizar todos los sentidos para aclarar y descubrir lo que pide sanación en cada paciente. Cuando lo hacemos a través de la lente del amor incondicional y la compasión, no buscamos lo que está mal, sino que vemos en primer lugar todo lo que es divino y luego ayudamos a las demás partes a recordar su naturaleza innata.

Mi osteópata lo describió una vez maravillosamente afirmando que pone sus manos sobre el cuerpo, siente su perfección y ve todas las partes que funcionan bien y gozan de buena salud; ahí es donde empieza. Su misión es, a continuación, llamar suave, compasiva y amorosamente a todas las demás partes a este estado, confiando en que el cuerpo y el Espíritu pueden llegar a él. Esta es una forma profundamente sagrada de tratar nuestro organismo y a la que aspiro diariamente en mi trabajo.

Reflexión sobre la Medicina: ¿Sientes que eres capaz de rastrear la energía? ¿Qué sentidos están más acentuados cuando lo haces?

Tu esencia es preciosa

Cuando era, niña recuerdo que percibía lo que sentían todos los que estaban a mi alrededor. Era muy sensible y empática. Podía notar lo que no decían, sentir las emociones que no expresaban, y me daba cuenta de que absorbía toda esa pesadez en mi cuerpo. En ese momento no sabía nada de límites, de protección ni de la forma de preservar mi energía. Ya por entonces era una

Curandera en formación; estaba al acecho de las necesidades de los que me rodeaban incluso a esa edad tan temprana. Era como si pudiese cambiar de forma emocional para convertirme en lo que los que me rodeaban necesitaban que fuera. El amor lo es todo para un niño. Si no recibimos el amor y la atención que merecemos, encontramos la manera de conseguirlo, y yo lo hacía siendo lo más «buena» posible. Complacía a todos los que me rodeaban y me aseguraba de que estuvieran bien, incluidos aquellos cuyo trabajo era asegurarse de que yo estuviera bien. Haber venido a esta vida con un propósito del alma de Sanadora y guerrera pacífica contribuía a la forma en la que me presentaba ante el mundo. Quería ayudar; quería cambiar la energía de todos para que pudiéramos volver a la armonía. Fue una gran responsabilidad la que me impuse a mí misma y he tenido que trabajar para soltarla. Ahora sé que solo puedo ser responsable de *mi propia* energía, pero he necesitado mucho aprendizaje para aprender esa lección.

Alguien me preguntó una vez: «¿Sientes que tu energía es preciosa y que merece la pena que la cuiden?». Había algo en la palabra «preciosa» que me hizo llorar. Mi respuesta inmediata fue que no; no me sentía digna de ser cuidada ni protegida, ni me sentía preciosa. Esta experiencia me confirmó por qué mis límites eran tan porosos y por qué suponía un crecimiento tan grande el hecho de poder defenderlos por mí misma.

Según mi experiencia, las personas que son almas sensibles o se identifican como Sanadores suelen:

- Desempeñar el papel de cuidadores en su familia.
- Estar condicionadas a valorar a los demás más que a sí mismas.
- Inclinarse a complacer a la gente y tener dificultades para decir que no.
- Asumir la energía que no les corresponde.
- Llevar el peso del mundo en sus cuerpos y campos áuricos.

También suelen ser las que rompen los ciclos de los patrones familiares y ancestrales convirtiendo el trauma en sabiduría y alquimizando el dolor en Medicina. Centrarnos primero en los demás y caminar con una profunda sensibilidad y empatía puede dejarnos muy abiertos a todo tipo de energías. Algunas son útiles y nos apoyan; otras, no tanto. Para prosperar en este mundo tenemos que centrarnos en la verdad de que nuestros cuerpos, corazones y espíritus son preciosos y merecen ser cuidados.

Reflexión sobre la Medicina: ¿Ves tu esencia como algo precioso y digno de ser cuidado? ¿Por qué sí o por qué no?

Campo energético

Cada uno de nosotros posee un campo energético en forma de latido vibratorio que rodea nuestro cuerpo. Interactúa con todos los sistemas de nuestra mente, nuestro cuerpo y nuestro Espíritu, y también con el mundo exterior, con otras personas y con las fuerzas externas. Si te frotas las manos durante unos segundos y luego las separas, empezarás a sentir la esencia de este tipo de energía. Hay diferentes teorías sobre la extensión de tu campo energético. Algunos dicen que, si estiras los brazos hacia los lados y «dibujas» una forma de huevo alrededor del cuerpo desde la cabeza hasta los pies, esa es la extensión de tu campo. Otros consideran que es vasto e infinito y que puede estirarse y encogerse según sea necesario. Lo más importante es identificar cómo lo percibes en tu organismo para poder trabajar con él. Nuestro campo energético está directamente relacionado con nuestros límites, y puede ser rígido, poroso o estar en algún punto intermedio. No existe lo que podríamos denominar campo energético «perfecto», al igual que hay más de una forma de existir en el mundo. Nuestro campo energético tampoco es estático; cambia y evoluciona a medida que avanzamos en nuestro viaje.

El punto de porosidad o rigidez que tenga tu estado en este momento reflejará precisamente lo que has necesitado en tu vida. Nuestro campo energético puede verse afectado por energías familiares, ancestrales, de vidas pasadas y colectivas. Si construimos una relación más profunda con nuestros campos, podemos sentir el impulso de movernos a un punto más neutral. Nuestro organismo lo sabe siempre, y lo más importante es ser consciente de ello. No hay que avergonzarse ni juzgar; estamos simplemente observando. En mi opinión, siempre podemos movernos hacia lo que nuestro organismo necesita para curarse; podemos elegir.

VIAJE DE LA MEDICINA
Conciencia del campo energético

Busca un espacio cómodo donde sentarte o tumbarte y empieza a respirar. Da la bienvenida al Espíritu del Lobo. Ves aparecer una puerta dorada y empiezas a cruzarla. El Lobo camina a tu lado y sientes la presencia de tu cuerpo a cada paso. Llegas a un claro sagrado que se ha preparado para ti y donde las Estrellas se han reunido para apoyarte. El Lobo empieza a aullar a las Estrellas y el sonido vibra por todo tu cuerpo. Notas que puedes sentir, percibir y ver con más profundidad. Estira los brazos hacia el Cielo y muévelos hacia abajo como si estuvieras dibujando una burbuja a tu alrededor. ¿Notas texturas, sensaciones, colores? ¿Notas roturas o desgarros? ¿Y algún objeto o imagen? El Lobo vigila tu espacio mientras lo haces.

Lobo empieza a gruñir, a activar sus habilidades de rastreo, y la vibración de su gruñido sacude tu campo energético y limpia cualquier cosa que pueda estar dañándote o influyéndote.

Purifícate mientras las Naciones de las Estrellas comienzan a lavarte con la luz de las estrellas. Una cascada de esta energía fluye sobre ti. Ahora estás plenamente presente en tu campo energético natural.

Permanece arraigado a la Tierra y unido a las Estrellas, y pregunta a tu Espíritu: «¿Es mi campo energético más poroso o más rígido?».

Pide a tu Espíritu que te muestre, en una escala del 1 al 10, lo poroso que es tu campo energético. Si es poroso, puede necesitar estabilidad, reparación y seguridad.

Pide a tu Espíritu que te muestre, en una escala del 1 al 10, lo rígido que es tu campo energético. Si es rígido, puede necesitar blandura, suavidad y confianza.

El Lobo crea un límite poderoso y claro alrededor de tu campo caminando en círculo en torno a él en el sentido de las agujas del reloj. Te ofrece lo que necesitas; deja que informe a tu campo energético y ábrete a que la sanación siga fluyendo durante los próximos días. El Lobo completa su trabajo con un fuerte aullido a las Estrellas y tu campo energético reluce. *Tú eres la Medicina*. El Lobo te acompaña de vuelta al camino, hasta la puerta, y antes de irte dedicas un momento a sentir la diferencia en tu organismo. Ahora estás en tu poder. Vuelve a respirar, lenta y suavemente, y cuando te sientas preparado, abre los ojos.

Reflexión sobre la Medicina: ¿Qué te ha dicho el viaje acerca de tu campo energético?

PROTECCIÓN

En nuestra vida cotidiana estamos constantemente interactuando con diferentes vibraciones, transmisiones sutiles y frecuencias. Nos conviene estar atentos a las frecuencias que llevamos a los lugares donde vamos, a la energía en la que nos sumergimos y a los pensamientos que enviamos consciente e inconscientemente. Como Sanadora y Curandera, he tenido muchas oportunidades de practicar, comprometerme y aprender sobre la protección. La energía produce un efecto, y la Luna de la Congelación nos enseña que, cuanto más cuidemos nuestros organismos, mejor podremos manejarla, cuidarla y compartirla con el mundo.

Existen muchos ayudantes, tanto en el Mundo Físico como en el Espiritual, que pueden ofrecernos protección. Es posible que hayas invocado a los Arcángeles o a ciertos Espíritus Animales para que te ayuden, o que tus Antepasados sean seres que te protegen. También muchas plantas Medicinales ofrecen protección para distintos aspectos de nuestro cuerpo, nuestra mente y nuestro Espíritu. Estas plantas con las que desarrollamos una relación sagrada podemos llevarlas en nuestro Paquete Medicinal, colocarlas en nuestro altar, tomarlas en tintura o esencia floral o quemarlas como Medicina de Humo. Como ya vimos en el capítulo 5, dedicado a la limpieza y a la purificación, las Plantas que te conectan con tu linaje y ascendencia serán siempre las más poderosas.

Estos ayudantes, ya sean Espíritus, Ángeles, Animales o Plantas, nos proporcionan una forma eficaz de rodearnos de protección. Sin embargo, he comprobado, tanto en mí como en mis clientes, que estos aliados de protección funcionan mejor cuando los combinamos con el trabajo de sanación interior. Si no vamos a la raíz y sanamos el motivo por el que nos influyen las energías, estas prácticas se convierten en soluciones temporales. Por tanto, lo mejor es realmente una combinación de trabajo interior con la invocación de aliados de protección.

Razones por las que puedes sentir necesidad de protección:

- Eres blanco de celos o de envidia.
- Las energías te están agotando.

- Te encuentras cargando con las emociones y la pesadez de otras personas.
- Te sientes agotado y no tienes motivos para sentirte así.
- Tu capacidad es baja.
- Te sientes vulnerable.

Para llegar a la raíz del motivo por el que se producen las fugas de energía, debemos ser sinceros con nosotros mismos. Una fuga de energía es simplemente algo sobre lo que todavía no hemos tomado conciencia. Cuando la vemos, podemos enfrentarnos a ella con amor, compasión y sanación.

Estas fugas pueden deberse a varias causas:

- Una tendencia a decir que sí cuando quieres decir que no.
- No escuchar a tu cuerpo cuando necesitas descansar.
- El intento de complacer a la gente.
- Intentar rescatar o capacitar a los demás.
- La codependencia en las relaciones.

Creo que la mejor protección viene de dentro afuera. A veces, el primer paso puede ser tan sencillo como permitir que te protejan. Cuando lo hagas, podrás empezar a caminar hacia tu poder y tu Medicina. De este modo, estabilizarás tu campo energético, pero es algo que requiere práctica y autorreflexión continua. Es un viaje que dura toda la vida.

Reflexión sobre la Medicina: ¿En qué aspectos de tu vida sientes que necesitas protección? Coloca las manos sobre el cuerpo en el punto donde te sientas más vulnerable y dite a ti mismo que eres digno de recibir protección. Si necesitas apoyo adicional, siempre puedes invocar la ferocidad del Lobo.

CAPACIDAD

Una de las cosas más importantes que he aprendido gracias a mi trabajo de procesamiento somático ha sido la importancia de poder evaluar nuestra capacidad en cualquier momento. Aunque parece algo sencillo, nunca he visto que se fomente o apoye en nuestra vida moderna. El capitalismo y las estructuras patriarcales nos dicen que tenemos que estar «conectados» en todo momento. No hay tiempo para descansar, ni tan siquiera para dedicar unos instantes a evaluar si podemos o no estar de acuerdo con algo. Con ello, pasamos por alto lo que sienten nuestro cuerpo, nuestro corazón y nuestro Espíritu. Decimos que sí a todo sin preguntarnos si realmente contamos con la energía emocional, física o espiritual necesaria para comprometernos con lo que se nos pide. Si nos permitimos dedicar un momento a estar presentes, podremos evaluar de cuánta energía disponemos para apoyar u ofrecer la Medicina. Si me pregunto todos los días qué capacidad tengo, me estaré haciendo un gran regalo.

Hay cosas que hago porque no me queda más remedio, como preparar la comida de mis hijos o acostarlos, pero aun así a veces reconozco que mi capacidad es muy baja en esos momentos. Si no paso por alto esos sentimientos, estaré honrando a mi organismo y descansaré más a menudo cuando lo necesito. Recibo muchas invitaciones para pódcasts, talleres y otros eventos, y ahora paso cada una de ellas por mi «medidor de capacidad». Hay veces que puede resultar muy complicado evaluar mi capacidad, si lo que se me ofrece se va a celebrar al cabo de unas semanas o unos meses; pero he aprendido que mi cuerpo siempre lo sabe. Mi medidor de capacidad aparece en mis ganglios linfáticos y en mi pecho. Cuando sobrepaso mi capacidad o digo que sí a demasiadas cosas, me dan punzadas en estas zonas. He aprendido a escuchar atentamente a mi cuerpo y a saber que alberga una profunda sabiduría.

Es posible que la consciencia de tu capacidad se manifieste como un conocimiento mental o emocional, por ejemplo:

- Notas el cerebro lleno, confuso o abrumado.
- Tu agenda tiene tantas citas que no te cabe ni una más.
- Te muestras olvidadizo.
- Te enfadas, te resientes o lloras cuando te piden que des algo.
- Te irritas por cosas aparentemente pequeñas.

Solo tú sabes de cuánta energía dispones para gastar en cada momento. Tu energía es tuya.

Reflexión sobre la Medicina: Dedica unos momentos a encontrar tu propio «medidor de capacidad». En una escala del 1 al 10, ¿cómo está de lleno tu recipiente? ¿Cuál es tu capacidad en este momento?

TU NO SAGRADO

Quiero que quede claro en esta conversación sobre tu derecho sagrado a decir que no y a establecer límites que, si sufres dolor y trauma porque no se respetan ni se honran la soberanía y la voluntad de tu cuerpo, te entiendo. Si has sufrido abusos físicos, emocionales o espirituales y tus noes no fueron escuchados, vistos o reconocidos, siento mucho que esto haya formado parte de tu camino. Es cruel que alguien te haya hecho vivir eso, y no es culpa tuya. Si no recibiste la protección de aquellos que debían protegerte, algo que es tu derecho divino inherente como niño o joven, te ofrezco mi más profunda compasión. Aunque muchos de nosotros arrastramos una experiencia vivida en torno a nuestros límites sagrados que no han sido respetados, también podemos arrastrar un trauma ancestral de nuestros padres o de generaciones anteriores a nosotros que también lo experimentaron. Este es un gran trabajo, y si has elegido hacerlo, estoy muy orgullosa de ti. Hace falta un valor inmenso.

¿Cuántas veces ha salido un sí de tu boca cuando tu cuerpo y tu Espíritu te susurraban que no? O tal vez no era un susurro, sino un grito, y aun así no te atreviste a pronunciar la palabra «no». Me estoy recuperando de mi costumbre de intentar agradar a la gente y todo esto me ha costado mucho. He aprendido que decir que no es algo profundamente sagrado.

Decir que no ofrece:

- Más potencia y significado a mi sí.
- Una profunda sanación de todas las partes de mí misma que no estoy dispuesta a abandonar.
- Estabilidad para mi campo energético y mis límites.
- Espacio para que la otra persona entre en sus propias capacidades.

Empecé mi negocio antes de que aparecieran las redes sociales en nuestro mundo, pero cuando trasladé mi Medicina a ellas, empecé a recibir mensajes privados a diario: «¿Qué remedio homeopático necesito para este dolor en el dedo del pie?», «Anoche soñé con un zorro; ¿qué significa?», «¿Cómo se llama mi Guía Espiritual?», y así sucesivamente. Me sentía frustrada y resentida y me preguntaba por qué la gente creía que tenía un acceso ilimitado a mi energía y a mi Medicina sin ofrecer nada a cambio. Marchaba por mi casa murmurando: «¿Es que no saben cuánto tiempo y energía me cuesta esto?» o «¿Por qué no respetan mi Medicina?». Después de meses de compadecerme a diario, me di cuenta de que era yo la que debía mostrar a la gente dónde estaban mis límites. De mí dependía hacerles saber lo que estaba bien y lo que no lo estaba. Es posible que hayas oído decir que hay que «enseñar y mostrar a la gente cómo quieres que te traten». Alzar la voz para defenderme y marcar mi «no» con un límite fue una de mis maneras de hacerlo.

Establecí un sistema para preguntas como estas en el que la persona podía reservar un espacio de tiempo de quince minutos y pagar por mi tiempo y mi energía, y luego podíamos pasar a una llamada o conversar por correo electrónico. Lo fascinante fue que, cuando lo hice, las peticiones empezaron a desaparecer. El simple hecho de establecer este límite, como hace el Lobo de forma brillante, y pedir la reciprocidad que deseaba cambió la energía casi inmediatamente. Mi tiempo, mi energía y mi Medicina son sagrados. Y también lo son los tuyos. Cuando decimos que no, en realidad estamos abriendo hueco para que nos lleguen oportunidades con las que nos identifiquemos más. Una pregunta que me encanta hacerme es: Si digo que no a esto, ¿a qué estoy diciendo que sí?

Sintonizar con tus sensaciones corporales, con tus emociones y con tus pensamientos cuando te llega una petición puede requerir práctica. Repito una vez más que, si arrastras en tu cuerpo o incluso en tu linaje una historia de abusos, puede ser una empresa realmente complicada. Eres digno de recibir apoyo y ayuda para atravesar todo este dolor. Es válido y tú no tienes la culpa. Se puede conseguir la sanación en espacios seguros y valientes. Eres muy digno de recibirla.

Invocación a la Medicina del Lobo

Queridísimo Lobo, gracias por recordarme que soy valioso y digno de decir que no. Te agradezco tu capacidad para rastrear las energías que no me ayudan ni están de acuerdo con mi Espíritu o mi cuerpo. Prometo escuchar con más atención los signos y señales sutiles de que algo no va bien. Cuando sea necesario, daré la bienvenida a tu gruñido y honraré tu capacidad para ver que mi energía está siendo invadida o influida por otros. Gracias por ayudarme a caminar con una protección potente; te estoy agradecido por tu feroz tutela.

Afirmación de la Luna de *Mshkawji Giizis*

Cuando las Naciones de las Estrellas descienden para encontrarse conmigo, estoy protegido y rodeado de energía cósmica. Soy digno, estoy plantado en mi poder fiero y dejo que el mundo que me rodea vea las llamas de mi resplandor. Mi energía es preciosa y merece ser custodiada siempre que sea necesario. Yo soy la Medicina.

CAPÍTULO 13

MNIDOONS GIIZISOONHG (LUNA DEL PEQUEÑO ESPÍRITU)

Nuestra duodécima Luna de la Creación, que tiene lugar en noviembre, es un momento en el que soñamos con la buena salud para hacerla realidad. Mientras caminamos hacia la sanación, recordamos que ya estamos completos. Esta Luna nos enseña que, cuando centramos las intenciones en nuestra sanación, obtenemos una profunda sabiduría. Durante este tiempo, nuestros Sanadores internos se activan y prestamos atención a la forma de escuchar más profundamente su voz y su presencia. Esta Luna nos recuerda que todos estamos en un camino de sanación y que podemos tomar la decisión de cultivar una sabiduría profunda a partir de las luchas y los retos que tengamos que afrontar. Podemos ser los Sanadores de nuestras propias vidas, y esta Luna nos invita a compartir lo que hemos aprendido por el bien de nuestras comunidades, nuestras familias y el propósito de nuestra alma.

LEYENDA DE LA LUNA: CÓMO SURGIÓ EL PEQUEÑO ESPÍRITU

Los humanos eran la última parte de la visión que el Creador tenía para los habitantes del plano terrestre. Cuando se hicieron realidad a través de un sueño, el Creador dejó espacio para la evolución y plantó esta capacidad en su ADN. Durante cientos de años, los humanos caminaron por la Tierra manteniendo una relación profunda con su cuerpo físico. Se centraron en lo fuerte que era mientras cazaban, recolectaban y luchaban por sobrevivir. Dominaron su relación con él y crecieron para avanzar con mucho vigor. Cuando el Creador observó este crecimiento, supo que había otro aspecto que podía completarlos. Infundió en sus corazones una luz brillante que les enseñó a sentir. El amor, la pena, la ira, la compasión, la rabia y la vergüenza empezaron a moverse a través de ellos, y practicaron aprendiendo a relacionarse con los demás a través de estas emociones.

Por desgracia, a los humanos parecía costarles mucho recuperar el amor y la compasión en sus interacciones, y los desacuerdos se convirtieron en algo cotidiano. Se hacían daño y se herían unos a otros. El Creador estaba muy triste, porque no era eso lo que había previsto. Vio que los humanos se volvían rígidos y mezquinos y observó cómo se maltrataban y ofendían unos a otros. Sabía que debía hacer algo para reparar y arreglar las relaciones. Se dio cuenta de que los humanos necesitaban contar con otro aspecto que favoreciera su evolución y crecimiento. Lo llamó el Espíritu.

Infundió energía divina en cada ser humano tejiendo este Espíritu en todas las capas y niveles de su cuerpo, su mente y sus emociones. Los humanos suspiraron de alivio ante lo que les ofrecía, pues se habían sentido desprovistos de aquella luz. Al ser activados con el Espíritu, se miraron unos a otros con asombro. Nunca habían visto tanta belleza en los demás, nunca se habían sentido tan conectados unos con otros. Para proteger este aspecto de la divinidad, el Creador insufló una última pieza en cada ser humano. Lo llamó el Pequeño Espíritu, una fuerza vital inherente que latía en toda la experiencia humana. Era profundamente valioso e informaba del bienestar de cada persona. El

Creador explicó que el Pequeño Espíritu necesitaba cuidados y protección, porque a veces era delicado. Las palabras poco amables y el maltrato podían expulsarlo del ser humano. Podía sufrir con cualquier acontecimiento traumático, así que había que cuidarlo.

Este Pequeño Espíritu fue plantado en cada persona para que la ayudara a centrarse en su capacidad innata de curarse a sí misma. Si el Pequeño Espíritu sufría algún tipo de daño, el humano lo sabría y recibiría una señal de que había llegado el momento de centrarse en la sanación. Lo único que tenía que hacer era escuchar profundamente y oír la llamada para así recuperar la homeostasis. Era una parte vital de la experiencia humana y, con su introducción, el Creador vio que regresaban el amor y la compasión. A partir de ese día, los humanos siguieron evolucionando con el Espíritu como parte esencial de su camino de la Medicina. Aprendieron que toda sanación era posible y, cuando las cosas se torcían, podían invocar esta profunda fuerza vital para recordar que ya estaban completos.

Espíritu animal: Ginebig *(Serpiente)*

El Espíritu Animal que mejor representa nuestra duodécima Luna de la Creación es la Serpiente o, como se la conoce en anishiinabemowin, *Ginebig*. Su Medicina habla al proceso transformador de sanación de nuestros cuerpos, mentes y Espíritus. Se presenta para recordarnos que todos albergamos capacidades curativas innatas y nos ayuda a reconocer y perfeccionar este don. Su vientre está arraigado a la Madre Tierra y, por tanto, ayuda a amplificar nuestra conexión sagrada. La Madre Tierra pone a nuestra disposición una sabiduría profunda, fuerza vital y apoyo, y nos pide que caminemos con suavidad y gracia. Con la sanación, nos despojamos de las capas del pasado, igual que la Serpiente se despoja de su piel. A medida que las capas van cayendo a la Tierra, se convierten en mantillo y se transmutan en la Medicina de apoyo que nos sostiene. La Serpiente nos recuerda el poder de permanecer con los pies en la Tierra para equilibrar nuestras energías físicas, emocionales y espirituales.

Mensaje de la Serpiente

- Eres un Sanador.
- La Tierra te proporciona la Medicina que te enraíza.
- Ha llegado el momento de desprenderse del pasado.
- Toda sanación es posible.

No estás roto

Durante muchos años, inmersa en el mundo de la sanación alternativa, me bombardearon con el mensaje de que mi cuerpo estaba roto. Uno podría pensar que los mensajes que recibí mientras recorría este camino no tradicional resultaron positivos y nutritivos para mi Espíritu, pero la mayoría no fue así. Cuando tenía veintipocos años, los naturópatas me decían una y otra vez que tenía que depurarme, limpiarme y restringirme; que necesitaba purgar las toxinas y la enfermedad de mi cuerpo. Escuchaban mis síntomas y mi historia y, en lugar de hacer más preguntas, enumeraban todas las cosas que tenía mal. Mientras buscaba la sanación, escuché repetidamente los mismos mensajes negativos procedentes de diversos profesionales; no solo los naturópatas trabajaban de este modo. Probé de todo, incluidos zumos, limpiezas, dietas veganas, suplementos, ayunos y muchas cosas más. La mayoría de las soluciones que me ofrecían no eran sostenibles a largo plazo ni estaban arraigadas en el amor o la autocompasión. Esto no quiere decir que durante ese tiempo no recibiera apoyo ni tipos de sanación, pero las experiencias no me satisfacían todo lo que necesitaba. No estaba sanando.

Echando la vista atrás, me sorprende que a nadie se le ocurriera preguntarme por las heridas ancestrales que había estado guardando en mis células, mi ADN y mi sangre. Nadie se fijó en los efectos del trauma intergeneracional de la colonización, la opresión y el intento de genocidio que albergaba en mi cuerpo. Los distintos tipos de sanación se promocionaban como holísticos, pero había piezas importantes que quedaban fuera. Muchos de aquellos profesionales decían que también actuaban desde un enfoque holístico, pero no acertaban porque no abordaban las repercusiones de los efectos sistémicos y culturales en la salud y el bienestar. No estamos rotos; los que lo están son nuestros organismos. Me entristece que no se reconozcan estos problemas; pero mis experiencias en la búsqueda de respuestas también han sido un regalo, porque me han impulsado a profundizar para encontrar la raíz de mi enfermedad en el trauma generacional. Al desentrañar y sanar todo lo que había reprimido, aprendí a ayudar con eficacia a otros a profundizar, sanar y ser vistos en su máxima expresión.

Nunca olvidaré el día en que me mostraron la homeopatía. Mi médica me ofreció dos bolitas, un remedio homeopático llamado Silicea, para mi «sensibilidad de cuando era niña». Por aquel entonces acudía a ella por todos mis síntomas físicos y me preguntaba qué importancia podía tener mi estado emocional de niña. ¿Cómo podía aquel remedio homeopático cambiar los síntomas físicos que experimentaba? En cuestión de semanas, el miedo que tenía a la muerte, la caída del cabello, las erupciones cutáneas y el dolor de articulaciones que sufría mejoraron notablemente. Me sentía más conectada y recordaba aspectos de mí misma que habían quedado enterrados. El remedio abordó tanto mi dolor físico como el emocional, incluidos los traumas antiguos. Me sentí sostenida en mi integridad por mi médica, que amaba tanto mis partes sombrías como mi luz. Sabía que, si la homeopatía podía proporcionarme eso a mí, también podría dárselo a los demás. Me embarqué en el proyecto de aprender esta Medicina y ayudar a otros a ver que la sanación es posible. Llevo más de veinte años utilizándola para sanar y puedo decir con sinceridad que ha desenterrado traumas y dolores ancestrales profundos de mi alma y me ha conducido a un espacio de esperanza y prosperidad.

Aprender homeopatía me abrió los ojos a otras formas de Medicina energética, y empecé a ver diferentes vías que podían complementar mi régimen de batidos y vitaminas saludables. Aprendí que lo más importante de cualquier enfoque del bienestar es que se nos considere enteros, nunca rotos. Como mencioné en el capítulo 4, en referencia a la Medicina del Ciervo, la vergüenza puede ser una barrera para la sanación profunda. Los mensajes de que nuestros cuerpos, nuestras mentes y nuestras almas no son correctos ejercen una gran influencia. Me pregunto qué sucedería si nos sostuviéramos, viéramos y apoyáramos a través de la lente del amor incondicional. Qué lograríamos si, cuando nos sentamos ante alguien, este nos viera como los seres exquisitos que somos, en nuestra forma más elevada de expresión, igual que hicieron los primeros humanos después de recibir su trozo de Pequeño Espíritu. Desde este espacio se puede llevar a cabo mucha sanación. Es milagroso. He sido testigo de ello.

A medida que seguía practicando, me di cuenta de que, igual que los remedios homeopáticos, mi presencia y mi apoyo podían actuar como catalizadores o recordatorios de la fuerza curativa innata de una persona. Todo aquel que acudía a mí ya estaba completo, albergaba en su interior todo el potencial necesario para curarse, solo que había perdido de vista los aspectos que lo conectaban con ese poder. La Luna del Pequeño Espíritu nos recuerda que debemos volver a conectarnos con el poder de nuestra integridad para recordar que somos mucho más que los síntomas y las enfermedades que padecemos.

Reflexión sobre la Medicina: ¿Cómo te han contado los distintos sistemas que estás roto? ¿Crees que tienes la capacidad de curarte a ti mismo? ¿Por qué sí o por qué no?

Tu sanador interior

Tu Sanador Interior es poderoso. A lo largo de este libro hemos ido viendo ejercicios, viajes y rituales que nos recuerdan la capacidad que todos tenemos para sanarnos a nosotros mismos. Todos somos Sanadores. Es algo que les digo a mis hijos una y otra vez cuando se hacen un corte o un moratón o tienen un simple resfriado. Su cuerpo y su Espíritu saben lo que han de hacer. Albergan siempre una increíble fuerza vital que se mueve hacia la sanación. A veces, lo único que tenemos que hacer es liberar los bloqueos con suavidad. Esta fuerza vital de sanación ha aparecido muchas veces en mi propia vida y en la de mis pacientes. En nuestra filosofía indígena, reconocemos a nuestro Sanador Interior como el Pequeño Espíritu, ese latido de la Creación que se mueve a través de nosotros. Cuando existe un trauma, el delicado Pequeño Espíritu es incapaz de prosperar. Sin embargo, podemos recuperar la sanación y el equilibrio a través de diferentes modalidades, tanto físicas como energéticas. La homeopatía y el trabajo energético son dos formas muy hermosas de apoyar a nuestro Pequeño Espíritu.

Según yo lo veo, estoy convencida de que la sanación es posible y de que siempre hay esperanza. También sé lo compleja y llena de matices que puede ser. Hay muchos momentos de mi vida que destacan como evidencias del trabajo de mi Sanadora Interior, pero para introducir el tema voy a relatar lo que ha supuesto para mí vivir en un cuerpo que padece una enfermedad crónica influida por un trauma generacional. La colonización ha intentado romper mi conexión con mi Sanadora Interior, y creo que eso es algo que nuestros sistemas actuales intentan hacernos a todos. Mi proceso ha consistido en sostenerlo todo con compasión y negarme a pasar por alto la experiencia vivida. Si te sientes frustrado por esos consejos que afirman que lo único que tienes que hacer es pronunciar afirmaciones positivas e imaginar una buena salud, te entiendo. Para muchas personas supone un trabajo profundo. Pero puede haber un camino diferente. Yo lo he experimentado, y también muchos de aquellos a los que he servido con mi Medicina.

El día que me diagnosticaron lupus, algo cobró vida en mi alma. Sentí que tenía la misión de curarme y supe que las respuestas debían estar en algún sitio. Estamos condicionados a creer que están fuera de nosotros, y te aseguro que las busqué por todas partes antes de mirar hacia adentro. Lo he probado todo. Fui a Perú, al lago navegable más alto del mundo, para sentarme en un ritual, y viví Ceremonias de *Shaking Tent* («Tienda que se Agita»), donde fui testigo de milagros que se producían ante mis ojos. Me han regalado herramientas sagradas y me han dicho que soy una portadora de Pipas. He hecho limpiezas de colon, dietas de alimentos crudos, recuperaciones del alma, terapia somática, Medicinas con Plantas, trabajo de respiración y muchas cosas más. He estudiado y participado en cientos de cursos, sesiones y ceremonias, y todo ello me ha llevado a ver que la responsable soy yo. Aunque confío en que los médicos, Sanadores, psíquicos, especialistas y demás pueden ayudar a dirigir o facilitar la sanación, el Guía más potente eres tú. Cuanto más capaces seamos de relacionarnos con nuestro sabio interior, más fácil nos resultará crear la capacidad de confiar en que somos mucho más soberanos de lo que creíamos. La Medicina somos realmente nosotros.

Estas experiencias me han nutrido y sostenido de muchas maneras, y estoy profundamente agradecida por todo lo que he aprendido. Mi Sanadora Interior se nutre con cada apoyo. He aprendido que puedo pedir y recibir un apoyo fantástico en mi camino, pero en última instancia, yo soy la responsable de cómo me influye esta sanación. Cuanto más trabajo en recibir y sentirme digna de disfrutar de bienestar y salud, más se alimenta mi Sanadora Interior.

Siento mucha compasión por quienes han vivido experiencias desgarradoras en su camino hacia la maternidad. Si tú eres una de ellas, cuentas con mi amor. Cuando quise tener hijos, esto fue lo que me dijeron los médicos expertos: «Con los anticuerpos específicos del lupus que tienes, te aconsejo muy en serio que no lo intentes. Te garantizo que perderás el bebé. Si yo fuera un semáforo, te pondría la luz roja». Recuerdo que aquel día salí del hospital limpiando sus palabras de mis oídos y de mi corazón. Cuando llegué a casa hice un sahumerio y deposité Tabaco en la Tierra. «Creador, si estoy destinada a tener un bebé, por favor, muéstrame una señal». Sé que algunos lo considerarán irresponsable, pero en lo más profundo de mis huesos sabía que un alma estaba destinada a venir a esta Tierra a través de mí.

Poco después de esta experiencia, tuve un sueño en el que sostenía a un bebé en mis brazos. Estaba muy claro que sabía que era una posibilidad, así que tomé las palabras que dijo el médico, las filtré a través de mi conocimiento e intenté concebir. Cuando mi primer hijo tenía dos años, le pregunté cómo sabía que yo estaba destinada a ser su madre. Me dijo que miró desde las estrellas, me vio y pulsó un botón. Algo en su alma sabía que el espacio de mi vientre estaba destinado a formar parte de la historia de su Creación. Me pareció milagroso, tras años de oír a los médicos decir que no podía tener un hijo, haber tenido uno. Dos veces.

Hubo momentos en los que los síntomas de mi lupus eran tan graves que no podía caminar ni ponerme los calcetines, épocas en que apenas conseguía subir un peldaño, escribir o tocar el piano. Entonces me sentía impotente y como si nunca fuera a mejorar, así que entiendo por qué es tan fácil perder la esperanza y sentir que nuestro cuerpo nos está traicionando. Cada vez que escuchaba lo que mi cuerpo necesitaba, mediante el descanso, el trabajo de sanación o incluso los fármacos, conseguía volver al equilibrio. ¿Estoy curada? No. ¿Me he curado? Sí, muchas veces. Así es como sé, en lo más profundo de mis huesos, que la sanación puede producirse. Quizá no siempre tenga el aspecto que deseamos, pero está a nuestra disposición a través de la conexión con nuestro Sanador Interior.

VIAJE DE LA MEDICINA
Encuentra a tu Sanador Interior

Busca un espacio cómodo donde sentarte o tumbarte y da la bienvenida al Espíritu de la Serpiente. Presta atención a tu respiración. Observa cómo cruzas una puerta dorada que guarda el espacio para tu transformación. La Serpiente aparece a tus pies y te sientes profundamente arraigado a la Tierra. Síguela mientras te conduce a un camino que baja a una masa de Agua que te resulta familiar; es hermosa y nutritiva. La Serpiente te pide que te acerques a la Tierra y que coloques tu vientre contra Ella. Siente el amor incondicional de la Madre Tierra fluyendo a través de ti, enraizándote y enraizando. Mientras tanto, la Serpiente te ofrece su Medicina y te recuerda que la vida es un viaje de evolución, crecimiento y memoria. Aquí se liberan todas las capas que necesitan desprenderse.

Vuelve a levantarte y sumerge los dedos de los pies en el borde del Agua. Siente cómo empieza a bañar tus pies suavemente y entra en ella hasta donde te sientas cómodo. El Agua se ilumina con la energía de la luz que desciende del Sol. A medida que baila por el cuerpo del Agua, la luz empieza a recordarle a tu fuerza vital su poder y su potencial. Te recuerda que puedes curarte a ti mismo. Aparece ante ti, rozando suavemente la superficie del Agua, tu Sanador Interior. Irradia vitalidad y fuerza de vida. Obsérvalo durante unos momentos y pregúntate:

- ¿Cómo aparece?
- ¿Qué lleva puesto?
- ¿Qué ha venido a ayudarte a sanar hoy?
- ¿Qué indicación tiene que darte?

Mientras permanece de pie ante ti, un increíble torrente de energía irradia desde él hacia ti con una vibración y un color determinados. Este color es tu Color Espiritual; observa cómo te envuelve y da forma a una sanación más profunda para tu organismo. Ahora llevas puesto este color radiante de la cabeza a los pies y te envuelve como si fuese una capa. Puedes llevarlo cuando consideres que necesitas sanación o una conexión más profunda.

Tu Sanador Interior se acerca y abre los brazos. Si deseas dar un paso adelante para alinearte con él, hazlo ahora. Respira profundamente mientras él infunde las vibraciones curativas más elevadas a tus células, órganos y tejidos. Todos los espacios intermedios vibran con bienestar, luz y salud. Recuerda que siempre has albergado esta capacidad en tu interior y que ahora la has amplificado. La Serpiente te dice que es hora de partir, y tú la sigues por el camino de vuelta a la puerta donde empezaste. Respira por última vez llevando el aliento a tu vientre y siente que tu Sanador Interior se ha encendido. Tu Pequeño Espíritu y tu fuerza vital laten con gran intensidad. *Tú eres la Medicina*.

Reflexión sobre la Medicina: ¿En qué parte del cuerpo sientes a tu Sanador Interior? ¿Qué te está comunicando?

AGUAS SAGRADAS

Lindsay, una profesora con la que trabajé, que facilitaba mucha sanación del útero, me contó la importancia de nutrir y prestar atención a nuestras Aguas Sagradas. Me recordó que todo aquello a lo que nos exponemos energética y físicamente influye sobre ellas. Como homeópata, lo veía lógico, pues sé que el Agua tiene memoria y significado cultural, ya que es nuestra primera Medicina. Las mujeres indígenas son sus protectoras; el Agua nos influye y nos conecta a todos. En nuestras Ceremonias del Agua utilizamos copas y cubos de cobre para recogerla y rezar sobre Ella; el cobre actúa como conductor de nuestra energía. La protegemos ferozmente para toda la Creación. Es crucial proteger las Aguas de la Tierra, y nosotros somos la Tierra, así que también debemos nutrir nuestras Aguas interiores. Estamos formados por aproximadamente un sesenta por ciento de Agua, la hermosa vibración que escucha, que fluye, que espera la transmisión de la sanación.

Me gusta plantearme las siguientes preguntas a mí misma y a aquellos a los que ofrezco sanación. Dedica unos momentos a responderlas con la mayor sinceridad posible:

- ¿Qué palabras diriges a tus Aguas Sagradas?
- ¿A qué energías las expones? (Algunos ejemplos son la televisión, las películas, las redes sociales y las energías de nuestras relaciones personales).
- ¿Cómo alimentas tus Aguas Sagradas? ¿Qué te piden hoy?
- ¿Qué intenciones y vibraciones quieres infundir en tus Aguas Sagradas en este momento?

Activa tu Sanador Interior y pon esas intenciones en todos los líquidos que bebes, en el Agua con la que te bañas y en la que utilizas. Empieza siempre con gratitud, porque tenemos una suerte enorme al poder disfrutar de Agua limpia; es un verdadero privilegio del que carece mucha gente de mi pueblo y de otros.

LAS LÁGRIMAS SON SAGRADAS

Cuando acompañaba a mis clientes en su sanación, me contaban historias llenas de dolor, trauma y angustia. A menudo se me llenaban los ojos de lágrimas al sentir la profundidad de su dolor. En la escuela de homeopatía nos enseñaron a mantener una expresión neutra y, después de quince años, por fin he aceptado el hecho de que no siempre puedo hacerlo. Por lo general me dedicaba a soplar suavemente hacia mis ojos para secar los charcos que empezaban a formarse en ellos. Siempre mantuve esas interacciones con una actitud «profesional» y es probable que mis clientes no llegaran a darse cuenta. Sin embargo, después de todos estos años, he comprendido que vivir nuestra experiencia humana es un acto vulnerable de valentía, y las lágrimas son sagradas; fluyen como un aspecto de nuestras Aguas Sagradas. Un anciano me enseñó la sabiduría ancestral y la Medicina que albergan. Como sabemos que el Agua contiene una vibración increíble, piensa por unos momentos en el efecto que podría tener derramar tus Aguas Sagradas en el mundo. Nos esforzamos muchísimo por reprimirlas, pero son una Medicina que espera ser compartida.

Reflexión sobre la Medicina: ¿Cuándo fue la última vez que lloraste? ¿Tienes en este momento alguna lágrima reprimida en el corazón, en la garganta o en el alma? ¿Qué sabiduría puede contener?

ENRAIZAMIENTO

Si has estado en espacios espirituales o de la Nueva Era, habrás oído hablar de la importancia de «enraizarnos» y sentirnos cómodos para estar plenamente presentes en nuestros cuerpos físicos. Muchas personas, sobre todo las que han sufrido traumas o enfermedades, no siempre se han sentido cómodas y seguras en su cuerpo. Esto puede extenderse también a traumas intergeneracionales y vidas pasadas. En los últimos años he estudiado con algunos maestros increíbles de terapia somática y poco a poco he ido sintiendo mi cuerpo como un lugar seguro en el que estar. Durante mucho tiempo, cuando me encontraba ante una situación que mi organismo registraba como peligrosa basándose en mi trauma pasado, podía notar cómo mi Espíritu abandonaba mi cuerpo. He atraído a muchos clientes que han vivido esta experiencia: a veces, los que encontramos este plano terrenal demasiado denso, tenemos más facilidad para estar fuera de nuestro cuerpo. En mi consulta descubrí que la mezcla de trauma y sensibilidad elevada nos hace más fácil vivir fuera de nuestros cuerpos. Hace poco, mi terapeuta me dijo esta frase tan sabia: «La disociación también es inteligencia».

Cuando estamos enraizados en nuestro cuerpo, nuestra fuerza vital ocupa más espacio y crea salud y bienestar. Cuando estamos alineados y enraizados en nuestro cuerpo físico, la energía curativa puede acceder a todas aquellas partes que antes estaban desconectadas. Los traumas o la desconexión crean burbujas alrededor de determinadas zonas de nuestro cuerpo e impiden que nuestra fuerza vital pueda llegar a ellas. Esas zonas se congelan, se quedan bloqueadas de flujo. Cuando empezamos a descongelarlas y a volver a la presencia en nuestro cuerpo, aumentamos nuestra capacidad para el flujo, la abundancia, la salud y la luz.

Aunque nuestros cuerpos no siempre nos parezcan seguros, la Madre Tierra ha estado en todo momento debajo de nosotros, sosteniéndonos con firmeza. A menudo camino descalza o con mis mocasines de piel de gamo, porque son unas prácticas que me ayudan a recordar que la Tierra me sostiene y que es seguro caminar en mi cuerpo. El sonido del tambor es otra herramienta de la Medicina que nos permite sentirnos enraizados. Representa el primer latido que escuchamos, el de nuestra Madre. Cuando lo escuchamos, nos conecta con esa sensación de estar rodeados de seguridad y amor. Además, podemos colocar las manos en el corazón en cualquier momento para sentir nuestro latido interior. Cada vez que asisto a un *pow wow*, en el que se tocan grandes tambores, se me saltan las lágrimas con esa sensación de recuerdo. Es una Medicina poderosa y me ayuda a permanecer enraizada en mi cuerpo.

Sin embargo, el paso más esencial para el enraizamiento es crear esa seguridad en tu cuerpo. Puedes conseguirlo mediante prácticas somáticas o corporeizadas, como sacudirte, calmarte, dar golpecitos, tocar el tambor, bailar. Si te interesa este trabajo, te recomiendo de corazón que busques un profesional de terapia somática. He descubierto que el trabajo somático es una de las formas más eficaces de crear seguridad en el propio cuerpo. Una vez que te sientes seguro de estar encarnado, las otras formas de enraizamiento resultan mucho más eficaces.

Cuando estés preparado, dispones de muchas formas diferentes de practicar el enraizamiento en el cuerpo, y todas son útiles. Aquí tienes algunas de ellas:

- Imagínate a ti mismo como un árbol con raíces que se extienden desde la base de tu columna vertebral. Llévalas hacia la Tierra. Ponte de pie y siente el pulso de la Tierra moviéndose a través de tus raíces. Respira esa energía hacia tu cuerpo.
- Pide a la Medicina de la Serpiente que te muestre el camino. Túmbate en la Tierra, con el vientre hacia su Suelo. Recoge su Medicina.

- Escucha el sonido del tambor o tócalo tú mismo. Deja que las vibraciones te llamen a tu cuerpo.
- Permanece de pie y descalzo sobre la Tierra y siente el latido del corazón de la Madre Tierra pulsando a través de tus pies.
- Ponte las manos sobre el corazón y siente el latido de tu tambor interior; deja que te recuerde el primer latido que escuchaste y todos los corazones que te apoyan.

Una práctica poderosa para volver a alinearnos con el primer latido del tambor que oímos es viajar al espacio del Vientre de nuestra Madre. He facilitado este viaje a muchas personas, y es una práctica hermosa para recuperar el recuerdo de nuestra conexión con nuestra primera experiencia en el Agua. A menudo se necesita mucha sanación en este aspecto, ya que cada uno de nosotros se impregnó de todo lo que nuestras madres sintieron y experimentaron durante ese tiempo sagrado: lo bueno y lo malo. Si has nacido en un cuerpo con ovarios y útero, habrás oído decir que naciste con todos los óvulos que tendrás en tu vida. Por tanto, cuando tu Madre se estaba desarrollando en el vientre de tu Abuela, tú existías como un óvulo en los ovarios de tu Madre. Tu abuela llevaba, literalmente, una parte de ti dentro de ella. Cuando nos damos cuenta de esto, la conciencia sobre la sanación a través de nuestro linaje materno adquiere un significado totalmente nuevo. Nuestra sanación se extiende en ondas hasta las generaciones pasadas y se infunde en las venideras. Cuando estamos alineados con nuestro Sanador Interior, podemos ver lo poderosos que somos.

Invocación a la Medicina de la Serpiente

Queridísima Serpiente, gracias por recordarme que albergo poderosas habilidades curativas en mi interior. Te agradezco que me recuerdes que puedo desprenderme de todas las capas de mí mismo que ya no me sirven. Ayúdame a hablar con amabilidad a mis Aguas Sagradas y recuérdame que debo ser consciente de a quién y a qué las expongo. Recuérdame el arraigo y la estabilidad de la Medicina de la Tierra mientras camino en mi cuerpo. Prometo seguir construyendo una relación con mi Sanador Interior y reconocer el poder que tengo al recibir la Guía y el asesoramiento de los demás. Agradezco tus recordatorios de que ya estoy completo y de que el bienestar es mi derecho congénito divino.

Afirmación de la Luna de *Mnidoons Giizisoonhg*

Recuerdo la belleza de mi Pequeño Espíritu y la sostengo con ternura y reverencia. Pido a esta Luna que lave mis Aguas Sagradas con luz y amor. La sanación está siempre disponible para mí. Yo soy la Medicina.

CAPÍTULO 14

MNIDOONS GIIZIS
(LUNA DEL GRAN ESPÍRITU)

Nuestra decimotercera Luna de la Creación tiene lugar en diciembre, y en ella reflexionamos sobre el viaje de la Medicina que hemos realizado a lo largo del año anterior. Nos hemos ido acercando cada vez más a la oscuridad y el día del solsticio de invierno la luz comienza a regresar. Se nos recuerda lo mucho que brillamos en este tiempo, incluso en medio de las sombras que arrastramos. Sin la oscuridad, no veríamos la Luna ni las Estrellas. Esta Luna tira de nuestras Aguas Sagradas para que nos expandamos y brillemos tan fuerte como el Creador soñó para nosotros. Estamos destinados a mantenernos erguidos mientras soñamos con nuestras visiones para hacerlas realidad. Tejemos nuestra sanación en el mundo porque hemos nacido para ello. Somos los Guardianes de la Medicina.

LEYENDA DE LA LUNA: CÓMO SURGIÓ EL ATRAPASUEÑOS

Una *Nokomis* (Abuela) estaba sentada en su mecedora tejiendo ropa para sus nietos. Uno de ellos jugaba en el suelo, a sus pies. De repente, una araña corrió por el suelo y el niño se levantó para perseguirla y matarla.

—¡*Gibichiwebinan*! (¡Para!) —exclamó la Abuela—. La Araña pertenece a nuestra familia y debemos atenderla como tal. Es Pariente nuestra. Cada una de las partes de la Creación depende de otra. Por favor, no mates a otros seres vivos.

El niño se sorprendió y luego se disculpó ante su *Nokomis*.

—Lo siento, Abuela. No lo sabía. A partir de ahora, seré consciente de que todos los seres son dignos de vida. Tendré más cuidado.

La Abuela dijo al niño que jugara fuera y ella siguió meciéndose en su butaca y tejiendo. Un rato después, la Araña se acercó a *Nokomis* y le dio las gracias.

—*Miigwetch*, gracias por salvarme la vida. Mi corazón está muy agradecido y quiero crear algo de Medicina para ti.

Entonces se puso a tejer algo hermoso y, cuando lo terminó, se lo ofreció a la Abuela.

—Esto se llama Atrapasueños —dijo la Araña—. Su Medicina es potente y poderosa para tu pueblo. Cuando lo cuelgas sobre la cama, protege tu Tiempo de Sueño. Los malos sueños quedan atrapados en la red, se curan y se transmutan. Los buenos pasan de largo. Será una buena Medicina para todos los que la usen con gratitud y reverencia.

Nokomis agradeció el regalo y lo colgó sobre la cama del niño para recordarle que cada animal y cada aspecto de la Creación contienen Medicina. Desde entonces, el Atrapasueños ha proporcionado Medicina a nuestro pueblo y nos recuerda que estamos soñando constantemente con la creación de nuestro mundo. La Abuela Araña es la guardiana de esta Medicina y nos apoya para que despleguemos el enorme potencial de nuestras vidas.

Esta historia me ha sido transmitida a través
de mi comunicación con los Ancianos.

Espíritu animal: Asabikeshiinh *(Araña)*

El Espíritu Animal que mejor representa nuestra decimotercera Luna de la Creación es la Araña, o como se la conoce en anishiinabemowin, *Asabikeshiinh*. Su Medicina nos habla de cómo tejemos nuestro destino. Somos creadores e infundimos nuestras intenciones mediante manifestaciones intrincadas y hermosas. La Araña nos enseña a ser pacientes y a confiar en lo que estamos construyendo. Con tiempo y dedicación, recibiremos lo que deseamos. Esta Medicina nos recuerda que nuestras creaciones están llenas de la fuerza destilada de nuestras experiencias pasadas y que nuestra red de Creación es resistente. La magia es algo cotidiano y sale a nuestro encuentro cuando abrimos los ojos para ver. Somos tejedores de sueños, y Araña nos ayuda a avanzar con maestría hacia nuestros deseos, con tenacidad, reverencia y práctica.

Mensaje de la Araña

- Eres una parte sagrada de la red de la Creación.
- Puedes tejer tus sueños hasta hacerlos realidad.
- Tu telaraña está llena de recuerdos, reclamaciones y elevación.
- La belleza está esperando.

VIVIR EN EL SUEÑO

Es posible que hayas oído hablar de «soñar nuestra vida para hacerla realidad». Es una expresión que utilizan las personas que practican el chamanismo o las formas de sanación indígenas. El doctor Alberto Villoldo nos ha enseñado que «el chamán vive en el sueño» y que «la tarea es soñar con los ojos abiertos para imaginar lo posible antes de imaginar lo probable». Todos podemos dirigir y guiar este sueño. Cuando oí por primera vez la frase «soñar nuestra vida para hacerla realidad», me di cuenta de que mi organismo ya sabía cómo hacerlo y que había vivido varias vidas con este conocimiento. Me acordé de cuando era una niña y le contaba a mi madre «lo que había imaginado» la noche anterior. Pensé en cómo daban forma los sueños a mi camino de la Medicina y en que estamos continuamente trabajando con los hilos luminosos de los reinos espirituales y energéticos. Mi red se muestra como una hermosa matriz de energía, muy parecida a un Atrapasueños luminoso, cada hebra sostenida por las Abuelas que canalizan a través de mí y los Ancestros y Guías que me apoyan. Cuando conseguimos acceder a los reinos energéticos, muchas cosas se vuelven posibles. He soñado con mis hijos, con mi consulta privada, con mi círculo global de la Medicina, con este libro, con una baraja de oráculos y con muchas cosas más. He soñado con amistades sagradas, viajes al mar, sincronizaciones mágicas y amor. Algunos lo llaman milagro; otros, manifestación. Me encanta tener los ojos bien abiertos, entrar en la matriz energética de la posibilidad y tejer lo que reclama mi atención.

Soñamos cada día con nuestra Medicina a través de las experiencias que vivimos, de nuestra decisión de traer la sanación a nuestras luchas y nuestra apertura para compartir la sabiduría con los demás. Para mantenerte arraigado en tu sueño, debes aferrarte a tu visión. En mi opinión, nuestra visión es una energía viva que respira, que fluye a través de nuestra red energética. Debemos atenderla diariamente con una acción inspirada para que nuestros sueños cobren vida.

Reflexión sobre la Medicina: ¿Qué sueñas para que se haga realidad?

EXPRESIÓN DE LA MEDICINA

En este libro he narrado cómo llegué a iluminar mi Medicina en el mundo. El Espíritu me movió y el Creador tuvo una visión de cómo desplegaría mis alas. En cada paso del camino, aprendí todas las herramientas que menciono en estas páginas. Así es como sé que hacer tu trabajo interior y responder conscientemente a lo que pide sanación en tu vida puede convertirse en la sabiduría que compartes con los demás. Esta sabiduría, combinada con los dones con los que viniste aquí de forma natural, puede cambiar vidas. Tus Medicinas son el resultado de tu camino único por la vida, y yo estoy aquí celebrando esa singularidad con cada célula de mi ser. Lo que sé de cierto es que necesitamos que te expreses plenamente. Escucha la llamada de tu alma, tu razón de ser. Tus Antepasados te soñaron aquí, así que, como escribió Mary Oliver, «Dime, ¿qué piensas hacer con tu vida única, salvaje y preciosa?».

Uno de los conceptos erróneos a los que seguimos amarrados es que, de alguna manera, necesitamos estar perfectamente curados antes de llevar nuestra Medicina al mundo. He oído a muchas personas decir: «¿Cómo puedo ayudar a los demás a curarse si todavía tengo problemas?». Sin embargo, la verdad es la siguiente: todos vamos a seguir pasando por ciclos de oscuridad y luz hasta que muramos. Así es como evolucionamos. Si estuviéramos completamente «curados», probablemente ya no necesitaríamos estar aquí y abandonaríamos el plano terrenal. Normalicemos la experiencia humana imperfecta. ¿Aquellos a los que admiras y colocas en pedestales? Se caen. ¿Aquellos que crees que lo tienen todo controlado? No lo tienen. Estamos todos juntos en esta vida desordenada, acompañándonos unos a otros de vuelta a casa, al Cosmos. Tienes lo que necesitas, aquí y ahora, para desplegar tus alas y elevarte. Está escrito en las Estrellas.

Otra barrera que nos mantiene atascados en los mismos patrones es pensar que necesitamos un curso, una certificación o unas siglas tras nuestro nombre para tener las cualificaciones que nos conviertan en aptos para servir en nuestra Medicina. Estoy a favor de recibir clases, aprender, trabajar con mentores y maestros, pero si esto es todo lo que haces, sin ninguna acción o práctica, te estás perdiendo una parte considerable de tu Camino de la Medicina. Estudiar puede ser un paso esencial hacia la maestría, pero al pasar a la acción es cuando nuestros sueños empiezan a ganar tracción. Necesitamos practicar.

Reflexión sobre la Medicina: Piensa en todos los cursos, títulos, talleres, libros, experiencias vitales, experiencias de vidas pasadas, etc., en los que has obtenido sabiduría y experimentado crecimiento. Escribe esta lista en un papel y comprueba cuánto tienes que ofrecer al mundo.

REENCUADRAR EL FRACASO

La gente me pregunta a menudo cómo puedo intuir las cosas tan rápidamente o percibir visiones con tanta facilidad. Aunque se trata de un don que he tenido toda mi vida, he necesitado practicar para perfeccionarlo, y lo he hecho con miles de personas. En mi consulta homeopática no siempre elegí los remedios más beneficiosos para mis pacientes, y aprendí de cada error que cometí. El aprendizaje más profundo lo obtengo cuando camino con una mentalidad de crecimiento. La práctica es mi camino hacia la maestría, los retos son bienvenidos como parte del proceso; los fracasos no significan nada respecto a mi valor inherente y todo lo que aparece en mi camino es una oportunidad de crecimiento.

Aprendemos mucho al cometer errores, al levantarnos y volver a intentarlo. Antes de cada círculo, taller o charla, me siento nerviosa. «¿Y si fracaso? ¿Y si no les gusta lo que digo? ¿Y si se me escapan las palabras o se me olvida algo?». He dudado de mí misma, he cuestionado mis habilidades y me he preocupado ante la posibilidad de no estar preparada para hacer lo que tenía programado. He salido de mis actos preguntándome si la gente se lo habría pasado bien o si habría sacado algo en claro, preocupada por no ser suficientemente buena para curar a nadie. Cada experiencia de duda y pregunta me ayudó a crecer. Cada error me ayudó a hacerlo mejor la vez siguiente. Hay personas que consiguen encontrar algún tipo de éxito de la noche a la mañana, pero es raro. Si hubieras mirado en mi corazón durante las dos últimas décadas, habrías visto muchas lágrimas y dudas sobre si continuar o no. Me habrías visto corregir rumbo muchas veces tras sentir que había fracasado estrepitosamente. Después de más de dos décadas facilitando el trabajo de sanación, he crecido en confianza, determinación y certeza. Sé que el «fracaso» no significa nada sobre lo que soy en mi esencia. Como enseña la Medicina de la Araña, soy una parte divina de la red de la Creación, pase lo que pase, y tú también. Hace falta valor para llevar tus Medicinas al mundo, y nuestro mundo necesita nuestra esencia sanadora ahora más que nunca. Ten el valor suficiente para hacer las cosas de forma imperfecta. Con la práctica, la dedicación y el compromiso, avanzamos hacia la maestría.

A lo largo de los años en que he soñado con que mi propósito se hiciera realidad, las dos cosas que me han ayudado a elevarme son: sacar a menudo mi alma fuera de su zona de confort y un profundo compromiso con mi paisaje interior. Al llevar mi Medicina al mundo, tuve que salir de mi zona de confort. Al principio de mi viaje, esto consistía en unirme a grupos de contactos y enseñar a pequeños grupos. Con el tiempo, pasé a ser visible en las redes sociales, a crear comunidades más amplias y a aceptar compromisos más importantes para dar charlas. En cada paso de este camino, me he sentido nerviosa y me he preguntado si valía lo suficiente. Cada vez que decía que sí a algo que me daba la sensación de que quedaba fuera de mi zona de confort, me preocupaba la posibilidad de que, por algún motivo, no pudiera hacerlo. Sin embargo, recordaba que mis Antepasados estaban respaldándome y también la llamada de mi alma. Recordaba lo lejos que había llegado y todas las cosas que había transmutado en mi vida. Recordaba las cosas que la gente decía sobre cómo les había influido y cómo mi presencia había cambiado su vida. Y esto me impulsó a seguir adelante. Ir más allá de tu zona de confort es un reto, pero no puedes volver atrás si llevas fuego en el vientre. Cuando es tu momento, es tu momento.

Cada día veo todo lo que se me presenta como una oportunidad de sanación, y afronto cada una de esas cosas con el corazón entregado. Los saltos más significativos de mi vida provienen de la autorreflexión y de mi trabajo interior con la Medicina energética y otras formas de sanación. Mi paisaje interior da forma al paisaje exterior que me rodea. Traer mis sombras a la luz es el método más profundo para que las cosas cambien en mi vida. Cada aspecto de mí misma en el que vierto energía curativa me ofrece un retorno de la inversión diez veces mayor. Un Curandero me dijo en cierta ocasión: «Solo puedes profundizar en los demás tanto como decidas hacerlo en ti misma». Aquello me ayudó a ver que sería una mejor portadora del espacio y facilitadora de la sanación si me comprometía personalmente con este camino de sanación interior. Cuando destejo una parte de mi historia que ya no me sirve, puedo aprovechar de un modo más auténtico la increíble matriz de energía que me rodea. Mi capacidad de recibir belleza, paz, abundancia y alegría se amplía a medida que me sumerjo en lo más profundo.

Reflexión sobre la Medicina: ¿Cuál es el próximo salto o ensanchamiento del alma que te está llamando? ¿Qué pensamientos surgen cuando te adentras en él?

Impacto

Cada vez que dudo de mi camino o me pregunto si estoy marcando alguna diferencia, me planteo qué tipo de efecto quiero causar y entonces emprendo una acción intencionada. Como mencioné en el capítulo 10, de vez en cuando recibo un mensaje de alguien que dice: «Es posible que no te acuerdes de mí, pero te vi hace muchos años y me cambiaste la vida». Estos mensajes me suelen chocar, ya que pienso en aquel momento y no recuerdo que hiciera nada sobrehumano ni particularmente notable. Sencillamente, me presenté como yo misma. Apoyé a la gente. Me centré en mi Medicina y amé a las personas.

Algunos de mis sueños para los efectos a largo plazo de mi trabajo son:

- Quiero que la gente sepa que es portadora de una presencia y un propósito brillantes y llenos de energía.
- Quiero que la gente recuerde el poder curativo que alberga.
- Quiero que la gente reclame las partes de sí misma que han sido olvidadas u oprimidas por los sistemas actuales.
- Quiero que la gente tenga muchas visiones de su naturaleza divina y vea que forma parte de este tapiz mágico que llamamos vida.

Todos tenemos la capacidad de plantar semillas e inspirar a otros. A veces, esa influencia no se ve de inmediato, y eso puede suponer todo un reto en un mundo que se inclina hacia la gratificación instantánea. Por tanto, debemos confiar en que, al dar pasos hacia nuestros sueños, se están creando ondas de influencia. Esto puede resultar todavía más difícil si te identificas como Sanador o trabajas en los reinos energéticos, porque gran parte de nuestro trabajo es intangible. Quiero recordarte que este trabajo es apremiante y potente.

Hacer el trabajo entre bastidores, el trabajo interior, el trabajo en los reinos espirituales y energéticos, el trabajo en nuestros sueños y visiones... Criar a tus hijos de una forma nueva,
rompiendo ciclos, abriendo caminos que aún no están formados... Si te identificas con alguna de estas formas de mostrarte al
mundo, debes saber que se te ve y se te valora. Nuestras valora-
ciones capitalistas y patriarcales de lo que es el «buen trabajo»
pueden desviarnos de nuestro camino. En ocasiones, el progreso
que hacemos en los reinos invisibles y no vistos es lo que mueve
la aguja hacia adelante. Siempre me gusta recordarme a mí misma que, aunque el mundo no sea testigo de mi avance y mi
crecimiento a través de una publicación viral de Instagram, mis
Antepasados siempre los ven. Y eso, amigos míos, es suficiente.

DEJA QUE LA MAGIA TE MUEVA

Cuando vivimos sabiendo que existe una matriz energética
de apoyo a nuestros sueños y la cocreamos, aumentamos la capacidad de la magia. Hace unos años, me sentí atraída hacia un
curso de Susanna Maida sobre cómo hacer Paseos Medicinales.
En aquel momento estaba embarazada y me asustaba mucho
el parto, pero pensé que me estaba apuntando a una clase sencilla para conocer una nueva Ceremonia que podría utilizar
para apoyar a mis clientes. Nada que me fuera a alterar la vida.
Uno de los días nos pidieron que diéramos un paseo por la
Tierra y notáramos cómo eso podría facilitar nuestro proceso
de sanación. Vi una señal en mi paseo que decía: «No estás
rota». Y es que yo me había roto la pelvis en mi primer parto,
por lo cual aquellas palabras desataron un río de lágrimas. Recuerdo que sentí un torrente de energía curativa procedente de
la Tierra. Me sostuvo, y liberé la pena que había albergado durante cuatro años. No esperaba aquella descarga emocional.
Pensé que el curso me iba a enseñar habilidades para mis alum-

nos; en cambio, la energía de aquel círculo ayudó a sanar algo que llevaba muy dentro de mí.

Ese día aprendí a salir de mi cabeza y a confiar en mi cuerpo y en mi Espíritu. La magia se movió a través de mí cuando dije que sí a esta formación y ella me guio hasta esa señal. No era lo que esperaba; era mucho más potente. Cuando probamos algo nuevo, no siempre sabemos cuál va a ser el resultado que obtendremos. La energía curativa nos altera, nos mueve y nos hace trabajar. Nuestra mente no es siempre capaz de darle sentido. La Luna del Gran Espíritu nos recuerda que la magia nos mueve cada día; lo único que tenemos que hacer es reconocerla, y nos llegará más. He tenido muchas experiencias en las que he recibido transmisión directa de la Medicina que necesitaba, por el simple hecho de estar en presencia de una persona concreta, y la tomo según viene. Cada vez que ocurre algo que ilumina mi corazón de un modo magnífico, miro a las Estrellas y digo: «Quiero más de esto, más de esto». Estoy convirtiendo la magia en mi nueva normalidad.

Reflexión sobre la Medicina: ¿Cuáles son los momentos más importantes de tu vida en los que la magia te ha movido? ¿Puedes ampliar tu capacidad para que haya más momentos de este tipo?

MAGNETIZA

Si lo deseamos, podemos convertirnos en perfectos imanes que atraigan lo que soñamos para nuestra vida. Una parte de esta práctica consiste en avanzar a través del viaje de sanación que te muestro en este libro. Cada vez que nos sumergimos en profundidad para hacer nuestro trabajo de sanación, creamos resiliencia magnética. Cada vez que respiramos y actuamos, nos alineamos e identificamos más con el resultado que deseamos obtener. Cuando limpiamos las heridas, las historias y las creencias y permanecemos en nuestro fulgor, nuestra Medicina se vuelve magnética. Cuando ponemos intención en nuestro viaje de sanación, podemos infundir nuestro campo energético con la Medicina que nuestros Antepasados soñaron para nosotros. El paso sagrado de magnetizar implica integrar todo lo que hemos aprendido y tejerlo en la forma en que nos mostramos cada día. Puedes imaginarte a ti mismo como un imán real, un cristal reluciente o una estrella brillante; cuando dejas fluir tu esencia con claridad, llegas a aquellos que están destinados a ser influidos por tu presencia.

VIAJE DE LA MEDICINA
Activación animal

Visualiza que tu campo energético es ahora magnético. Pronuncia estas invocaciones en voz alta para llamar a todos los Animales de la Medicina que han viajado con nosotros a lo largo de este libro, de manera que te ayuden a soñar con tus visiones. Invocamos a la Abuela Araña para que nos ayude a tejer estas intenciones.

Tortuga, recuérdame la historia de mi Creación.
Pájaro del Trueno, ilumina mi esencia.
Oso, infúndeme el Gran Misterio.
Ciervo, lléname de compasión.
Rana, purifícame y límpiame.
Mariposa, transforma mi oscuridad en luz.
Ganso de Canadá, alinéame con la comunidad.
Puercoespín, activa la sabiduría generacional.
Grulla, despierta mi verdadero camino.

Águila, *ayúdame a elevarme hacia mi liderazgo.*
Bisonte, *infúndeme abundancia.*
Lobo, *amplía y protege mi espacio sagrado.*
Serpiente, *profundiza mi conexión con mi Sanador Interior.*
Araña, *haz que mis sueños se conviertan en realidad.*

Eres una fuerza que late en el mundo, brillante y magnética. Invocamos a tus Ancestros para que mantengan fuerte este campo y llamamos a tu Espíritu para que se integre y brille en tu magnificencia. ¡Ha llegado la hora de elevarse!

ACTIVA TU BRILLO

Se necesita mucho valor para hacer brillar nuestra luz, y ese es el miedo número uno de aquellos a los que asesoro. Muchas de las personas a las que atiendo son seres sumamente sensibles y empáticos, por lo que sienten profundamente todo. Algunas de sus preocupaciones más habituales son:

- «Si la gente conociera mi verdadero yo, no les caería bien».
- «Me da miedo dar el primer paso».
- «¿Y si mis sueños nunca se hacen realidad?».
- «¿Y si nunca encuentro la confianza que necesito?».
- «No puedo librarme de esa voz que me dice que no soy lo suficientemente bueno».

Cuando damos pasos valientes y audaces, no gustamos a todo el mundo. No somos para todo el mundo, y eso está bien. Tenemos que centrarnos en a quién debemos influir. Es posible que hayas oído decir: «¡Ve adonde está el amor!». Como humanos, tendemos a fijarnos en la única persona que nos critica y no en los cientos que han sido influidos por nuestro Camino de la

Medicina. El mejor consejo que he recibido ha sido el de recorrer un camino neutral, no apegarme a los elogios ni a las críticas. Ninguno de ellos tiene nada que ver conmigo.

No creo que lleguemos jamás a sentirnos totalmente «preparados» para compartir nuestros dones con el mundo de un
modo más amplio. A lo largo de este libro, he ofrecido prácticas
que pueden aportar seguridad y ayudar a sanar atravesando las
capas de lo que puede estar reteniéndonos para que podamos
desplegar nuestras alas de un modo con el que nos identifiquemos. Estoy convencida de que podemos enfrentarnos a nuestros miedos y preocupaciones con compasión, reflexión y sanación, y transformar creencias viejas que luego nos impulsen a la
acción.

Reflexión sobre la Medicina: ¿Qué te impide pasar a la
acción y poner en marcha tus grandes sueños?

La verdad acerca de la humildad

Al pueblo anishinaabe se nos pide que vivamos según las
Siete Enseñanzas del Abuelo: verdad, amor, valentía, respeto,
sabiduría, honestidad y humildad. Cada día, en cada interac-
ción, me esfuerzo todo lo que puedo por caminar por el mundo
siguiendo estas enseñanzas. La de la humildad me produce am-
bigüedad, pues «ser humilde» ha tenido siempre una connota-
ción que evoca un sentimiento de pequeñez o de encogimiento.
«¡No ocupes demasiado espacio! No presumas de tus logros. Si
irradias demasiado, la gente pensará que eres un engreído». En
mi opinión, esto no es humildad, pues el verdadero significado
de esta palabra en mi corazón es que debemos ser uno con toda
la Creación. Al igual que la Luna del Gran Espíritu reluce en

toda su gloria, nosotros también tenemos permiso para brillar en toda nuestra plenitud. La Abuela Araña nos recuerda que estamos bellamente entrelazados en el tejido de la Creación, que respiramos el oxígeno que nos regalan los Árboles, que reciclamos las Aguas de la Tierra a través de nuestro cuerpo, que las Plantas y las Flores alimentan y nutren nuestras células. En este sentido, caminar con humildad es ver nuestra unidad con la Creación, ya que esta nos devuelve nuestra belleza. Es una enseñanza que nos pide que caminemos junto al brillo del Sol, el arraigo de los troncos de los árboles y la suavidad de la nieve. Somos la Tierra, y la humildad nos pide que nos mantengamos firmes y reivindiquemos todo lo que hemos venido a ser. Después de todo, nunca vemos a las Estrellas retroceder, ¿no es cierto?

Reflexión sobre la Medicina: ¿Qué significa para ti «ser humilde»? ¿En qué aspecto de la Creación puedes imaginarte cuando encarnas la verdadera humildad?

CONVIÉRTETE EN EL MENTOR QUE NECESITABAS

Cuando estaba empezando en mi trabajo, a menudo deseaba encontrar a alguien que entendiera algunos de los retos a los que me estaba enfrentando. Alguien que caminara unos pasos por delante de mí. En los días en los que sentía que no valía lo suficiente, ansiaba poder preguntar a alguien: «¿Tú también te sientes así?». Cuando quería rendirme porque me sentía sola viviendo como Sanadora en este mundo moderno, quería que alguien me dijera que no lo estaba. Estos fueron los momentos en los que mis Ancestros me guiaron, me enseñaron e iluminaron mi camino. Me dijeron que creara lo que siempre había necesitado y deseado. Que colocara las señales para que otros las siguieran. Que me convirtiera en la mentora y amiga con la que siempre deseé contar para que respondiera a mis preguntas. Aquí fue donde mis Ancestros me guiaron. Aquí fue donde nacieron mis fines de semana de Mentoría, así como mi círculo global de miembros por Internet y muchas cosas más. Quería ofrecer apoyo a quienes buscaran mentores. Quería crear comunidades en las que pudiéramos ver que nunca estamos solos. Nuestros deseos nos conducen a creaciones sagradas. Y si no encontramos lo que buscamos, quizá sea el momento de abrir ese camino y soñar cosas grandes para que se hagan realidad.

Reflexión sobre la Medicina: ¿Cuál es el apoyo que has anhelado en tu vida y no has podido encontrar? ¿Cómo puedes utilizar esto para dirigir tus Creaciones sagradas en el mundo?

VIAJE DE LA MEDICINA
Recuperación del mundo superior

Busca un espacio cómodo donde sentarte o tumbarte para dar la bienvenida al Espíritu Araña. La Abuela Araña se presenta y activa un Atrapasueños a tu alrededor. A través de los espacios, puedes ver la oscuridad, pues es el momento del solsticio de invierno. Cuando miras al Cielo, las Naciones de las Estrellas brillan con fuerza. Los Mundos Superiores te llaman y sientes que flotas hacia las Estrellas. Dejas tu Atrapasueños plantado en la Tierra, pues está aquí para guardarte el espacio y permitirte volver a tu cuerpo cuando regreses. Mientras te elevas, sientes que tu Espíritu se hace libre y ligero, y observas que te mueves cada vez más rápido. Cuando entras en la frecuencia cósmica, la luz te inunda. Te lanzas en picado y te elevas y flotas a través de las galaxias; las Estrellas y los Planetas te recuerdan que debes ocupar el espacio que has venido a ocupar, y ves y sientes la verdad de que estás hecho de Polvo de Estrellas. Mientras te elevas a través de las Estrellas, ves ante ti catorce constelaciones brillantes. Forman un camino que es único para tu Medicina, y empiezas a recibir descargas de sabiduría.

Aparece la constelación de la Tortuga y, mientras te elevas a través de ella, afirmas: «Yo soy el Creador».

Aparece la constelación del Pájaro del Trueno y, mientras te elevas a través de ella, afirmas: «Estoy alineado en mi naturaleza y mi presencia».

Aparece la constelación del Oso y, mientras te elevas a través de ella, afirmas: «El descanso es una buena Medicina».

Aparece la constelación del Ciervo y, mientras te elevas a través de ella, afirmas: «Me suavizo en el amor hacia mí mismo».

Aparece la constelación de la Rana y, mientras te elevas a través de ella, afirmas: «Estoy limpio y purificado».

Aparece la constelación de la Mariposa y, mientras te elevas a través de ella, afirmas: «Estoy transformado».

Aparece la constelación del Ganso de Canadá y, mientras te elevas a través de ella, afirmas: «Creamos espacios equitativos».

Aparece la constelación del Puercoespín y, mientras te elevas a través de ella, afirmas: «Poseo un conocimiento y una conexión ancestrales».

Aparece la constelación de la Grulla y, mientras te elevas a través de ella, afirmas: «Soy portador de una Medicina brillante».

Aparece la constelación del Águila y, mientras te elevas a través de ella, afirmas: «Me elevo y planeo en mi liderazgo».

Aparece la constelación del Bisonte y, mientras te elevas a través de ella, afirmas: «Siempre tengo apoyo».

Aparece la constelación del Lobo y, mientras te elevas a través de ella, afirmas: «Me protegen con fiereza».
Aparece la constelación de la Serpiente y, mientras te elevas a través de ella, afirmas: «Soy un Sanador».

La Abuela Araña crea la red más hermosa que jamás hayas visto. Está hecha de Polvo de Estrellas y reluce. Se transmuta en un vórtice curativo que te rodea. Toda la sanación que has obtenido en los viajes, en las Ceremonias y en las reflexiones que has ido haciendo en este libro se reúne aquí. Has recordado, has reclamado y ahora te elevarás. Este vórtice se convierte en una capa de sanación, en cuya parte posterior hay un símbolo que representa la Medicina que llevas en este mundo.

Regresa volando a la Tierra y vuelve a alinearte con el Atrapasueños que te estaba esperando. Siente que actualizas tu energía y viértela en cada parte de tu ser. Mantente firme. Reclama tu espacio aquí. Levántate, alma hermosa, levántate.

CELEBRA

¿Con qué frecuencia echas la vista atrás para ver lo lejos que has llegado? ¿Con qué frecuencia celebras tus logros? Estamos condicionados a cumplir nuestros objetivos y luego pasar a otros nuevos sin dedicar tiempo y espacio a celebrar y reflexionar. La mayoría de la gente dice que deberíamos tomarnos todo el tiempo que necesitemos para lamentarnos, pero ¿qué hay de tomarse todo el tiempo que necesitemos para sentir alegría, emoción y celebración?

Cuando recibí la noticia de que había conseguido el contrato para este libro, era la víspera de mi cumpleaños, en junio, mi mes favorito. Dos días después, mi marido sufrió un ataque al corazón y pasó cinco días en el hospital, totalmente solo por culpa del covid. Me paralizó la idea de que no se fuera a curar y, en consecuencia, ¡mi celebración también se paralizó! Reprimí la emoción del contrato del libro; no había espacio para sentirla, reconocerla y celebrarla. Cuando la gente de mi comunidad local empezó a compartir la noticia de mi libro, me dieron ganas de esconderme. Yo no lo había celebrado... ¿y ahora el mundo lo estaba celebrando por mí? Hice un trabajo de sanación y poco a poco fui poniéndome en marcha, pero esta experiencia me demostró que la celebración es otra forma de recibir. Podemos bloquearnos con el trauma, y entonces no queda espacio para que fluya la celebración. Si nuestro sistema nervioso está sobrecargado, dejar entrar las cosas buenas y permitir que ocupen su sitio supone todo un reto.

Una práctica sencilla pero eficaz para abrir más espacio y eliminar los traumas de nuestro sistema nervioso es sacudirnos. A lo largo de los años, lo he practicado de vez en cuando, pero este año lo he hecho a diario. Te puedo contar que, en el momento en que escribo esto, ha pasado un año desde que recibí el contrato, y ahora tengo mucha más capacidad y espacio para celebrar y recibir. El simple acto de sacudir los brazos, las piernas, las manos y todo el cuerpo durante unos minutos al día me ha abierto a muchísimas bendiciones. Te animo a que tú también lo pruebes. Es imposible equivocarse al hacerlo.

Reflexión sobre la Medicina: Dedica unos momentos a reconocer hasta dónde has llegado. ¿Qué logros o éxitos tienes que celebrar?

SUCESOS MILAGROSOS

Existe una ceremonia muy hermosa a la que he tenido el privilegio de asistir: la Ceremonia de la Tienda que se Agita

—*Jiisikaan*—, la más antigua del pueblo ojibwe. Se planta en la Tierra una tienda ceremonial y el Curandero se sienta dentro de ella. Invoca al Mundo de los Espíritus y la tienda empieza a iluminarse y a agitarse. A través de ella se oyen sonidos de animales, voces de los Antepasados, silbidos y otros ruidos. Si no hubiera estado allí para verlo con mis propios ojos, no me lo creería. La tienda es un espacio de sueños y de milagros. Le planteas tu pregunta al Curandero y el Espíritu responde, ofreciéndote una sanación profunda. La primera vez que asistí a una de estas ceremonias, me acompañaba mi querida amiga Celeste, que soñaba con tener otro bebé, pero no sabía cómo iba a conseguirlo, puesto que su primer embarazo había sido complicado. Cuando la tienda se agitó, vi pasar corriendo la visión de una niña pequeña, y el Curandero le dijo que, efectivamente, se iba a quedar embarazada de nuevo y que todo iría bien. Hoy tiene una niña de dos años que es el alma más brillante y un milagro para su corazón.

Las Tiendas que se Agitan a las que he asistido me han recordado que el sueño intencionado y la intención ceremonial pueden producir milagros. A veces miro a mis hijos y recuerdo que una vez fueron un sueño o un sentimiento en mi corazón. Para mí son la prueba de que los milagros existen. ¿Cuál es tu prueba? Si necesitas un poco de inspiración, ponte la mano sobre tu corazón palpitante, porque tú, mi querido lector, eres milagroso.

Invocación a la Medicina de la Araña

Queridísima Araña, gracias por ayudarme a recordar que soy la tejedora de sueños de mi vida. Recuérdame mi resiliencia cuando miro hacia atrás para celebrar todo lo que he logrado. Amplía mi red energética con iluminación, vitalidad y magia. Agradezco tus lecciones de paciencia mientras permito el espacio y el tiempo necesarios para que mis sueños se manifiesten. Ayúdame a recordar que los milagros están por todas partes, y que puedo aprovecharlos en cualquier momento en que esté preparada para soñar con mi vida más hermosa para hacerla realidad.

Afirmación de la Luna de *Mnidoons Giizis*

Al encarnar plenamente las enseñanzas de las trece Lunas, me mantengo firme y brillo con fuerza. Recuerdo quién soy, reclamo las Medicinas del pasado y me elevo hacia lo que el Creador soñó para mí. Mis alas son fuertes, mi corazón está lleno y mi Espíritu está preparado. Alzo la vista hacia ti en el Cielo nocturno y cocreo mis mayores visiones. Estoy preparada. Yo soy la Medicina.

CIERRE DEL ESPACIO
SAGRADO

La primera vez que entré en un estudio para crear una atmósfera sagrada, pude sentir que mis Ancestros llenaban la habitación. Recuerdo que les toqué suavemente el tambor y canté una canción para intentar abrir la garganta. Recé para que el círculo me sostuviera y me recordara por qué estaba allí y qué debía hacer. En cuanto los participantes empezaron a entrar, una calidez invadió la sala. Mientras se sentaban, vi que la energía de activación se movía a través de los cuerpos y los Espíritus de todos los presentes. Vi el poder que cada persona tenía en ese espacio. Su sabiduría me dio forma y su presencia me encendió. Al igual que tú, eran Guardianes de la Medicina.

Este libro ha sido una energía de amor que vive y respira, un portal y un vórtice de la Creación. Está bendecido por las Cuatro Direcciones, la Luna, la Tierra, el Cielo, mis Antepasados, los Espíritus Animales y tú. Mientras cerramos este espacio sagrado, debes recordar que importas. Te veo, querido Creador, y es una verdadera bendición acompañarnos mutuamente hasta el hogar del Cosmos. Juntos, con profunda gratitud y reverencia, recordamos: *Nosotros somos la Medicina*.

NOTAS BIBLIOGRÁFICAS

1. Ruchika Tulshyan y Jodi-Ann Burrey, «Stop Telling Women They Have Imposter Syndrome», *Harvard Business Review*, 11 de febrero del 2021, https://hbr.org/2021/02/stop-telling-women-they-have-imposter-syndrome.
2. Alexandra Eidens, *Big Life Journal for Kids* (Eidens, Inc., 2019).
3. Bob Joseph, *21 Things You May Not Know About The Indian Act* (Indigenous Relations Press, 2018).
4. Comisión para la Verdad y la Reconciliación de Canadá, «Honouring the Truth, Reconciling for the Future: Summary of the Final Report of the Truth and Reconciliation Commission of Canada», consultado el 12 de octubre del 2021, https://nctr.ca/records/reports/.
5. Martha Henriques, «Can the legacy of trauma be passed down the generations?», *BBC Future*, 26 de marzo del 2019, https://www.bbc.com/future/article/20190326-what-is-epigenetics.

AGRADECIMIENTOS

Siempre he sido de ese tipo de personas que se sumergen en un libro leyendo primero los agradecimientos. Me encanta sentir la red de conexiones de todas las personas que ayudan a que nazca. Ahora que he escrito uno, me siento profundamente agradecida a mis cocreadores. No podría haber hecho esto sin vosotros.

Estoy profundamente agradecida a la Tierra, que me ayuda a recordar que pertenezco a ella. Reconozco todo lo que conlleva y que eso sigue dándome forma en mi trabajo de Medicina en el mundo. Doy las gracias a mis Ancestros, conocidos y desconocidos. Sus palabras, visiones y mensajes durante el tiempo de sueño me ayudan a seguir adelante. *Miigwetch*, gracias por soñar con mi esencia para hacerla realidad. Espero que os sintáis orgullosos.

A mi madre, mi Anciana más preciada. Gracias por tener una visión de mi Medicina desde que era una niña. Tu fe constante y continua en mí me ayuda a crear alas nuevas una y otra vez. Te agradezco tu sabiduría, tu conexión y tus consejos sobre lo que escribo. Te estaré eternamente agradecida por haber sido la primera persona que leyó y editó este libro. A mi padre, gracias por soñar para hacer realidad una nueva forma de ser para tus descendientes. Valoro muchísimo el tiempo que pasamos juntos en tu territorio natal. Me curó más de lo que podrías imaginar. A mi hermana: el recuerdo de saltar juntas del muelle a la bahía de Georgia y caminar por las rocas con sandalias está grabado en mi corazón para siempre. Gracias por ser una de las relaciones más preciosas de mi vida.

A mi querida familia: Dave, Christina, Jacquie, Dieter, Tamara, Terry y todos los demás, gracias por el tipo de apoyo que solo la familia extensa puede dar. Para mí es fundamental saber que queréis tanto a mis hijos. Celeste, Riki, Christine, Sandie, Aarti, Leslie, Heather, Julie, Brooke, Rose, Nicole, Lisa, Colette, Nic, Priya, Melissa: gracias por ser mi luz. La Medicina de amistad que me ofrecéis es pura magia. A mis parientes indígenas más cercanos: Jessica, Jacqui, Kaitlin, Shawna, Robyn, Monique, *Chi Miigwetch* por comprenderme sin que tenga que decir nada.

Marissa, gracias por ayudarme con la edición de mi propuesta. Desde el momento en que nos conocimos, tu chispa y tu brillantez han supuesto una gran inspiración. Delia, Kristin y Jessica, gracias por ser el mejor apoyo durante esta época de pandemia salvaje. Habéis sostenido por mí cosas que yo no podía sostener. Kai, *Miigwetch* por la hermosa Medicina de la Tortuga que infundiste en mis páginas, y Steph, *Miigwetch* por la perfecta ilustración de la portada.

Para mis queridos maestros, mentores y Guías: una reverencia profunda. A los Curanderos de los anishinaabe, algonquinos, q'ero y otros linajes: me habéis ayudado a recordar mi propósito cósmico. David Bedrick y Jeffrey Tambor, vuestra Medicina sigue conduciéndome a través de los ciclos de nacimiento y muerte; me siento agradecidísima de que nos hayamos encontrado de nuevo en esta vida. A toda la gente hermosa que ha venido a mi espacio de sanación, se ha sentado en círculo conmigo, ha compartido mi voz y ha caminado conmigo en unidad: cada lágrima que habéis derramado, cada sonrisa que habéis ofrecido, cada palabra amable que habéis regalado están impresas en mi alma. No estaría aquí sin vosotros. Sois unos de mis mejores maestros.

A mi editora, Allison, gracias por ver mi visión, escuchar profundamente y apoyar mis palabras con compasión. No podría haber deseado una experiencia de edición mejor.

Al equipo de Hay House: este libro es un sueño hecho realidad, un sueño que he tenido cerca de mi corazón durante más de veinte años. Nunca imaginé que mi voz como mujer indígena pudiera aterrizar aquí o incluso ser vista. Este libro es parte de la reconciliación para mí, por lo que me siento profundamente agradecida.

A los Espíritus de los muchos niños que fueron olvidados y que salieron a la luz con fuerza para que el mundo pudiera finalmente reconocerlos: os honro. *Miigwetch* por iluminar el Cielo con luz naranja en el Día Nacional de la Verdad y la Reconciliación; me aseguraré de que nunca más os olviden.

Corey, Kai y Elias, sois mi Medicina en todos los sentidos.

A todos mis parientes, *Gi-zaah'gi'in:* os quiero.

○))))) ● ● ((((○

ACERCA DE LA AUTORA

ASHA FROST es una Curandera Indígena y miembro de los chippewas de la Primera Nación de Nawash. Pertenece al Clan de la Grulla, el tótem del liderazgo, y cree en mantener el espacio desde la visión y el corazón. Como sanadora energética, homeópata y mentora, ha guiado a miles de personas para que puedan realizar una transformación profunda y duradera.

Afectada por el trauma generacional y la colonización, ha emprendido un viaje de recuperación para toda su vida. Un diagnóstico de lupus la llevó a estudiar y practicar multitud de modalidades de Medicina energética con muchos Guías. Ha combinado esta experiencia vital con sus dones innatos y la sabiduría de sus Antepasados. Le encanta compartir su Medicina de forma poderosa a través de Ceremonias, enseñanzas y charlas. Mediante este trabajo, adora ver a la gente reclamar sus raíces, encontrar su sabiduría curativa y elevarse hacia su poder.

Reside en Anishinaabe, Huron-Wendat y el Territorio Haudenosaunee con su marido y sus dos maravillosos hijos, con los que cocrea un mundo mejor para las siete generaciones venideras.

En esta misma editorial

LAS CUATRO SENDAS DEL CHAMÁN

El guerrero, el sanador, el vidente, el maestro

ANGELES ARRIEN

Un libro que nos remonta hasta nuestras raíces para que hallemos la fuente de nuestro poder. Arrien invoca la sabiduría de los antiguos guerreros, sanadores, videntes y maestros, mostrándonos la manera de recuperar nuestro equilibrio interno y la armonía con el entorno. Una obra inmensamente práctica que hace cantar al corazón.

DONDE CRUZAN LOS BRUJOS

TAISHA ABELAR

Taisha Abelar, que fue instruida en esta práctica bajo la guía de don Juan Matus, el mismo maestro de Carlos Castaneda, describe detalladamente en esta obra su iniciación y entrenamiento hasta llegar a esa grieta entre los mundos por «donde cruzan los brujos» al otro yo. Incluye también ejercicios físicos y técnicas respiratorias, así como las explicaciones teóricas y las premisas filosóficas correspondientes.

LOS CUATRO ACUERDOS

Sabiduría tolteca – 48 cartas

MIGUEL RUIZ

Basadas en el libro *Los cuatro acuerdos,* de Don Miguel Ruiz, las 48 cartas de esta baraja proporcionan un sencillo pero poderoso código de conducta para conseguir la libertad personal y la auténtica felicidad. Hay 12 cartas para cada uno de los acuerdos:
1- Sé impecable con tus palabras.
2- No te tomes nada personalmente.
3- No hagas suposiciones.
4- Haz siempre lo máximo que puedas.